Ensaios IBRE de economia brasileira - I

Ensaios IBRE de economia brasileira - I

Regis Bonelli, Armando Castelar Pinheiro (Org.)

INSTITUTO BRASILEIRO DE ECONOMIA

Copyright © 2013 Instituto Brasileiro de Economia

Direitos desta edição reservados à
EDITORA FGV
Rua Jornalista Orlando Dantas, 37
22231-010 | Rio de Janeiro, RJ | Brasil
Tels.: 0800-021-7777 | 21-3799-4427
Fax: 21-3799-4430
editora@fgv.br | pedidoseditora@fgv.br
www.fgv.br/editora

Impresso no Brasil | *Printed in Brazil*

Todos os direitos reservados. A reprodução não autorizada desta publicação, no todo ou em parte, constitui violação do copyright (Lei nº 9.610/98).

Os conceitos emitidos neste livro são de inteira responsabilidade dos autores.

1ª edição — 2013

Coordenação editorial e copidesque: Ronald Polito
Revisão: Marco Antonio Corrêa e Sandro Gomes dos Santos
Projeto gráfico e capa: Luciana Inhan
Imagem da capa: Painel localizado no prédio da FGV, praia de Botafogo, 190/15º andar.
Fotografia de Américo Vermelho

FICHA CATALOGRÁFICA ELABORADA PELA
BIBLIOTECA MARIO HENRIQUE SIMONSEN/FGV

Ensaios IBRE de economia brasileira - 1 / Regis Bonelli, Armando Castelar Pinheiro (org.). - Rio de Janeiro : Editora FGV, 2013.
280 p.

Inclui bibliografia.
ISBN: 978-85-225-1455-7

1. Brasil – Política econômica. 2. Política monetária – Brasil. 3. Política tributária – Brasil. 4. Infraestrutura (Economia) – Brasil. 5. Brasil – Acordos comerciais. 6. Política industrial – Brasil. 7. Produtividade – Brasil. 8. Mercado de trabalho – Brasil. I. Bonelli, Regis. II. Pinheiro, Armando Castelar. III. Fundação Getulio Vargas.

CDD – 338.98

Sumário

7   APRESENTAÇÃO
Luiz Guilherme Schymura

11   PREFÁCIO — O IBRE: ONTEM E HOJE
Julian Chacel

17   INTRODUÇÃO
Regis Bonelli e Armando Castelar Pinheiro

21   1. A EVOLUÇÃO DA CONJUNTURA ECONÔMICA EM 2013 NA VISÃO DO *BOLETIM MACRO* IBRE
Silvia Matos e Fernando Veloso

47   2. POLÍTICA MONETÁRIA NO BRASIL ANTES E DEPOIS DA CRISE
José Júlio Senna

81   3. UMA POLÍTICA FISCAL ATÍPICA
Gabriel Leal de Barros e José Roberto Afonso

111   4. ENTRAVES DA INFRAESTRUTURA NO BRASIL
Armando Castelar Pinheiro e Julia Fontes

137   5. A NOVA ONDA DE REGIONALISMO: REFLEXÕES PARA A AGENDA DE ACORDOS COMERCIAIS DO BRASIL
Lia Valls Pereira

165   6. Inserção nas cadeias globais de valor e fragmentação da produção na indústria de transformação brasileira: uma nota
Mauricio Canêdo Pinheiro

181   7. O fraco desempenho da indústria é culpa da crise?
Regis Bonelli, Armando Castelar Pinheiro e Luiza Niemeyer

207   8. Produto potencial brasileiro: impactos da produtividade, da demografia e da jornada de trabalho
Fernando de Holanda Barbosa Filho

231   9. Quem são os jovens nem-nem? Uma análise sobre os jovens que não estudam e não participam do mercado de trabalho
Joana Monteiro

249   10. O desafio brasileiro no longo prazo
Regis Bonelli e Julia Fontes

Apresentação

Ensaios IBRE de Economia Brasileira apresenta uma coletânea de trabalhos produzidos pelos pesquisadores do Instituto Brasileiro de Economia, da Fundação Getulio Vargas (FGV/IBRE). O livro, portanto, é mais um instrumento de divulgação das ideias e debates que ocorrem dentro da instituição, que tem por objetivo participar de forma cada vez mais intensa na discussão dos principais temas econômicos do Brasil.

O ano de 2013, em particular, deve vir a ser lembrado como um momento complexo e desafiante para a política econômica brasileira. Entre outros fatos marcantes, estamos nos dando conta de que o crescimento potencial da economia nacional, aquele que não produz desequilíbrios inflacionários ou nas contas externas, é bem menor do que se supunha há pouco tempo.

A queda do ritmo de expansão do PIB desde 2011 foi uma surpresa para os economistas, levando a sucessivas ondas de erros nas projeções dos analistas. Inicialmente, julgou-se tratar de um problema localizado no tempo, ligado talvez à ressaca produzida pelo *boom* de 2010, quando o PIB cresceu 7,5%, de forma claramente insustentável, em boa parte, devido à recuperação da recessão de 2009.

À medida, porém, que decorreram os anos de 2012 e 2013, e a forte desaceleração da atividade foi acompanhada por pressões inflacionárias, foi ficando evidente que a economia brasileira já não navegava com o potencial de crescimento de 3,5% a 4% exibido em parte substancial do governo do ex-presidente Luiz Inácio Lula da Silva. Hoje, as estimativas sobre quanto o PIB brasileiro pode se expandir sem provocar desequilíbrios macroeconômicos recuaram para algo na faixa de pouco mais de 2%.

Essa constatação tem profundas implicações, que vão além da economia, abrangendo as perspectivas políticas e sociais do país. É relevante notar que a queda do PIB potencial foi acompanhada pela consolidação do entendimento de uma segunda importante mudança, que também ficou clara em 2013: o Brasil esbarrou no limite da tendência de aumento contínuo e vigoroso da carga tributária como proporção do PIB, iniciada em meados dos anos 1990.

Os dois grandes fatos mencionados têm ligações, evidentemente. O menor ritmo da economia prejudica a arrecadação e restringe o aumento dos impostos, já que há certo consenso de que o peso excessivo dos tributos é um fator que limita o apetite das empresas de produzir e investir. A ampla política de desonerações promovida pelo governo federal nos últimos anos deixa claro que este diagnóstico também é compartilhado pela atual equipe econômica.

A essa restrição se soma a questão política. De forma lenta, mas gradativa, a sociedade brasileira reage ao aumento de alíquotas ou à criação de novos impostos, já que a ideia de que somos um país excessivamente tributado para o nosso grau de desenvolvimento parece se firmar junto à população. Assim, não só da parte dos produtores, mas também dos consumidores e de todos que auferem rendas do trabalho e do capital, há resistência crescente ao avanço dos impostos.

É nesse pano de fundo de menor crescimento e dificuldades crescentes de aumentar a carga tributária que entra em cena o terceiro grande acontecimento de 2013, que foram as amplas manifestações populares de junho.

A ocupação das ruas pela população, assim como a queda do PIB potencial, pegou os analistas de surpresa — no primeiro caso, claro, os especialistas em política e movimentos sociais. Houve um debate intenso sobre o significado dos protestos, que foram deflagrados para impedir aumentos de passagens de ônibus, com o marco inicial de relevo se dando na capital paulista. O fato de que uma multidão extremamente heterogênea tomou conta das ruas, com as mais variadas e, por vezes, contraditórias demandas, tornou particularmente complexo identificar o sentido mais profundo das manifestações.

Alguns temas unificadores, porém, acabaram sendo filtrados pela maioria dos analistas: a crise de representação política dos partidos, a crescente intolerância com a corrupção e, principalmente, a insatisfação com a combinação de serviços públicos deficientes e — quando pagos — muito caros.

No fim das contas, sob a ótica dos impactos diretos na economia, foi esta última questão sobre como o Estado serve aos cidadãos que se tornou o ponto-chave da turbulência social de junho. Os políticos e gestores públicos, naturalmente, reagiram a essa percepção, com muitas promessas de melhorar a eficiência dos serviços prestados e medidas concretas, como o cancelamento de aumentos do preço de passagens de ônibus urbanos e de tarifas de pedágio.

É preciso levar em conta, porém, que, por mais virtuosa que seja a resposta do sistema político às manifestações populares, não dá para fugir da realidade de que melhorar e ampliar os serviços públicos vai custar dinheiro. Há espaço, claro, para ganhos de eficiência, e provavelmente é verdade que não é factível a estratégia de apenas colocar mais recursos em sistemas que funcionam deficientemente, como boa parte da rede pública de educação básica. Por outro lado, seria ingênuo pensar que somente o aperfeiçoamento da gestão vai dar à população brasileira o que ela almeja em termos de mobilidade urbana, estradas, saúde, educação, segurança etc. — ainda mais considerando que, quando percebidos como elevados, tarifas e preços são aspectos cruciais na insatisfação popular.

Dessa forma, não resta dúvida de que a demanda por mais e melhores serviços públicos, quando combinada com os dois outros grandes fatos de 2013 mencionados — a constatação da queda do PIB potencial e o fim do processo de aumento regular e substancial da carga tributária —, torna o desafio da gestão pública bem mais complexo.

O governo, portanto, saiu definitivamente da zona de conforto que caracterizou a segunda metade da década passada, e terá de fazer escolhas difíceis e arriscadas, num cenário de demandas crescentes e receitas limitadas. A disputa por recursos públicos escassos provavelmente vai se intensificar, e a discussão orçamentária deve ganhar uma importância que lhe faltou desde a redemocratização.

A coleção de ensaios deste volume disseca muitos ângulos das questões que a política pública terá de enfrentar neste e nos próximos anos. Não se trata de fornecer receitas para lidar com problemas específicos, porque seria ingênuo pensar que o pesquisador tenha as soluções que faltam aos gestores da máquina pública, mergulhados diretamente na realidade dos desafios, com todas as suas múltiplas e complexas facetas. Na verdade, a pretensão do IBRE é de ajudar aqueles que tomam decisões, ao explicitar e esmiuçar os dilemas com os instrumentos da ciência econômica, identificando vantagens e desvantagens, custos e benefícios, riscos e potenciais retornos de diferentes opções de política pública.

Luiz Guilherme Schymura
Diretor do FGV/IBRE

Prefácio

O IBRE: ontem e hoje

*Julian Chacel**

Foi a partir de meados de 1947, numa sala adjacente ao gabinete do presidente Luis Simões Lopes, que, sob a orientação de Eugenio Gudin, reunia-se, semanalmente, seleto grupo de engenheiros, estatísticos e juristas empenhado em discutir e debater temas da economia nacional. Esse colegiado, informal no organograma da Fundação Getulio Vargas da época, foi batizado como Núcleo de Economia.

Logo seus membros se aperceberam — eram os tempos *post* Teoria Geral de Lord Keynes — que, para o tratamento das questões econômicas fundamentado em variáveis globais, nos grandes agregados da ótica macroeconômica, fazia-se necessário construir o até então inexistente Marco Quantitativo da Economia Brasileira. Sem esse Quadro Numérico a economia do país continuaria a ser conduzida "a sentimento", sem clara e ampla visão das interações entre os diversos setores formadores do todo e sem conhecer seu ritmo de expansão.

É dessa percepção dos partícipes do Núcleo de Economia que surgem três linhas de pesquisa visando a construir a moldura faltante: o levantamento da Renda Nacional, o acompanhamento do Movimento dos Preços e o montante num e noutro sentido das Transações com o Exterior. Em paralelo, criava-se uma revista mensal, a *Conjuntura Econômica*, e uma revista trimestral, a *Revista Brasileira de Economia*. Lançava-se, assim, a semente que, ao germinar, daria origem, poucos anos mais tarde, ao Instituto Brasileiro de Economia, o IBRE.

---

* Diretor executivo da Câmara FGV de Conciliação e Arbitragem. Foi diretor do IBRE no período 1964-96.

Quando as Nações Unidas, nos primeiros anos da década dos anos 1950, instituíram o Sistema de Contas Nacionais — objetivando, entre outros fins, comparações internacionais sobre o desempenho das economias dos países--membros —, as linhas mestras para levar a cabo essa empreitada já estavam delineadas para o Brasil, graças aos trabalhos que haviam sido desenvolvidos por encomenda do Núcleo de Economia. De certo modo, é a construção das Contas Nacionais do Brasil que transforma o Núcleo de Economia num órgão estruturado e com *staff* permanente. Ao instituto de Administração da FGV da época, símile da École Nationale d'Administration (ENA) da França, soma-se então o Instituto de Economia.

O IBRE passa a ser constituído por um conjunto de Centros de Estudos[1] provedores da fundamentação numérica da construção das Contas Nacionais. A esses Centros que correspondem aos setores de atividade econômica que, no seu todo, formam a economia nacional, acrescenta-se o Centro de Análise da Conjuntura, cujo trabalho resultava na matéria que mensalmente era publicada na revista *Conjuntura Econômica*.

Na verdade, os trabalhos do IBRE concentravam a atenção na oferta de informação no domínio de estatística econômica derivada de fontes primárias. Não havia muito espaço de tempo para a análise da informação assim construída, que era intensiva em termos de trabalho. Apenas como curiosidade, o primeiro computador instalado na Fundação Getulio Vargas, um IBM 1130, data da década dos anos 1980 e foi produto de um escambo entre o BNDE[2] e o IBRE. Mas ainda não estavam disponíveis, como fruto da tecnologia da informação, os computadores pessoais e as estações de trabalho.

Além da dimensão do tempo absorvido na execução dos trabalhos, a capacidade analítica do Instituto de Economia estava também restringida pelos graus de liberdade acordados à Carta do IBRE. Essa Carta passou, a partir de certo momento, a ser a peça da abertura de cada número de *Conjuntura Econômica*. As opiniões colhidas em reunião do *staff* tinham de ser matizadas e não raro o texto final submetido ao crivo de uma instância superior.

Embora ocasionalmente fossem levados a cabo estudos como o das questões de método para dimensionar a economia submersa do país, verificar o equilíbrio entre a oferta interna e a demanda de alimentos, identificar as in-

---

1. Centros das Contas Nacionais, dos Estudos Agrícolas, Industriais, Fiscais, Monetários e de Estatística e Econometria.
2. O S de Social ainda não havia sido incorporado à sigla do Banco Nacional de Desenvolvimento Econômico.

terações da indústria automobilística sobre o resto da economia ou conhecer os níveis nutricionais da população brasileira, em face do público o IBRE era conhecido por seus índices de preços e pelas sondagens de conjuntura.

Em regime de alta inflação, a indexação para manter o poder de compra era do interesse de todos e não raro o IBRE era objeto de críticas e até suspeitas, quando o resultado dos cálculos não correspondia às esperanças dos governantes da hora e à experiência pessoal de cada um. Bem a propósito, no tempo dos governos militares, quando o IBRE detinha o monopólio dos índices de preços, lançar suspeitas sobre a validade dos índices era uma forma indireta de contestar o regime.

As Sondagens de Conjuntura, que datam dos anos 1960, replicavam os trabalhos do Institut für Wirtschaftsforschung (IFO) de Munique, atraindo, como atraem até hoje, o interesse do empresariado e dos meios de comunicação. As percepções colhidas junto às empresas industriais, como expectativas no processo da indagação, representavam um elemento novo de informação, tanto para o desenho da política econômica quanto para o traçado da estratégia empresarial. Vale a pena lembrar que o sentimento sobre o nível dos estoques é um indicador antecedente do ponto de inflexão que leva a uma mudança de fase.

Dando um salto no tempo, assim como na década dos anos 1990 a Fundação Getulio Vargas por vários motivos teve de se reinventar, dentre os quais talvez o mais importante tenha sido a extinção da subvenção do Tesouro e, a partir daí, o *status* inequívoco de pessoa jurídica de direito privado, também o IBRE, em paralelo com a Instituição-Mãe, teve de buscar nova feição.

Se, durante décadas, o IBRE esteve em matéria da informação econômica numa posição de monopólio institucional, a ambiência de hoje é bem distinta. Seguindo a norma internacional, a construção das Contas Nacionais foi há muito transferida a um órgão do governo, no caso, ao Instituto Brasileiro de Geografia e Estatística, o IBGE. Nos tempos atuais, as instituições financeiras têm seus próprios Departamentos de Estudos Econômicos, e bem assim as Confederações e Federações do empresariado. Universidades mantêm Institutos de Pesquisa Econômica e proliferam os Escritórios de Consultoria Econômica. É nesse contexto competitivo que o IBRE, para ser bem diferente de seus análogos, na concorrência imperfeita, teve de se reinventar.

Do ponto de vista da sua organização, em lugar de uma estrutura rígida baseada em Centros de Estudos, com duas vertentes, a Superintendência de

Estatísticas Públicas e a Coordenadoria de Pesquisa Aplicada, o IBRE de agora tem maior fluidez, que lhe dá maior capacidade de resposta aos novos temas que surgem em termos de investigação, no campo da economia aplicada.

Linhas antigas de investigação no domínio da economia aplicada foram mantidas e novas veredas foram abertas. O IBRE continua a se debruçar sobre a construção dos índices de preços ao consumidor e ao produtor e continua a periodicamente divulgar suas sondagens de conjuntura. No que concerne aos índices de preços, embora possa parecer paradoxal, aumentou o interesse por esse tipo de informação em regime de inflação moderada. As margens ficaram mais estreitas e as empresas fazem um acompanhamento mais fino da evolução dos seus custos. Como consequência, encurtou o intervalo entre as divulgações de resultados e aumentou a gama de índices de preços, com a inclusão de índices específicos, cujos sistemas de ponderação emergem de funções de produção representativas de certos tipos de atividade, seja, por exemplo, a exploração do petróleo ou a construção civil pesada. No domínio de levantamentos similares ao das sondagens de conjuntura, na quantificação de percepções, o IBRE constrói e publica hoje Índices de Confiança do Consumidor e Empresarial visando a captar as mudanças de humores de um e de outro, no curto prazo.

A coletânea de escritos enfeixada sob o título *Ensaios IBRE de economia brasileira*, ao recolher parte da produção intelectual do seu *staff* de pesquisadores e analistas, bem reflete a mudança de rumos que foi impressa à pesquisa em economia aplicada. Permite contrastar o IBRE de hoje com o IBRE de ontem. Essa mudança de orientação no sentido da adaptação a novos tempos deve muito à clarividência de Luiz Guilherme Schymura, seu atual diretor. Que tem em Armando Castelar e Regis Bonelli, organizadores da coletânea, dois colaboradores de primeira ordem.

A temática dos *Ensaios* cobre o curto e longo prazo. Ao lado de questões conjunturais, há questões tratadas na perspectiva do longo prazo. Consolidando os debates internos, as discussões intramuros dos pesquisadores, em textos que buscam divulgar as ideias assim lançadas para, no dizer dos organizadores, alcançar pela divulgação um público que, ao ser externo, transcende os limites do próprio Instituto.

Constituído por 10 textos, o espectro dos *Ensaios* é bastante amplo. Os diferentes escritos tratam de temas tais como as mudanças de visão das flutuações da economia no curtíssimo prazo, nova circunstância da política monetária em nível mundial e sua repercussão sobre o nosso país, medidas pouco ortodoxas da política fiscal e sugestões para voltar às boas práticas, as razões da demanda não atendida por serviços de infraestrutura, a questão da competitividade industrial e como integrá-la a cadeias globalizadas, a necessidade de mudança do sistema multilateral de comércio em face de um novo surto de regionalismo e do protagonismo da China, a lógica de uma economia relativamente fechada colidindo com a tendência para a integração dos mercados, uma inquirição sobre o conceito de produto potencial aplicado ao caso brasileiro, as perspectivas da gente jovem quanto ao ingresso no mercado de trabalho e, por último, como fecho, o tema sempre presente das condições necessárias para o desenvolvimento econômico nacional.

Esta série de ensaios representa uma prova cabal do processo de reinvenção do IBRE que, sem renegar suas raízes, vai agora, com mudança de estilo, em busca do aprimoramento da pesquisa econômica aplicada em nosso país.

Introdução

Esta coletânea de artigos é uma amostra da produção intelectual da área de Economia Aplicada do IBRE, tendo a maior parte das obras expostas neste livro sido executada durante o ano de 2013. Ela reflete aquela fração do esforço intelectual dos técnicos que, por algum motivo, não encontrou veículo de divulgação para público mais amplo que o dos limites dos debates no Instituto.

São, na sua maioria, trabalhos que resultaram de aperfeiçoamentos ou revisões de textos para discussão, artigos feitos para seminários internos ou externos ao Instituto, e reflexões dos autores a propósito de temas de sua área de competência. Alguns, ainda, servem para divulgar resultados de pesquisas pioneiras de construção de novas estatísticas da realidade brasileira. Em alguns casos, por fim, são totalmente originais, no sentido de terem sido escritos exclusivamente para esta seleção.

Esse é o caso, por exemplo, do artigo que abre a coletânea, de autoria de Fernando Veloso e Silvia Matos. Nele, os autores se dedicaram à instigante tarefa de analisar a evolução da conjuntura econômica brasileira como ela consta das edições mensais da publicação *Boletim Macro IBRE*. A apreciação dos autores é oportuna porque permite, entre outras coisas, perceber a enorme variabilidade de preocupações e como sua importância relativa mudou ao longo do ano, algo que caracteriza a análise dos temas macro em uma visão de curto prazo em nosso país, bem como em diversos outros.

O texto de José Júlio Senna é representativo do bem-sucedido esforço de um profissional de reconhecida competência e reconhecimento na área de estudos monetários em resumir o rico debate em torno dos desafios colocados pela crise financeira ao desenho e à execução da política monetária. Nele o autor faz uma culta apresentação das mudanças de ênfase da política monetária no mundo, para terminar com uma reflexão sobre como as mudanças em escala global têm repercutido no Brasil contemporâneo.

Já o texto de José Roberto Afonso e Gabriel Leal de Barros apresenta uma abordagem específica sobre os recentes rumos da política fiscal brasileira, marcada pela adoção de uma sucessão de medidas atípicas com o objetivo de atingir (ainda que de formas pouco usuais) a meta anual de superávit primário.

Os autores menos se ocupam de descrever e mais em avaliar as origens (dos atos), os desvios de conduta (em relação às boas práticas) e, principalmente, concluem defendendo uma agenda de novas medidas e regras com vistas a recuperar a credibilidade dita perdida da política fiscal — desde a adoção imediata do cálculo complementar do resultado fiscal estrutural até uma sequência de reformas, como refundar o orçamento e consolidar o regime de responsabilidade fiscal.

Armando Castelar Pinheiro e Julia Fontes discutem a questão dos entraves à evolução da infraestrutura no Brasil, área na qual o IBRE tem investido tempo e esforço — como testemunhado pela III Reunião Anual de Infraestrutura do IBRE, realizada em 2 de setembro deste ano, cujo tema central foi o da resolução dos gargalos que de longa data vêm caracterizando os setores de infraestrutura no Brasil.[1] Também neste caso tem-se um exemplo de um texto que representa um esforço de pesquisa original.

As prementes questões da nova onda de regionalismo e do efeito China na agenda de acordos comerciais do Brasil são abordadas na seção de autoria de Lia Valls Pereira. A autora analisa a relação entre o novo regionalismo e as dificuldades da Rodada Doha com a proliferação de acordos dos anos 1980 e a Rodada Uruguai. O desfecho da Rodada Uruguai foi o fortalecimento do multilateralismo, com a criação da Organização Mundial do Comércio. A professora Lia argumenta que o novo ciclo do regionalismo, com a presença da China, sugere que a agenda do sistema multilateral requer novas diretrizes. Nesse contexto, ela analisa os desafios da agenda de acordos comerciais do Brasil, em que o tema das cadeias produtivas globais de valor ganhou destaque. Sugere também que os acordos são instrumentos importantes no debate sobre a trajetória de liberalização comercial do país.

Temas que têm merecido crescente atenção dos que se dedicam à evolução das políticas industrial e de comércio exterior, a fragmentação da produção, as cadeias globais de valor e a integração do Brasil a elas são o objeto do original artigo de Mauricio Canêdo Pinheiro. As dificuldades de um país caracterizado por um modelo bastante fechado às transações comerciais e financeiras com o exterior são exploradas no texto como barreiras para o aumento da produtividade e o desenvolvimento de uma indústria competitiva.

---

1. Um volume com os textos apresentados e discutidos nesse encontro está sendo publicado pelo IBRE.

A instigante questão da dificuldade que tem a indústria brasileira de crescer é o tema do texto de Regis Bonelli, Armando Castelar Pinheiro e Luiza Niemeyer. Apoiando-se em bases de dados relativamente pouco conhecidas e uma abordagem original das estatísticas de produção, exportação e importação, os autores dissecam alguns dos fatores que levaram à estagnação da indústria de transformação no período pós-quebra da Lehman Brothers. Em especial, os autores realçam a importância de uma análise que considere as diferenças de desempenho entre setores da indústria.

As variações no crescimento do produto potencial brasileiro são objeto da investigação de Fernando de Holanda Barbosa Filho, constituindo parte integrante da agenda de pesquisa cotidiana desse autor. Em particular, na construção da sua análise sobre as implicações da produtividade para o crescimento, o autor destaca o papel das mudanças demográficas e, de forma muito original, apresenta estatísticas pioneiras do número de pessoas ocupadas e da evolução da jornada de trabalho no Brasil de 1983 aos nossos dias.

Dado que a juventude é um período crucial para a formação educacional e profissional das pessoas, gera preocupação o fato de uma parcela relativamente grande de jovens estar afastada das escolas e do mercado de trabalho. Caracterizar esse grupo de jovens e entender como evoluiu nos anos 2000 esse conjunto mais conhecido como os "nem-nem" é o tema do texto de Joana Monteiro, que, pela relevância e atualidade, não poderia faltar em uma coletânea de trabalhos feitos no IBRE neste ano.

O texto final, de Regis Bonelli e Julia Fontes, explora a importância do crescimento da produtividade para aumentar os níveis de produção e bem-estar da população brasileira no futuro, assim como ocorreu no passado. Ele enfatiza as mudanças demográficas pelas quais o país vem passando e aponta para o fato de que essas mudanças embutem restrições ao aumento futuro da força de trabalho. Mostra também que o crescimento no longo prazo será cada vez mais limitado pela mudança demográfica e, simultaneamente, cada vez mais dependente dos ganhos de produtividade. Na resposta dos autores, o desafio brasileiro no longo prazo, título do artigo, é como elevar mais rapidamente a produtividade em nosso país.

* * *

A todos os autores que nos acompanharam na elaboração deste volume, nosso muito obrigado em nome do IBRE. Agradecimentos muito especiais são devidos também ao professor Julian Chacel, um dos pilares sobre os quais nosso Instituto foi construído, e aos jornalistas Fernando Dantas e Cristiano Romero pela generosidade das palavras neste volume.

REGIS BONELLI E ARMANDO CASTELAR PINHEIRO
Dezembro de 2013

1

A evolução da conjuntura econômica em 2013 na visão do *Boletim Macro IBRE*

Silvia Matos
*Fernando Veloso**

1. Introdução

Desde maio de 2011, o *Boletim Macro IBRE* (BMI) tem publicado mensalmente análises conjunturais da economia brasileira, abordando temas como atividade econômica, sondagens do consumidor e de setores empresariais, mercado de trabalho, crédito, inflação, política monetária, política fiscal, setor externo e panorama internacional. Ao final de cada trimestre, são analisadas as previsões do modelo macroeconométrico do IBRE para um conjunto de variáveis relevantes.

Este capítulo analisa a evolução da conjuntura em 2013, a partir da visão do BMI, desde as primeiras previsões para este ano, realizadas ainda em junho de 2012, até setembro de 2013. Nosso objetivo é descrever em que medida o diagnóstico do BMI foi sendo modificado à medida que a conjuntura foi evoluindo. Também detectamos os aspectos da análise que persistiram ao longo do tempo, ou mesmo anteciparam mudanças relevantes nas variáveis macroeconômicas.

A análise ressalta que a economia brasileira conseguiu sair da quase estagnação em que se encontrava, mas não tem sido capaz de alcançar um crescimento mais robusto. Apesar do baixo crescimento, a inflação permaneceu elevada e houve uma deterioração expressiva na conta-corrente do balanço de pagamentos. Esse quadro foi agravado pelo fato de que, nos últimos meses, o ambiente externo tornou-se mais hostil. Além disso, acumulam-se evidências

---
* Pesquisadores do Instituto Brasileiro de Economia da Fundação Getulio Vargas (FGV/IBRE).

da menor capacidade de crescer a taxas mais elevadas de forma sustentada. Nos próximos anos, os formuladores de política econômica terão que se defrontar com o duplo desafio de corrigir os desequilíbrios macroeconômicos que se acumularam nos últimos anos e elevar a taxa de crescimento do produto potencial.

O capítulo está dividido em quatro seções, incluindo esta introdução. A segunda seção discute o quadro conjuntural de 2012 à luz do *Boletim* e mostra de que forma essa análise condicionou as projeções para 2013. A terceira seção apresenta a visão do BMI sobre a evolução da conjuntura entre janeiro e setembro de 2013, com ênfase nas projeções do IBRE nos meses de março, junho e setembro. A quarta seção encerra o capítulo com uma breve discussão das lições que se podem extrair para 2014.

2. O contexto em 2012

As primeiras previsões do *Boletim Macro IBRE* referentes a 2013 foram divulgadas na seção Em Foco de junho de 2012. Antes de analisarmos as projeções, é importante recordar qual era o quadro conjuntural da economia brasileira naquela ocasião. Como sugere o título do BMI daquele mês, "Continua a longa espera pela recuperação", as expectativas de recuperação da atividade vinham sendo frustradas ao longo do tempo. Enquanto no início do ano havia sinais de que a economia voltaria a crescer a taxas mais expressivas, o crescimento de apenas 0,2% no 1º trimestre (tst) surpreendeu negativamente a maioria dos analistas.

Por outro lado, o BMI também destacava alguns resultados positivos, como a baixa taxa de desemprego e uma inflação em declínio, quando medida pelo IPCA acumulado de 12 meses. Nesse contexto, o BMI colocava uma questão que seria retomada em edições posteriores: "Como conciliar aspectos tão contraditórios, desaceleração quase generalizada no mundo real e aspectos pontuais positivos (mercado de trabalho, inflação), e o que esperar para este trimestre e além?".[1]

Outro tema colocado pelo BMI, e que também viria a ser retomado posteriormente, dizia respeito à interpretação das causas da lenta recuperação do

---

1. *Boletim Macro IBRE*, jun. 2012. p. 1.

crescimento no Brasil. Nas palavras do Boletim: "o debate atual em relação a esse tema inclui várias medidas da nossa ignorância, dividindo os analistas em dois campos".[2] De um lado, alinhavam-se os que acreditavam que a economia iria reagir com força nos meses seguintes aos estímulos ao consumo, que incluíam queda da taxa de juros, expansão do crédito de bancos públicos e incentivos à compra de veículos. Uma visão alternativa, que incluía a dos nossos analistas, era de que a desaceleração da expansão do crédito e a elevação dos níveis de endividamento das famílias iriam colocar limites ao aumento do consumo. Diante disso, argumentava-se que seria preciso encontrar outras fontes de estímulo à demanda, como o investimento.

A seção Em Foco do BMI de junho de 2012 analisou as previsões do modelo macroeconométrico do IBRE para 2012 e 2013. As duas primeiras colunas das tabelas 1 e 2, em anexo, apresentam as projeções das variáveis exógenas e endógenas, respectivamente. Para a economia americana, a taxa de crescimento esperada para 2012 era de 2,1%, enquanto para 2013 esperava-se resultado ligeiramente melhor (2,4%). Já para a Zona do Euro, o cenário era de recessão em 2012 (-0,5%), com uma expectativa de recuperação em 2013 (0,9%). Em relação à China, a previsão era de crescimento de 8% em 2012 e em 2013.

A previsão de crescimento do PIB em 2012 era de 1,8%, um valor bem inferior à previsão de março (3%). A previsão para 2013 era de um crescimento bem mais robusto, de 3,8%, associado a uma recuperação do investimento, cuja expansão saltaria de 0,4% em 2012 para 11,7% em 2013. Essas projeções indicam que, a despeito da importância de aspectos de caráter mais estrutural, o BMI também reconhecia o papel de componentes transitórios para a lenta recuperação da economia brasileira, especialmente o importante efeito contracionista da crise externa sobre o investimento.

A inflação projetada para 2012 era de 4,9%. No entanto, à medida que a economia acelerasse, esperava-se que a inflação se elevasse, atingindo 5,3% em 2013, o que exigiria elevação gradual da Selic para 9% ao longo de 2013. Também estava prevista uma pequena elevação do déficit em transações correntes como proporção do PIB, de 2,6% em 2012 para 2,8% em 2013.

No que diz respeito aos riscos para a economia brasileira, destacou-se que uma solução definitiva para a crise financeira europeia ainda não tinha sido

---

2. Ibid.

encontrada, e que os riscos associados ao processo de desalavancagem nos países desenvolvidos continuavam elevados, contribuindo para uma queda da confiança de investidores internacionais e empresários brasileiros e para a redução do investimento.

Em relação às perspectivas no *front* doméstico, dois pontos podem ser salientados. Primeiro, ressaltou-se a incerteza em relação à velocidade de recuperação da demanda doméstica.[3] A posição do BMI é que ela seria lenta, devido a razões de ordem estrutural, como os limites colocados ao crescimento do consumo pelo aumento do grau de endividamento das famílias. Segundo, destacou-se que a estratégia de retomada do crescimento baseada em aumento do consumo poderia agravar desequilíbrios estruturais da economia brasileira, e afetar negativamente o crescimento do PIB potencial.[4] Pelas duas razões, ficava patente a importância de elevar o investimento. Outro alerta relevante, como ficará claro adiante, é que o *trade-off* entre crescimento e inflação tinha piorado significativamente, ou seja, a inflação poderia continuar pressionada apesar de o país crescer menos.[5]

O BMI de setembro de 2012 enfatizou a queda do risco externo e o aumento da incerteza doméstica. Na área externa, havia a percepção de que o abismo fiscal (*fiscal cliff*) seria postergado para o ano seguinte, e a avaliação de que, se necessário, o FED iniciaria a terceira rodada de afrouxamento monetário (QE3). Na Europa, a decisão do BCE de comprar títulos da dívida soberana reduziu, pelo menos temporariamente, o risco de que alguns países fossem forçados a sair da área do euro.

No *front* doméstico, por sua vez, foi ressaltado o aumento da incerteza em relação à evolução do nível de atividade e inflação, em um contexto em que os indicadores eram contraditórios. Segundo o BMI, "Nos últimos meses nossa economia foi submetida a choques e medidas pontuais, de forma que não sabemos se alguns comportamentos recentes são transitórios ou permanentes".[6] Dentre os choques e medidas, foram citadas as isenções tributárias e os pacotes de estímulo do governo, e o aumento de preços decorrente da seca nos EUA.

---

3. "A grande questão que se coloca para frente parece estar, portanto, na velocidade da recuperação da demanda doméstica brasileira" (BMI, jun. 2012. p. 4).
4. "Assim, outro ponto a ser destacado é que a retomada do crescimento fundamentada no crescimento da demanda doméstica de consumo sem contrapartida da oferta pode aprofundar desequilíbrios latentes na economia brasileira, com efeitos deletérios sobre o crescimento potencial" (BMI, jun. 2012. p. 21).
5. Ibid., p. 20.
6. Id., set. 2012. p. 1

Em linha com o BMI de junho, havia a expectativa de uma aceleração lenta da economia, convergindo para um ritmo mais elevado de crescimento no final do ano.[7] Para 2013 previa-se um crescimento de 3,4% do PIB, o que, por sua vez, provocaria uma aceleração gradual da inflação. No entanto, reconhecia-se que esse cenário era relativamente otimista, e que cenários menos benignos também eram possíveis.

As duas principais dúvidas diziam respeito, de um lado, à rapidez e força da recuperação do nível de atividade e, de outro, à magnitude das pressões inflacionárias caso a aceleração do crescimento se confirmasse. No primeiro caso, havia preocupação em relação ao cenário externo, ao mercado de trabalho já apertado e ao processo de reestruturação financeira das famílias. No segundo caso, a questão que se colocava era como o Banco Central iria reagir se a inflação se elevasse. Em particular, se haveria elevação dos juros, valorização do câmbio ou uso de instrumentos macroprudenciais, como uma elevação de depósitos compulsórios.

Em relação à política fiscal, foi destacado o pragmatismo na nova agenda de concessões na infraestrutura e de redução do custo da energia elétrica, combinando desonerações de impostos federais, retirada de encargos setoriais e renovação antecipada das concessões de geração e transmissão de energia elétrica a vencer em 2015. A previsão de superávit primário era de 2,4% do PIB em 2012 e 2,8% em 2013.

A seção Em Foco de setembro de 2012 analisou as previsões do IBRE para 2012 e 2013. A terceira e quarta colunas das tabelas 1 e 2 apresentam as projeções das variáveis exógenas e endógenas, respectivamente. Para a economia americana, a taxa de crescimento esperada para 2013 caiu ligeiramente em relação à projeção de junho, de 2,4% para 2,3%. Já para a Área do Euro, a despeito das compras de títulos pelo BCE, houve piora da previsão, com uma expectativa de recuperação menor em 2013 (0,4% em comparação com 0,9% em junho). Em relação à China, a previsão de crescimento para 2013 se manteve em 8%.

O fraco desempenho do PIB no primeiro semestre levou a uma nova revisão para baixo da projeção de crescimento em 2012, caindo de 1,8% em junho para 1,3%, com contração prevista de 1,2% do investimento. Conforme mencionado, a previsão era de uma aceleração no final do ano e crescimen-

---

7. "Nesse quadro, o cenário que nos parece mais provável poderia ser chamado de *soft take off* brasileiro." (Ibid., p. 1).

to do PIB de 3,4% em 2013, inferior à projeção de junho (3,8%). Para isso teria papel fundamental uma expansão de 9% do investimento em 2013. A inflação projetada para 2013 era de 5,9%, graças à persistência da inflação de serviços. Isso representou um aumento em relação à projeção de junho (5,3%), consistente com elevação menor da Selic (8,5% em comparação com 9% em junho). Conforme ressaltado no BMI de junho, a combinação de previsões de crescimento mais baixo e inflação mais alta implicavam que o *trade-off* entre crescimento e inflação no Brasil tinha piorado significativamente.

Diante da perspectiva de nova rodada de afrouxamento monetário nos EUA e de novo programa de compra de títulos pelo BCE, projetava-se uma elevação dos preços das *commodities* metálicas e das energéticas, especialmente o petróleo, o que contribuiria para conter o déficit em transações correntes como proporção do PIB em 2,2% (2,8% na projeção em junho). Em relação às *commodities* agrícolas (soja, milho e trigo), esperava-se que continuassem com preços elevados em 2013, devido aos choques de oferta e possivelmente pelos efeitos colaterais das políticas de afrouxamento monetário. Consequentemente, o preço das *commodities* internacionais não contribuiria favoravelmente para o controle da inflação no Brasil.

Em relação às perspectivas da economia brasileira, destacavam-se as incertezas em relação ao cenário doméstico. Entre as dúvidas, incluíam-se o efeito das desonerações e em que medida a economia poderia acelerar o crescimento sem gerar mais inflação. Outra questão, retomando a discussão do BMI de junho, era quando e em que intensidade ocorreria a recuperação do investimento.

O título do BMI de dezembro de 2012, "Surpresas, dúvidas, mistérios e esperanças", resumiu de forma apropriada as dificuldades de compreensão da conjuntura da economia brasileira naquela ocasião. Os resultados do PIB do terceiro trimestre tinham surpreendido grande parte dos analistas, o que contribuiu para reforçar as dúvidas sobre a recuperação do nível de atividade. O crescimento (tst) de 0,6%[8] do PIB no terceiro trimestre correspondeu à metade da média das previsões divulgadas no *Boletim FOCUS*, e ficou bem abaixo da estimativa de 1% do nosso *Boletim*. O principal responsável pelo baixo crescimento foi o setor Serviços, que ficou praticamente estagnado no trimestre.[9] Outro resultado negativo foi a redução de 2% do investimento,

---

8. Esta taxa de crescimento foi posteriormente revisada para 0,4%.
9. Esta taxa de crescimento também foi revisada, para 0,3%.

configurando o quinto trimestre consecutivo de queda, segundo os dados então disponíveis.[10]

A despeito do baixo crescimento, o mercado de trabalho continuava aquecido e a inflação permanecia elevada. Por outro lado, devido à desaceleração da arrecadação da Receita Federal, a União passou a recorrer cada vez mais a receitas não administradas e previdenciárias, em particular por meio de dividendos do BNDES e da Caixa Econômica Federal, para fechar suas contas.

Diante desse quadro, os analistas do *Boletim* manifestaram diversas preocupações sobre a evolução futura da economia brasileira. Dentre elas destacavam-se o futuro do mercado de trabalho, no qual as condições aparentemente próximas ao pleno emprego colocavam pressão sobre os custos de produção; a evolução do investimento, que não se recuperava a despeito dos incentivos e do anúncio de novas concessões na área de infraestrutura; a inflação bem acima da meta; e a taxa de câmbio, que aparentemente só poderia flutuar em uma banda determinada pelo BC.

Apesar de edições anteriores do *Boletim* terem mencionado problemas estruturais e o risco de agravamento de desequilíbrios, sua ênfase se dava em torno da velocidade de recuperação da demanda doméstica. Uma novidade importante do BMI de dezembro de 2012 foi o alerta de que poderia ocorrer uma desaceleração mais acentuada do produto potencial da economia. Na edição do *Boletim* de dezembro de 2011 já havia um alerta sobre o lento crescimento da produtividade da economia brasileira naquele ano. Com dados da época, estimava-se que a taxa de crescimento da produtividade total dos fatores (PTF) era de apenas 0,2%, um valor significativamente inferior ao estimado para os anos anteriores, com exceção de 2009. Consequentemente, esse resultado já preocupava, pois indicava uma redução da expansão potencial do produto brasileiro. Como não houve nenhum sinal de melhoria da produtividade da economia ao longo de 2012, o potencial de crescimento brasileiro foi ainda mais penalizado.

Outro destaque dessa edição foi o franco reconhecimento de que os analistas do *Boletim* (assim como os demais analistas) não estavam sendo capazes de entender diversos aspectos conjunturais de grande importância para as perspectivas de crescimento em 2013 e nos anos seguintes, que foram resumidos em três mistérios:

---

10. A queda de 0,1% da FBCF no quarto trimestre de 2011 foi posteriormente revisada para crescimento de 0,3%.

O primeiro mistério é o da aparente contradição entre uma inflação que insiste em permanecer elevada, apesar do lento crescimento do nível de atividade. O segundo, em linha semelhante, aparece na pergunta: por que o mercado de trabalho continua pressionado, com baixas taxas de desemprego, apesar da desaceleração da economia? O terceiro refere-se a por que a miríade de estímulos e incentivos econômicos que têm sido postos em prática não tem sido capaz de pelo menos impedir a desaceleração do crescimento — para não dizer estimulá-lo mais?[11]

Dentre as variáveis que poderiam contribuir para um melhor entendimento desses mistérios, foram citados possíveis desequilíbrios setoriais associados a diferentes dinâmicas de emprego e produtividade entre os setores de serviços e indústria. Outro fator mencionado foi uma possível perda de confiança nos formuladores de política econômica, ainda não captada nos indicadores. De fato, os índices de confiança empresarial do IBRE tinham ganhado força no bimestre outubro-novembro, sinalizando uma aceleração do ritmo de atividade no quarto trimestre para os segmentos de serviços, comércio e construção. A indústria, por sua vez, registrava acomodação após um avanço da confiança no trimestre anterior. Como veremos adiante, somente em 2013 a queda da confiança na política econômica seria captada claramente nos indicadores de confiança.

A seção Em Foco do BMI de dezembro de 2012 apresentou o cenário do IBRE para 2012 e 2013. A quinta e sexta colunas das tabelas 1 e 2 apresentam as projeções das variáveis exógenas e endógenas, respectivamente. Em relação ao quadro externo, a avaliação era de que a economia mundial estava passando por um período prolongado de baixo crescimento e elevada incerteza, mesmo considerando-se a redução do risco de eventos extremos na Europa. Em função disso, a previsão de crescimento da Área do Euro em 2013 foi reduzida de 0,4% para -0,3%. Para a economia americana, o crescimento em 2013 também foi revisado para baixo, de 2,3% para 1,5%. A avaliação em relação à China era de que a desaceleração do país tinha se encerrado e a perspectiva era de que a taxa de crescimento permaneceria entre 7,5% e 8%, com uma previsão pontual de 7,8%. Conforme veremos adiante, as perspectivas de crescimento dos EUA foram um pouco subestimadas, enquanto a desaceleração

---

11. BMI, dez. 2012. p. 2.

do crescimento chinês acabaria sendo mais forte que o antecipado. Em relação ao comércio mundial, esperava-se aumento de 2,6% em 2013, com retomada moderada dos preços das principais *commodities*.

O fraco resultado do PIB no terceiro trimestre, somado a outros indicadores da atividade econômica, levou a nova revisão para baixo da previsão de crescimento em 2012, de 1,3% em setembro para 0,9% em dezembro — que foi a taxa efetivamente revelada pelas Contas Nacionais trimestrais —, com queda de 4,4% do investimento, bem maior que a prevista em setembro, de 1,2%. A previsão de crescimento do PIB em 2013 era de 2,9%, bem mais robusto do que o de 2012, mas menor que a previsão anterior (3,4%). Isso representou uma queda de quase um ponto percentual em relação à projeção de junho (3,8%), refletindo uma percepção crescente de que a lenta recuperação do crescimento estava pelo menos parcialmente associada a fatores de caráter mais duradouro. A previsão de aumento do investimento em 2013 continuava elevada (6,4%), mas também menor do que a previsão de setembro (9%).

Apesar da deterioração da atividade econômica, a inflação continuava alta e persistente, particularmente a de serviços, resultando em uma previsão de 5,6% em 2012. Com o maior crescimento da economia no ano seguinte, a projeção era de inflação de 5,7% em 2013, mesmo levando-se em conta a contribuição positiva da redução das tarifas de energia. Conforme destacado em edições anteriores do *Boletim*, isso implicava que o *trade-off* entre crescimento e inflação no Brasil tinha piorado significativamente. Em relação à política monetária, esperava-se a manutenção da taxa Selic em 7,25% até o final de 2013. Confirmando a evidência de *trade-off* mais desfavorável entre inflação e atividade, veremos que, apesar de o BC ter elevado a taxa de juros em 2013 (contrariando a expectativa do BMI), a inflação tem se comportado em linha com a previsão. No que tange ao setor externo, a previsão era de que a recuperação da economia levaria a um aumento do déficit em transações correntes para 2,5% do PIB em 2013.

Em relação aos riscos para o cenário projetado, foi destacado o aumento da incerteza doméstica. Em particular, após cinco trimestres consecutivos de queda, permanecia incerta a intensidade da recuperação do investimento em 2013.[12] Pela ótica da oferta, os questionamentos referiam-se à probabilidade de o setor Serviços, que representa quase 70% do Valor Adicionado, voltar a

---

12. Ver nota 10.

crescer a taxas mais elevadas, e em que medida as desonerações temporárias seriam capazes de ter efeitos disseminados na indústria. Outra questão é se seria possível crescer a taxas mais elevadas sem gerar mais inflação. Finalmente, voltou a ser lembrado que a retomada do crescimento baseada no consumo, sem contrapartida da oferta, poderia aprofundar desequilíbrios da economia brasileira, com efeitos deletérios sobre o produto potencial.[13]

3. O *Boletim* e a conjuntura em 2013

O tom do BMI de janeiro de 2013 foi de frustração em relação aos resultados desapontadores de 2012, especialmente quando se levam em conta os diversos pacotes de estímulo setoriais lançados pelo governo, em especial para a indústria, além do uso intenso de instrumentos macroeconômicos mais tradicionais, com forte queda da Selic e uma política fiscal expansionista.

Em relação a esta última, constatou-se que a meta fiscal em 2012 só pôde ser alcançada mediante artifícios contábeis e o abatimento de despesas do PAC da meta de resultado primário. Essas medidas foram criticadas por comprometerem a transparência e a confiabilidade das contas públicas, contribuindo para elevar a desconfiança em relação à política econômica.

De fato, o BMI renovou o argumento da edição de dezembro, de que a continuada frustração com a política econômica e o baixo crescimento eventualmente teriam efeito nas expectativas, embora os indicadores de confiança ainda não captassem claramente esse impacto.[14] Somando-se a essas dificuldades, surgiam no horizonte riscos na área de abastecimento de energia elétrica, que tenderiam a afetar negativamente o investimento e a produção industrial no primeiro trimestre de 2013. Também se observou que os efeitos positivos sobre a inflação da redução das tarifas de energia seriam parcialmente anulados pelo custo associado ao uso mais intenso de termoelétricas.

Apesar das ameaças, também foram destacados alguns aspectos positivos para o cenário de 2013, como: as baixas taxas de desemprego que, combinadas

---

13. Na ocasião, o IBRE estimava um crescimento do produto potencial entre 3% e 3,5%, que representava um valor inferior ao estimado para o segundo mandato do governo Lula.
14. Após elevação expressiva no bimestre outubro-novembro, os índices de confiança do IBRE apresentaram acomodação em dezembro. No entanto, houve avanço na média do quarto trimestre em comparação com o mesmo período do ano anterior, com exceção do índice de confiança do consumidor, que manteve o mesmo patamar.

com o reajuste do salário mínimo, contribuiriam para sustentar o consumo no curto prazo; novas concessões na infraestrutura (que não viriam a ocorrer), com efeitos positivos sobre o investimento; uma taxa de câmbio mais competitiva, que ajudaria a indústria; e estabilidade nos juros básicos.

Em relação ao cenário externo, havia a expectativa de crescimento mundial com risco menor de eventos extremos e possivelmente mais rápido do que o de 2012. Supunha-se também que os preços das principais *commodities* se manteriam em 2013, o que contribuiria para a elevação das exportações. Embora o risco do abismo fiscal nos EUA tenha sido temporariamente afastado, mantinha-se a expectativa de crescimento da economia americana de 1,5% em 2013.

A partir do BMI de fevereiro, os indicadores de confiança do IBRE passaram a ter um papel de destaque nas análises do *Boletim*. A estabilização de janeiro havia confirmado a tendência de acomodação revelada em dezembro, e houve redução do otimismo em relação aos meses seguintes (gráfico 1). Com base nessas evidências, foi prevista a ausência de retomada mais firme da atividade econômica no primeiro trimestre. Um aspecto particularmente preocupante era a falta de sinais de recuperação do investimento. Apesar de

Gráfico 1
Índice de Confiança da Economia* (ago. 2010/ago. 2013)

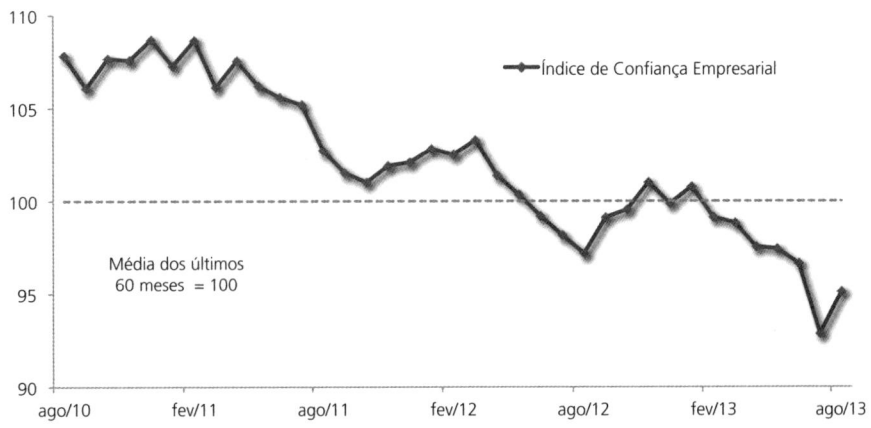

Fonte e Elaboração: FGV/IBRE.
* O Índice de Confiança da Economia representa a agregação, por pesos econômicos, das séries ajustadas sazonalmente de índices de confiança de quatro setores: Indústria, Serviços, Comércio e Construção.

algumas boas notícias nessa área, como a revisão de regras para novas concessões e mudanças na regulação de segmentos da infraestrutura, reforçava-se, por outro lado, o aspecto negativo do microgerenciamento.

Enquanto isso, a inflação não dava trégua. O IPCA de janeiro tinha registrado aumento de 0,86%, a maior alta para este mês desde 2003, elevando a taxa acumulada em 12 meses para 6,15%. Se, por um lado, a entrada em vigor do corte de 18% da tarifa de energia elétrica ajudaria a conter a alta dos preços, o comportamento dos preços de alimentos representava o principal risco para as previsões de inflação em 2013.

As primeiras projeções do modelo macro do IBRE para 2013 foram divulgadas no BMI de março. Os dados divulgados das Contas Nacionais haviam confirmado um fraco crescimento do PIB em 2012, de 0,9%, igual à taxa prevista pelo *Boletim* meses antes. O forte crescimento da produção industrial em janeiro indicava uma aceleração do PIB nos trimestres findos em janeiro e fevereiro e o Indicador Mensal do Investimento (IMI) elevou-se no começo do ano, indicando a possibilidade de um crescimento do PIB dessazonalizado próximo de 1% no primeiro trimestre. Muito do sucesso do investimento em janeiro deveu-se, no entanto, ao grande aumento da produção de caminhões, o que levantava dúvidas quanto à sua sustentação no resto do ano. Os resultados das Sondagens IBRE para janeiro e fevereiro também despertavam dúvidas sobre a recuperação do crescimento ao longo do ano. Os índices de confiança indicavam que diversos setores da economia ainda estavam bastante cautelosos, com exceção da indústria de transformação.

Por outro lado, assim como em janeiro, a inflação de 0,6% em fevereiro superou todas as projeções. Isso, por sua vez, levou o governo a adotar várias medidas de efeito direto nos preços, como a solicitação de adiamento dos reajustes das passagens de ônibus no Rio de Janeiro e São Paulo, além de medidas de desoneração tributária, como a redução dos impostos da cesta básica.

A seção Em Foco apresentou as hipóteses e os resultados das projeções para 2013 em relação às principais variáveis macroeconômicas. A sétima coluna das tabelas 1 e 2 apresenta as projeções das variáveis exógenas e endógenas, respectivamente. Em relação à economia mundial, a avaliação era de que 2013 seria novamente um ano de lento crescimento. Isso, por sua vez, levaria à manutenção das políticas de afrouxamento monetário adotadas no ano anterior. Nos EUA, a melhora dos indicadores levou a uma revisão do crescimento para 2%, acima da projeção de 1,5% de dezembro. Já na Área do Euro manteve-se a previsão anterior, de contração de 0,3%. Quanto à China, esperava-se uma estabilização em torno de 7,8%, a mesma taxa prevista em dezembro. Foi mantida também a projeção de retomada dos preços das principais *commodities*, com destaque para as metálicas.

Como mencionado, o PIB encerrou 2012 com crescimento de apenas 0,9%. Para 2013, a previsão era de crescimento mais forte, de 2,7%, embora menor do que a projeção de dezembro (2,9%). Após terem recuado 4% em 2012, projetava-se um aumento de 4% dos investimentos em 2013, também inferior à previsão de dezembro (6,4%).

O cenário para a inflação era ainda mais preocupante. Apesar do crescimento baixo, a inflação em 2012 foi de 5,8% e a previsão para 2013 era de 5,9%, um pouco superior à registrada em dezembro (5,7%). Sem a redução da tarifa de energia e a postergação do reajuste de ônibus, a inflação no primeiro trimestre teria ficado acima de 2,5%, o que teria sido o maior percentual desde janeiro de 2003. Apesar da desaceleração da inflação de alimentação domiciliar, de 10% para 6%, e dos preços administrados, de 3,7% para 3,4%, esperava-se que os outros componentes continuassem pressionando, especialmente graças à elevação dos preços dos bens industriais, excluindo alimentação, de 1,8% para 3,5%. Os modelos do IBRE também apontavam reajustes elevados dos preços de itens do grupo de serviços menos dependentes do salário mínimo, o que era explicado, em grande medida, pelo mercado de trabalho apertado.

Uma alteração importante no cenário foi a previsão de que o Banco Central iniciaria ainda no primeiro semestre um novo ciclo de aperto monetário, elevando a taxa Selic para 8,75% até o final de 2013, bem acima da taxa prevista em dezembro (7,25%). Como veremos, a elevação dos juros acabou se confirmando, mas sua magnitude foi maior do que a antecipada.

Quanto ao setor externo, esperava-se para 2013 um crescimento maior das importações em relação às exportações, o que reduziria o saldo da balança comercial de US$ 19,5 bilhões para US$ 16 bilhões. Com a retomada gradual da economia, também haveria uma elevação do déficit em transações correntes como proporção do PIB, de 2,4% em 2012 para 2,7% em 2013 (acima da previsão de 2,5% em dezembro).

Apesar do melhor desempenho no último semestre de 2012 e início de 2013, continuava elevada a incerteza em relação à recuperação do nível de atividade. Em particular, não estava claro se ela seria sustentável e se a indústria conseguiria manter o ritmo do primeiro trimestre. Outra preocupação era se o setor de serviços voltaria a crescer a taxas mais elevadas, especialmente diante dos dados pouco animadores das Sondagens Setoriais do IBRE. Finalmente, ressaltava-se que a inflação não dava trégua, exigindo um aperto monetário antes do esperado.

O BMI de abril destacou que o quadro macroeconômico, caracterizado por recuperação moderada da atividade e inflação bem acima da meta, tinha sofrido poucas alterações desde a edição anterior. No entanto, alguns sinais tornaram-se mais nítidos, estabelecendo uma diferença mais clara entre os elementos transitórios e permanentes ou, em outras palavras, entre choques e fundamentos. Em particular, ficou mais evidente que a inflação permaneceria pressionada pelo menos até o início do segundo semestre. Também ficou claro que a política fiscal continuaria expansionista, dificultando a tarefa da política monetária de conter a alta dos preços.

Igualmente preocupantes eram as evidências de que a recuperação da atividade econômica no primeiro trimestre resultou, em parte, de eventos transitórios, como o bom desempenho da agropecuária e a retomada expressiva da produção de caminhões e ônibus, após queda de 36% em 2012. Nesse sentido, observou-se que, apesar da aparente retomada da produção no primeiro trimestre, as sondagens empresariais do IBRE encerraram o trimestre em queda relativamente ao trimestre anterior, indicando uma possível desaceleração nos meses seguintes.

Também foi ressaltada a alta volatilidade nos resultados mensais da produção industrial, com a queda de 2,5% em fevereiro, em termos dessazonalizados, anulando todo o ganho registrado em janeiro. Para completar o quadro de dúvidas em relação à consistência da recuperação, o comércio apresentava desaceleração, após um longo período de desempenho bastante satisfatório. Dentre os possíveis fatores por trás dessa desaceleração, foram listadas a corrosão dos aumentos de renda real, devido à alta da inflação, e a perda de confiança no setor de serviços, depois de uma retomada frustrada no terceiro trimestre de 2012.

O mercado de trabalho, por sua vez, continuava aquecido. Em fevereiro, a taxa de desemprego medida pela PME tinha sido de 5,6%, um pouco abaixo da taxa observada no mesmo mês do ano anterior (5,7%). Em termos dessazonalizados, houve queda em relação a janeiro, de 5,5% para 5,4%.

Após registrar alta de 0,47% em março, o IPCA acumulou elevação em 12 meses superior ao teto da meta de inflação, alcançando 6,59%. Por trás dessa elevação, destacaram-se os aumentos dos preços dos alimentos e serviços. O combate à inflação continuava a basear-se em medidas de efeito direto, como a desoneração da cesta básica e o prolongamento da isenção parcial do IPI para automóveis novos. No entanto, vários sinais emitidos pelo BC indicavam que era provável que ocorresse brevemente uma elevação dos juros.

Os indicadores fiscais do primeiro bimestre revelaram uma deterioração das condições fiscais. Além de forte crescimento das despesas, a receita líquida foi muito afetada pela ampliação das desonerações tributárias e pelo baixo crescimento econômico.

No setor externo, a queda do saldo da balança comercial no trimestre, com déficit acumulado de US$ 5,1 bilhões, foi surpreendente. O último resultado negativo da balança comercial nesse período tinha sido em 2001, com déficit de US$ 664 milhões. Com isso, a média das projeções para 2013 caiu para US$ 11 bilhões. É interessante notar que a possibilidade de uma desvalorização cambial para corrigir o desequilíbrio externo não foi recomendada, devido aos seus impactos inflacionários, especialmente na conjuntura de inflação em alta.

Em maio, o BMI chamou a atenção para o fato de que, além dos riscos conhecidos, associados à permanência da inflação no limite superior da meta e a uma política fiscal expansionista, novos riscos estavam surgindo, com destaque para as contas externas. Até abril, o déficit acumulado da balança comercial havia sido de US$ 6,2 bilhões, o que representou o resultado mais elevado da série histórica em muitos anos.

Apesar de algumas transações terem sido fortemente concentradas no mês, como o registro de combustíveis, havia sinais de fatores mais permanentes. Assim como na edição anterior do *Boletim*, a possibilidade de correção do desequilíbrio externo por meio de desvalorização cambial foi afastada devido aos seus efeitos inflacionários. Uma preocupação adicional era que, diferentemente dos anos anteriores, ficava cada vez mais evidente que o investimento direto estrangeiro não seria suficiente para financiar o déficit em conta corrente, que se projetava em torno de 3% do PIB.

No que diz respeito à atividade econômica, a recuperação continuava frágil. As sondagens do IBRE indicavam uma redução da confiança empresarial no começo do segundo trimestre nos setores de construção, serviços e comércio e, em menor medida, na indústria. Adicionalmente, pelo lado da demanda, a confiança do consumidor continuava em queda, refletindo a corrosão da renda real com o aumento da inflação. De fato, desde outubro de 2012, há um movimento contínuo de perda de confiança do consumidor (gráfico 2).

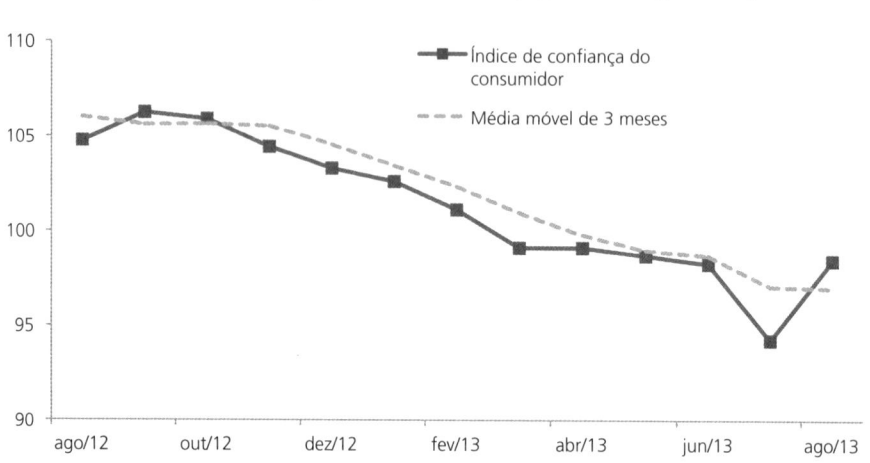

Gráfico 2
Índice de confiança do consumidor (Ago. 2012/ago. 2013)

Fonte e Elaboração: FGV/IBRE.

Um ponto de sustentação do consumo era o mercado de trabalho, que continuava aquecido. A taxa de desemprego em março ficou em 5,7%, 0,5 ponto percentual inferior à de março de 2012. Em termos dessazonalizados, houve queda de 5,4% em fevereiro para 5,2% em março. Em relação à inflação, os alimentos continuavam como o motor principal do aumento de preços nos meses anteriores, com a contribuição do grupo Alimentação e Bebidas correspondendo a quase 50% da taxa acumulada do IPCA até abril.

Com a aceleração da inflação, o Banco Central elevou a Selic já em abril, antecipando-se a uma decisão inicialmente esperada para maio. No entanto, a alta de apenas 25 pontos, combinada com a ausência de unanimidade, não deixou claro se efetivamente iria iniciar-se um ciclo de elevação dos juros. Isso era agravado pela dificuldade do governo central em fechar suas contas, em grande medida devido às desonerações tributárias e à ampliação do crédito público subsidiado.

A análise da conjuntura dos Estados Unidos indicava uma tendência de recuperação do investimento privado e uma melhora das contas públicas em função do ajuste fiscal. Previa-se que nos meses seguintes os efeitos depressivos do ajustamento fiscal seriam compensados pela recuperação do setor privado. No entanto, essa compensação provavelmente aconteceria de forma lenta, resultando em crescimento ainda fraco da economia americana em 2013.

A novidade ressaltada no BMI de junho foi a piora repentina do ambiente externo. A possível recuperação da economia americana ainda esse ano, combinada com a sinalização do FED de que poderia antecipar o processo de diminuição dos estímulos monetários, deu início a uma migração de recursos para os EUA, que resultou em elevação dos juros longos e desvalorização do câmbio em países emergentes. No Brasil a desvalorização cambial foi particularmente acentuada, possivelmente também refletindo o aumento do déficit da conta corrente do balanço de pagamentos.

O *Boletim* também chamou atenção para o fato de que a piora do cenário externo colocaria a teste o novo modelo de política econômica construído desde a eclosão da crise internacional em 2008, baseado em expansão do crédito ao consumo por parte de bancos públicos, maior leniência com a inflação, política fiscal expansionista e maior ativismo estatal.

Os resultados divulgados do PIB novamente surpreenderam de forma negativa os analistas, registrando um crescimento de apenas 0,6% no primeiro trimestre. Caso não houvesse a grande expansão da agropecuária, o PIB teria permanecido praticamente estagnado em relação ao trimestre anterior. Apesar da forte alta do investimento, a taxa de formação bruta de capital fixo, de 18,4% do PIB, foi inferior à do primeiro trimestre de 2012 (18,7%), que já era baixa.

Os indicadores de confiança empresarial do IBRE anteciparam corretamente a desaceleração de vários segmentos, especialmente comércio e serviços. Para o segundo trimestre, os índices apontavam tendência à acomodação, com combinação de discreta melhora em relação à situação presente e piora das expectativas. Isso sugeria um ritmo lento de crescimento do nível de atividade nos meses seguintes.

Apesar do fraco desempenho do PIB no primeiro trimestre, o mercado de trabalho continuou apertado, com novo recorde de baixa da taxa de desemprego para o mês de abril (5,8%). A inflação, por sua vez, continuava no teto da meta, embora com alguns fatores que poderiam contribuir para seu arrefecimento nos meses seguintes, que incluíam a desaceleração do grupo Alimentação e Bebidas e dos preços internacionais, e possíveis efeitos deflacionários da elevação da Selic. Por outro lado, a desvalorização do real tenderia a impactar os preços.

A seção Em Foco de junho apresentou os cenários do modelo macroeconométrico do IBRE para 2013 e 2014 (oitava e nona colunas das tabelas 1 e 2). As dúvidas sobre a recuperação da economia mundial persistiam. A Zona do Euro tinha completado seis trimestres consecutivos de queda do nível de atividade, sem perspectiva de reversão da tendência em 2013, o que levou à previsão de maior contração este ano (-0,7%) em comparação com a estimativa de março (-0,3%). Para 2014, as perspectivas eram um pouco melhores, com crescimento de 0,3%. Nos EUA, apesar da recuperação do setor privado, a expectativa era de que o ajuste fiscal iria reduzir o crescimento em 2013 para 1,8%, ante 2% na previsão anterior. Em 2014, no entanto, a previsão era de crescimento mais vigoroso (2,4%). Quanto à China, a desaceleração em curso indicou a necessidade de revisão para baixo das projeções de crescimento em 2013 (7,5% em comparação com 7,8% em março), que continuaria em 2014 (7,3%).

Os resultados do PIB no primeiro trimestre levaram a uma revisão das projeções de crescimento em 2013, com redução de 2,7% para 2,3%, embora com retomada mais forte dos investimentos (5,6%) em relação à previsão de março (4%). Em relação a 2014, a previsão era de crescimento um pouco mais robusto (2,6%).

Com relação à inflação, esperava-se uma taxa de 6,1% em 2013, acima da previsão de março (5,9%). O cenário contemplava uma forte desaceleração da inflação da alimentação domiciliar, para 9,2% no final do ano (valores acumulados em 12 meses), após atingir 15,2% em maio. A projeção da inflação de preços administrados era de apenas 2,1%, mas a inflação de serviços iria fechar o ano em 8,6%. Finalmente, a inflação de bens manufaturados, excluindo alimentação, vinha tendo desempenho bastante desfavorável no ano, com taxa projetada de 4,8% em 2013. Isso refletiria o fim das desonerações de alguns bens e os efeitos da desvalorização cambial. Para 2014, a projeção era de pequena queda da inflação, para 5,8%, ainda bem acima do centro da meta. Diante desse quadro, foi confirmada a projeção de aperto monetário pelo BC, com elevação da Selic para 8,75% até o final de 2013 e manutenção desse patamar em 2014. Aqui estávamos sendo otimistas.

Em relação ao setor externo, um fato notável foi a forte desaceleração das exportações. Combinado com o crescimento das importações, isso reduziu a previsão do saldo comercial em 2013 para US$ 7 bilhões, o que levaria o déficit em transações correntes como proporção do PIB para 3,2% ao final do ano (acima da previsão de 2,7% do PIB em março). Para 2014, a projeção era de pequena melhora nas exportações e menor crescimento das importações, levando o saldo comercial para US$ 9 bilhões, mas com déficit em transações correntes de 3,4% do PIB.

Tomados em conjunto, os indicadores mostravam que a economia brasileira tinha saído da quase estagnação, mas só tinha conseguido atingir taxas de crescimento muito modestas. Apesar disso, a inflação continuava elevada. Nesse sentido, confirmavam-se os indícios de que o crescimento do produto potencial teria diminuído nos últimos anos. As estimativas do IBRE apontavam então para um crescimento do PIB potencial de cerca de 2,5%, abaixo do valor estimado no final de 2012 (entre 3 e 3,5%).

O BMI de julho destacou a rapidez com que indicadores e expectativas se deterioraram em tão pouco tempo. E não é possível apontar uma única causa dessa deterioração. Sem dúvida, o cenário externo é um fator importante, mas não é capaz de explicar sozinho esse movimento. O *Boletim* destacou que o impacto da mudança externa foi ampliado pela natureza do modelo de política econômica adotado pelo país. Esse modelo já dava sinais de esgotamento, e o quadro externo apenas tornou a situação ainda mais difícil.

Já em agosto, o *Boletim* ressaltou as reações dos analistas diante da recuperação da economia americana antes do esperado. De um lado, há aqueles que enxergam nessa recuperação o início da retomada da economia mundial. Mas, por outro lado, há também quem se preocupe com a capacidade de a economia brasileira atravessar esse período de transição sem solavancos. Em especial, há receio em relação ao fluxo de recursos internacionais, e às condições de financiamento das economias em desenvolvimento. É possível que algumas de suas consequências venham a ser positivas, como a recuperação da competitividade da indústria com a desvalorização cambial, levando a um crescimento econômico em que a indústria recupera parte do terreno perdido nos últimos anos. Porém outras serão desfavoráveis, mas inevitáveis, como a queda dos salários reais, cujos efeitos sobre o consumo das famílias é quase imediato. Outras ainda vão exigir respostas apropriadas das autoridades, como o impacto da desvalorização cambial sobre a inflação e o aumento do custo de financiamento do Tesouro sobre as finanças públicas. Pode-se concluir, contudo, que, no curto prazo, os impactos negativos da recuperação americana vão se sobrepor aos ganhos que em algum momento a retomada trará para a economia brasileira.

E, em meio a essas transformações com impacto mais a médio prazo, o *Boletim* destacou que a conjuntura econômica continuou marcada pela elevada volatilidade dos indicadores de inflação e atividade. As estimativas do IBRE indicavam que o crescimento do segundo trimestre seria de 0,6% em relação ao primeiro (tst). Essa previsão já incorporava a revisão prevista da taxa de crescimento do PIB do primeiro trimestre, de 0,55% para 0,70%, devido à alteração dos fatores sazonais.[15]

Outro ponto mencionado foi a recuperação do investimento no primeiro semestre, que, no entanto, não deveria se sustentar. De fato, vários fatores apontavam para uma nova desaceleração do investimento ao longo do segundo semestre: taxa de juros real mais elevada, taxa de câmbio mais depreciada, confiança empresarial em baixa e maior incerteza sobre os rumos da economia doméstica. Todos esses fatores deveriam inibir o investimento.

Consequentemente, já se detectava uma grande preocupação em relação ao cenário para o segundo semestre. O diagnóstico dos *Boletins* anteriores continuava válido: fatores transitórios explicaram, em grande medida, o crescimento do primeiro semestre. Mas para o restante do ano as análises e os indicadores continuavam a apontar para um crescimento mais lento do que o registrado no primeiro semestre.

E, por fim, o BMI de setembro de 2013 destacou que, apesar da surpresa com relação ao resultado do crescimento do PIB no segundo trimestre de 1,5% (tst), bem acima do previsto, o cenário prospectivo não é promissor. As últimas divulgações vêm confirmando o quadro de desaceleração do crescimento no terceiro trimestre. Em particular, a produção industrial de julho contraiu 2% em relação ao mês anterior. Além disso, os indicadores das Sondagens empresariais do IBRE também assinalam um cenário ainda preocupante para a indústria.

A seção Em Foco de setembro apresentou os cenários do IBRE para 2013 e 2014 (décima e décima primeira colunas das tabelas 1 e 2). A seção destacou que os últimos meses foram marcados pela elevação expressiva da taxa de juros de longo prazo dos EUA, diante da perspectiva de normalização das condições monetárias a partir de setembro. Mesmo havendo dúvidas a respeito da solidez do ritmo de crescimento da economia americana, o FED deveria já começar a reduzir o ritmo dos estímulos, embora devesse haver certa cautela na condução dessa política.

---

15. A revisão acabou sendo para 0,63%.

Do ponto de vista da previsão de crescimento, o *Boletim* não alterou a expectativa para a taxa de crescimento dos EUA em 2013 e 2014, de 1,8% e 2,4%, respectivamente. Além disso, a Área do Euro, após longa recessão, deu sinais de estabilização e deve registrar contração em 2013 um pouco menor do que a prevista em junho: -0,5%, ante -0,7%. Para o ano que vem, as perspectivas também são ligeiramente melhores: de crescimento de 0,8%. Ou seja, nos países desenvolvidos os sinais são de recuperação do crescimento. Com relação aos emergentes, a trajetória é a oposta. Já havia fortes indícios de desaceleração em diversos países, inclusive nos latino-americanos, que antes atravessavam um período de rápido crescimento, como Chile, Peru e Colômbia. A boa notícia era que a China dava sinais de que a desaceleração havia moderado. Dessa forma, não houve alteração em suas perspectivas de crescimento.

Diante do resultado do PIB do segundo trimestre, as perspectivas de crescimento da economia brasileira em 2013 foram alteradas de 2,3% (junho de 2013) para 2,5%. Porém, para o ano que vem, a previsão é de um crescimento de 1,8%, ante previsão anterior de 2,6%. Com a perspectiva de um câmbio mais depreciado, a inflação deve terminar 2013 em torno de 6% e deve continuar nesse patamar no ano que vem. Isso, mesmo com a expectativa de uma elevação maior da taxa de juros, de 8,75% para 9,75%, e uma menor taxa de crescimento. Por outro lado, o menor crescimento, somado à depreciação cambial, contribuirá para uma redução do déficit em transações correntes, cuja projeção caiu de 3,5% para 3,3% do PIB. Ou seja, a economia brasileira já iniciou um processo de ajuste às mudanças na conjuntura internacional. Mesmo não esperando que todo o ajuste ocorra em 2013 e 2014, não há como evitá-lo, pois os riscos para a inflação permanecem elevados.

4. Lições para 2014

Desde a crise internacional de 2008, o Brasil adotou um novo modelo de política econômica, apoiado na expansão do crédito ao consumo, principalmente por parte dos bancos públicos; maior tolerância com a inflação; uma política fiscal mais frouxa e mais ativismo estatal. Mas os resultados obtidos não têm sido animadores. A economia brasileira conseguiu sair da quase estagnação, mas não tem sido capaz de alcançar um crescimento robusto e sustentado. Mesmo assim, a inflação permanece pressionada (gráfico 3), apesar do controle de vários preços administrados. Além disso, houve uma deterioração expressiva na conta-corrente do balanço de pagamentos, apesar do baixo desempenho econômico.

Gráfico 3
Taxa de crescimento do PIB (acum. em 4 trimestres) e inflação (acum. em 12 meses) [em %]

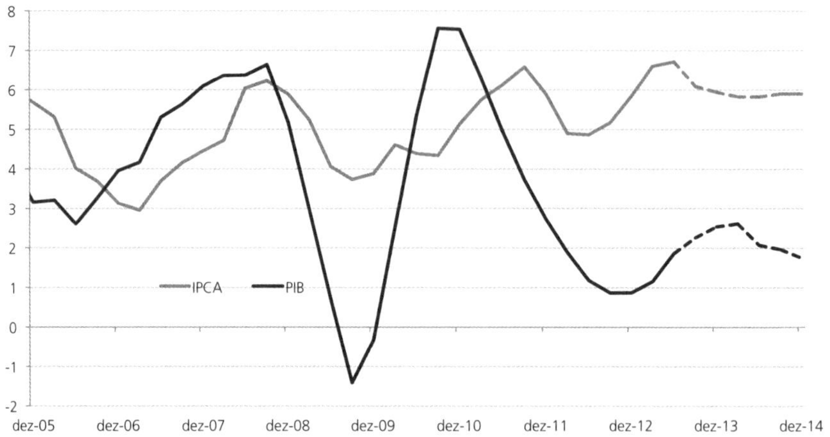

Fontes: IBGE e IBRE. Elaboração: FGV/IBRE.

Esse quadro foi agravado pelo fato de que, nos últimos meses, o ambiente externo tornou-se mais hostil, penalizando mais os países que não "fizeram a lição de casa". Em particular, em países como Chile, Peru, Colômbia e México, o cenário externo mais desafiador é menos preocupante, pois a inflação está controlada e o crescimento tem sido bem mais robusto do que o brasileiro — o que permite que a desaceleração seja acomodada por meio de políticas anticíclicas. Já no Brasil, diferentemente da situação no final de 2008, não existe atualmente muito espaço para esse tipo de política. Diante de uma taxa de câmbio mais depreciada e com expectativas inflacionárias em patamar elevado, será necessária uma política monetária mais apertada, o que terá um impacto negativo sobre o ritmo de crescimento deste ano e em 2014.

Além disso, acumulam-se evidências acerca da menor capacidade de a economia brasileira crescer a taxas mais elevadas. Segundo estimativas do IBRE, o crescimento do produto potencial brasileiro encontra-se próximo de 2,5% (gráfico 4), bem abaixo do ritmo de expansão de meados da década de 2000, que girava em torno de 4,3%. Isso não significa que teremos de crescer a taxas tão baixas permanentemente. Essas estimativas apenas sinalizam que, dados os nossos atuais fundamentos — reduzida taxa de investimento, baixo crescimento da produtividade da economia e menor expansão da oferta de mão de obra, entre outros —, não há espaço para crescer a taxas mais elevadas sem pressionar ainda mais a inflação. Isso indica que, para a economia brasileira voltar a crescer a taxas mais elevadas de forma sustentada, será necessário retomar a agenda de reformas, com a adoção de um novo ciclo de políticas microeconômicas que estimulem o investimento e o crescimento da produtividade.

Gráfico 4
**Estimativas da taxa de crescimento do PIB potencial
(acum. em 4 trimestres) [em %]**

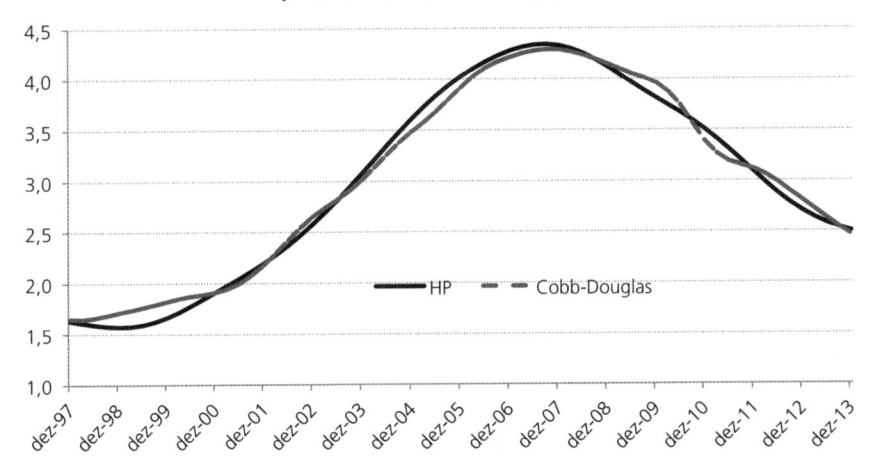

Fontes: IBGE e IBRE. Elaboração: FGV/IBRE.
Obs.: HP significa filtro Hoddrick-Prescott. Cobb-Douglas significa o método de função de produção utilizando esta especificação.

Para finalizar, é razoável afirmar que os desequilíbrios da economia brasileira se acentuaram nos últimos anos, daí tendo resultado uma redução da capacidade de crescimento do país a médio e longo prazos. Nos próximos anos, as autoridades responsáveis pela formulação da política econômica terão que se defrontar com o desafio de corrigir os desequilíbrios macroeconômicos que se acumularam nos últimos anos para poder elevar a taxa de crescimento do produto potencial.

Anexo

Tabela 1
Cenário consolidado para as variáveis exógenas

	Junho de 2012		Setembro de 2012		Dezembro de 2012		Março de 2013	Junho de 2013		Setembro de 2013	
	2012E	2013E	2012E	2013E	2012E	2013E	2013E	2013E	2014E	2013E	2014E
CENÁRIO EXÓGENAS INTERNACIONAIS											
CRESCIMENTO - PIB (%)											
EUA	2,1	2,4	2,1	2,3	2,1	1,5	2,0	1,8	2,4	1,8	2,4
Zona do Euro	-0,5	0,9	-0,7	0,4	-0,5	-0,3	-0,3	-0,7	0,3	-0,5	0,8
China	8,0	8,0	7,8	8,0	7,6	7,8	7,8	7,5	7,3	7,5	7,3
Quantum do Comércio Mundial	1,1	3,2	1,9	4,5	1,9	2,6	3,0	1,7	2,2	1,5	1,8
CENÁRIO EXÓGENAS DOMÉSTICAS											
Taxa de Juros (final do período)	7,50	9,00	7,50	8,50	7,25	7,25	8,75	8,75	8,75	10,00	10,00
Taxa de Câmbio Nominal (média de período)	1,9	1,9	1,9	1,9	2,0	2,1	2,0	2,1	2,1	2,2	2,4
Preço das Exportações (%)	-2,3	6,0	-3,0	6,1	-4,4	3,5	2,0	0,0	4,0	-2,5	1,0
Preço das Importações (%)	2,0	3,0	0,1	3,8	0,0	2,5	1,2	2,0	3,2	-0,7	1,1
Superávit Primário como % PIB	2,6	3,2	2,4	2,8	2,3	2,6	1,5	2,1	1,8	1,7	0,9
Inflação de Preços Administrados (%)	4,0	4,5	3,4	4,2	3,5	4,0	3,4	2,1	4,5	1,7	4,3
Inflação Alimentação Domiciliar (%)	5,5	6,2	9,7	7,5	9,3	6,0	5,7	9,2	5,6	8,2	5,6

Fonte: *Boletim Macro IBRE* (jun., set. e dez. 2012, e mar., jun. e set. 2013).

Tabela 2
Cenário consolidado para as variáveis endógenas

	Junho de 2012		Setembro de 2012		Dezembro de 2012		Março de 2013	Junho de 2013		Setembro de 2013	
	2012E	2013E	2012E	2013E	2012E	2013E	2013E	2013E	2014E	2013E	2014E
ATIVIDADE											
PIB (%)	1,8	3,8	1,3	3,4	0,9	2,9	2,7	2,3	2,6	2,5	1,8
Agropecuária (%)	0,0	3,5	-1,5	3,0	-0,8	3,0	3,5	9,0	3,5	10,0	4,5
Indústria (%)	1,8	3,9	-0,1	2,7	-0,6	2,6	2,3	1,3	2,4	1,1	1,2
Serviços (%)	2,0	3,8	2,1	3,7	1,5	3,0	2,8	2,1	2,6	2,1	1,7
Consumo Privado (%)	3,2	4,1	2,9	4,0	2,9	4,0	3,5	2,0	2,9	1,7	1,6
Consumo da Adm. Pública (%)	2,8	2,5	3,5	2,5	3,2	2,5	2,0	1,9	2,5	1,7	2,3
Investimento (FBCF) (%)	0,4	11,7	-1,2	9,0	-4,4	6,4	4,0	5,6	3,2	7,1	2,8
Exportações (%)	3,2	4,2	1,2	6,1	-0,6	4,4	4,7	1,4	1,6	1,0	1,4
Importações (%)	3,0	6,8	3,9	6,0	-1,4	3,1	5,0	5,8	4,0	7,7	-0,9
Produção Industrial - IBGE (%)	0,8	4,6	-2,4	2,9	-2,5	3,3	2,6	2,3	2,8	1,6	1,8
INFLAÇÃO E POLÍTICA MONETÁRIA											
IPCA - IBGE (%)	4,9	5,3	5,4	5,9	5,6	5,7	5,9	6,1	5,8	5,9	6,1
IPCA - Livres (%)	5,3	5,5	6,1	6,5	6,2	6,2	6,5	7,4	6,1	7,2	6,7
IPCA - Serviços (%)	8,3	7,8	8,4	8,8	8,5	8,6	8,9	8,6	8,5	8,4	8,2
IPCA - Bens Ex. Alimentação (%)	1,4	2,4	1,1	2,9	1,6	3,3	3,7	4,8	3,2	5,4	4,9
IPCA - Alimentação Domiciliar (%)	5,5	6,2	9,7	7,5	9,3	6,0	5,7 *	9,2	5,6	8,2	5,6
IPCA - Administrados (%)	4,0	4,5	3,4	4,2	3,5	4,0	3,4	2,1	4,5	1,7	4,3
IPCA Ex-Alimentação Domiciliar (%)	4,9	5,1	4,7	5,6	4,9	5,6	5,7	5,6	5,8	5,5	6,2
SETOR EXTERNO											
Balança Comercial (US$ bi)	20	19	17	17	18	16	16	7	9	2	8
Exportações (US$ bi)	260	282	249	274	244	268	254	243	254	241	242
Importações (US$ bi)	240	263	232	257	225	252	238	236	246	239	234
Corrente de Comércio (% PIB)	22	21	21	21	21	23	21	21	20	22	22
Déficit em serviços e rendas (US$ bi)	83	95	69	76	72	79	84	87	98	78	86
Saldo em conta-corrente (US$ bi)	-59	-71	-48	-55	-51	-58	-63	-75	-83	-76	-72
Saldo em conta-corrente (% PIB)	-2,6	-2,8	-2,1	-2,2	-2,2	-2,5	-2,7	-3,2	-3,4	-3,5	-3,3

Fonte: *Boletim Macro IBRE* (jun., set. e dez. 2012, e mar., jun. e set. 2013).

2

Política monetária no Brasil antes e depois da crise

*José Júlio Senna**

1. Introdução

Frederic Mishkin é um nome conhecido no campo da economia monetária. Em particular, Mishkin tem escrito extensamente sobre estratégias de política monetária. Numa conferência realizada no final de 2012, ele argumentou que a crise financeira global transformara o mundo dos bancos centrais para sempre. É difícil discordar dessa afirmação.

Mas o que exatamente precisa ser alterado, ou sofrer adaptação? Que aspectos da política monetária praticada antes da crise se mostraram realmente inadequados? Que fatos relevantes, conhecidos antes dos eventos recentes, foram desprezados pelas autoridades monetárias? Até que ponto os bancos centrais foram responsáveis pela chamada Grande Recessão? Que parte da estratégia anterior, ou do consenso antes prevalecente, precisa ser preservada? Como o caso brasileiro se encaixa nessa discussão? Tentar responder a questões desse tipo parece indispensável em qualquer discussão sobre como a política monetária será conduzida no futuro, tanto aqui quanto no exterior. É o que procuramos fazer neste ensaio.

---

* O autor é chefe do Centro de Estudos Monetários do IBRE/FGV e agradece a Armando Castelar Pinheiro e Fernando Veloso pelas valiosas críticas e sugestões baseadas numa versão original (e incompleta) deste ensaio. Agradece também a Marcel Balassiano pelo eficiente apoio à realização da pesquisa. Eventuais erros e omissões são de responsabilidade do autor.

2. As origens do regime de metas de inflação

Por mais de duas décadas, Milton Friedman liderou uma série de pesquisas voltadas para convencer políticos, economistas e o público em geral de que a inflação era um problema importante e que, ao contrário do arcabouço teórico então prevalecente, conhecido por keynesianismo, o monetarismo poderia explicar aquele fenômeno, além de ter solução para oferecer.

Contudo, como assinalado por Harry Johnson (1971:7), concordância quanto à segunda proposição dependia de aceitação da primeira. E isto só veio a acontecer no final dos anos 1960 e início da década de 1970, quando, nos Estados Unidos, o ritmo de crescimento dos preços atingiu nível expressivo. Na realidade, naquela época, a inflação tornara-se um problema não apenas para os EUA, mas para a economia mundial de modo geral. Quando isso ocorreu, um novo arcabouço teórico já estava construído. E duas proposições básicas dos monetaristas se haviam tornado largamente aceitas: a) inflação é um fenômeno monetário; e b) existe *trade-off* temporário entre inflação e desemprego, mas não existe *trade-off* permanente.

A aceitação dessas ideias trouxe duas consequências fundamentais. Primeiro, a luta contra a inflação deveria ser tarefa dos bancos centrais, instituições que, pelo menos em princípio, poderiam controlar a oferta monetária. Segundo, diante da incapacidade dos bancos centrais de afetar o comportamento de variáveis reais em caráter permanente, as autoridades monetárias deveriam dedicar-se ao controle da inflação. Em alguns países, a vontade de agir dessa maneira encontrava-se presente. Mas esbarravam num enorme obstáculo, representado pelo regime cambial então dominante. No início dos anos 1970, o mundo ainda funcionava sob o chamado sistema de Bretton Woods, calcado em taxas fixas (porém ajustáveis) de câmbio. De acordo com esse sistema, os países envolvidos davam prioridade à estabilidade do preço externo de suas moedas. Sob tais circunstâncias, a tentativa de manter fixas as taxas de câmbio significava ausência de controle sobre a oferta monetária doméstica.

Alemanha e Suíça são os dois mais importantes exemplos de países que entregaram a tarefa de combater a inflação aos respectivos bancos centrais e onde se deu prioridade a essa tarefa. Nessas duas economias, o problema de falta de controle sobre a oferta monetária era particularmente severo, uma vez que, nos mercados cambiais, havia muita especulação em favor de suas moedas.

Em outras palavras, o marco alemão e o franco suíço eram os dois melhores candidatos à apreciação na hipótese de um realinhamento de taxas ou quebra do sistema de Bretton Woods. Ao mesmo tempo, a economia americana encontrava-se enfraquecida e experimentava substanciais déficits de balanço de pagamentos. Em certo sentido, os Estados Unidos exportavam inflação. Para defender suas moedas, alemães e suíços viam-se forçados a adquirir enormes volumes de dólar nos mercados internacionais. Os fluxos de capital eram expressivos demais para serem completamente esterilizados. Em consequência, as taxas de inflação mostravam-se igualmente elevadas. No começo dos anos 1970, na Alemanha, as taxas de crescimentos dos preços variaram entre 5% e 7% por ano. Na Suíça atingiram patamares ainda mais altos.

Com o colapso do sistema de Bretton Woods nos primeiros meses de 1973, alemães e suíços viram-se livres para perseguir políticas monetárias independentes. A influência dominante da moeda sobre o nível de preços já se fizera reconhecer. Com a eliminação da restrição imposta pelo antigo regime cambial, eles entenderam que suas taxas de inflação poderiam ser inferiores às observadas em outros lugares. Ao mesmo tempo, estavam convencidos da importância de estabelecer certo compromisso com algum tipo de regra na condução da política monetária. E estes se tornaram os principais objetivos de seus bancos centrais.

As estratégias adotadas na Alemanha e na Suíça foram muito semelhantes entre si. Nesses dois países introduziu-se formalmente o regime de *monetary targeting*, tendo sido estabelecidos objetivos numéricos para a expansão da oferta de moeda. Tais objetivos eram estimados com base em metas informais para as taxas de inflação. Fazia-se uso também de uma equação quantitativa, considerada válida a médio e longo prazo. Esse procedimento envolvia a formulação de hipóteses para o ritmo potencial de crescimento econômico e para a tendência da mudança de velocidade da moeda. Tal enfoque nada tinha de rígido. Pelo contrário. Em diversas ocasiões, as autoridades optaram por postergar o cumprimento das metas, de modo a evitar prejuízos importantes para a atividade econômica. De fato, com frequência, metas monetárias deixaram de ser cumpridas. A despeito disso, as autoridades conseguiam preservar sua credibilidade. Na Alemanha, em particular, a estratégia era vista como representativa de um "monetarismo pragmático", expressão mais tarde usada nos Estados Unidos durante a administração de Paul Volcker.

É importante destacar que desde o começo desse processo as autoridades dos dois países foram estimuladas a explicitar as hipóteses de trabalho levadas em conta no estabelecimento das estratégias e das metas numéricas. Em outras palavras, entendia-se a relevância da transparência e da boa comunicação. Os resultados finais podem ser considerados muito bons. Nas duas economias a taxa média de inflação convergiu para menos de 2% ao ano, e assim permaneceu por vários anos.

Diversos outros países tentaram estratégias parecidas. Mas falharam. O Reino Unido é um bom exemplo. As razões desse insucesso e uma análise mais detalhada da experiência da Alemanha e da Suíça com metas monetárias podem ser encontradas em outro trabalho, deste mesmo autor (Senna, 2010:12). Aqui, basta registrar algumas lições das duas experiências bem-sucedidas: a) definição clara de metas de inflação e de expansão monetária foi de grande importância para coordenar as expectativas de inflação; b) tal definição impunha disciplina aos bancos centrais; c) a estratégia adotada contribuía para conter as pressões políticas geralmente exercidas sobre as autoridades monetárias; d) tudo isso facilitava a avaliação da performance dos banqueiros centrais.

No final dos anos 1980, a economia monetária havia passado por uma importante revolução, graças à contribuição dos chamados *new classical economists*. Deixando-se de lado as controvérsias geradas pelo novo arcabouço teórico, o fato é que, naquela época, a teoria econômica e banqueiros centrais de modo geral já haviam incorporado (aparentemente de forma definitiva) a ideia de que os efeitos da política monetária sobre a economia dependem das expectativas que se formam acerca do comportamento futuro das autoridades monetárias. Além disso, a nova maneira de pensar ajudava a esclarecer os riscos envolvidos no ativismo monetário. Em outras palavras, banqueiros centrais operariam em terreno mais seguro se ficassem preocupados basicamente com a taxa de variação dos preços, conclusão a que já tinham chegado os monetaristas.

Ao mesmo tempo, no terreno prático, a inflação fora consideravelmente reduzida nos EUA. Depois de atingir 14% no final dos anos 1970, caíra para menos de 4% ao ano. Fenômeno semelhante observara-se também na Europa. Nesse caso, alguns dos países que experimentaram desinflação se beneficiaram substancialmente de um sistema conhecido por *exchange-rate mechanism*, caracterizado por taxas fixas (porém ajustáveis) de câmbio, centrado no marco alemão. No início dos anos 1990, os custos desse mecanismo revelaram-se bastante expressivos, em razão de a reunificação da Alemanha ter forçado o Bundesbank a elevar consideravelmente a taxa básica de juro, política esta que não era do interesse da maioria (possivelmente de nenhum) dos países que haviam aderido ao sistema.

Apoio teórico, evidência concreta de sucesso na luta contra a inflação e uma sensação de melhora de bem-estar, associada a taxas mais modestas de crescimento dos preços em várias partes do mundo, chamaram a atenção para o que de fato funciona no campo da política monetária. Em particular, formou-se alto grau de consenso em torno da ideia de que o sistema de preços de uma dada economia funciona melhor na presença de algum tipo de âncora.

Nos últimos anos da década de 1980, dois tipos distintos de âncora já haviam sido experimentados: oferta monetária e taxa de câmbio. Um terceiro tipo estava prestes a surgir, com a introdução do regime de metas de inflação. Sob esse regime, dá-se ao banco central a tarefa de, a médio prazo, estabilizar a taxa de inflação em torno de uma meta numérica, que se torna a âncora do sistema. A experiência dos países que tiveram sucesso com o regime de metas monetárias deixara clara a importância de ser flexível. E flexibilidade tornou-se uma característica fundamental do *inflation targeting*, na medida em que, na condução de suas políticas, as autoridades monetárias levam em conta o comportamento de curto prazo da economia real. Na presença de choques, faz sentido postergar a convergência da inflação para a meta estipulada. Por certo, pode-se fazer a inflação caminhar para a meta de maneira rápida, mas tal resultado só pode ser atingido à custa da criação de excesso de volatilidade da atividade econômica. O novo regime exibe o que Bernanke e seus coautores chamam de *constrained discretion* (Bernanke et al., 1999:293).

Outra importante lição extraída das bem-sucedidas experiências com metas de expansão monetária é que a atividade dos bancos centrais não deve ser cercada de mistério. Em outras palavras, entre a então dominante mística, de um lado, e a transparência dos alemães e dos suíços, de outro, os praticantes do sistema de metas de inflação optaram por esta última. Ficou claro ser possível colher benefícios consideráveis a partir do estabelecimento de um objetivo de política monetária facilmente compreensível pelo público e de se trabalhar de maneira transparente, explicitando-se as estratégias adotadas para cumprir o objetivo bem como eventuais planos de correção de rumo quando as estratégias originais se mostram malsucedidas. Em sociedades democráticas, transparência e boa comunicação parecem ingredientes indispensáveis para que as autoridades monetárias tenham credibilidade, apoio do público e liberdade para agir.

Ao incorporar essas características, o novo regime contribuiu para tornar a política monetária mais previsível, atendendo assim a uma antiga proposição dos monetaristas. Milton Friedman, por exemplo, seguindo uma tradição iniciada por Henry Simons, gostava de enfatizar que a política monetária poderia (e deveria) ser conduzida de maneira a "evitar que a moeda em si constitua uma importante fonte de perturbação econômica" (Friedman, 1968:12).

Por certo, diferentes países adotaram o novo regime por motivos diferentes. O Reino Unido e a Suécia, por exemplo, haviam experimentado o colapso da âncora cambial. O Canadá frustrara-se com a experiência de metas monetárias. A Nova Zelândia desejava consolidar ganhos já obtidos na luta contra a inflação.

O caso brasileiro é bastante parecido com os exemplos inglês e sueco. No projeto de reforma monetária que caracterizou o chamado Plano Real, não estava claro o regime cambial que acabaria vigorando. Quando a unidade de conta (URV) introduzida na fase preliminar do Plano foi transformada em real, em primeiro de julho de 1994, a ideia inicial era a de que a relação entre o dólar e a nova moeda fosse de um para um. A confortável situação do balanço de pagamentos, porém, abriu espaço para que se permitisse a apreciação da moeda nacional. O fortalecimento nominal do real durou até outubro do mesmo ano, quando atingiu R$ 0,83 por dólar. A partir desse ponto, começaram as intervenções oficiais no mercado de câmbio. A crise do México e ajustes promovidos pelo Banco Central enfraqueceram o real, cuja cotação chegou a R$ 0,95/US$ 1 em setembro de 1995. Desse ponto em diante, e até meados de janeiro de 1999, funcionou uma espécie de minibanda, de natureza móvel. E a volatilidade da taxa cambial foi muito modesta.

Essa política teve custo elevado, como costuma acontecer com todo plano de estabilização bem-sucedido. De superávit em conta-corrente passamos para um quadro de déficit, que chegou a 4% do PIB em 1998. Os juros foram mantidos em patamares elevados. Deflacionada pelo IPCA, a taxa Selic média ficou em quase 22% ao ano, no período 1995-98. De qualquer modo, o principal objetivo do Plano foi cumprido. Em 1998, a inflação foi de apenas 1,7%.

Uma das principais características de estratégias calcadas em âncora cambial é sua vida curta. Na década de 1990, esse tipo de política esteve em curso não apenas no Brasil, mas também no México, em vários países asiáticos, na Rússia e na Argentina. Quando a crise atingia um desses países, os demais sofriam efeitos de contágio. Em todos eles o regime foi alterado em decorrência de fortíssimas pressões de mercado, inexistindo exemplo de quem tenha abandonado a rigidez cambial de maneira espontânea.

No Brasil, a sequência de crises em países que adotavam estratégias semelhantes concorreu para que os sinais de insustentabilidade do regime ficassem muito claros no final de 1998. Mudança expressiva da política fiscal, envolvendo passar o superávit primário de zero para 3% do PIB, e a celebração de acordo preventivo com o Fundo Monetário Internacional não foram suficientes para equilibrar a situação. O sistema de âncora cambial ruiu em meados de janeiro de 1999.

O regime cambial tinha de ser outro, mas o sucesso do Plano Real no campo da inflação deixara bem nítidas as vantagens de trabalhar com algum tipo de âncora para o sistema de preços. A âncora com a qual bom número de países já operava chamava-se *inflation targeting*, modalidade que combinava muito bem com o regime cambial imposto pelas circunstâncias da época. A taxa de câmbio começou a flutuar em 15 de janeiro de 1999. Houve mudança de comando no Banco Central. E antes mesmo de a nova diretoria tomar posse já se sabia da opção pelo regime de metas de inflação. Câmbio e taxa de juro teriam agora seus papéis invertidos: o primeiro cuidaria das contas externas e o juro da inflação, justamente o contrário do que vigorara anteriormente. Contados a partir do lançamento público da ideia, levou apenas quatro meses para o Brasil tornar-se praticante pleno do sistema de metas de inflação, tendo sido adotados todos os ingredientes formais que asseguram a transparência do regime (Senna, 2010:487-494).

3. O consenso antes da crise

Em meados dos anos 2000, cerca de 30 países se haviam tornado praticantes do regime de metas de inflação. Tanto no mundo acadêmico quanto entre banqueiros centrais, havia grande apoio para o que se convencionou chamar de *flexible inflation targeting*. Este se tornou o arcabouço convencional, segundo o qual a política monetária deveria ter por objetivo minimizar as oscilações da inflação em torno da meta e as oscilações do produto ou do emprego em torno da trajetória consistente com inflação baixa e estável.

A combinação de flexibilidade de política a curto prazo com a disciplina imposta pelo objetivo de inflação baixa e estável trouxe resultados bastante bons, mesmo em países que não viraram praticantes formais do novo sistema, como os EUA. Queda considerável da volatilidade do produto e do emprego, de um lado, e da inflação, de outro, tornou-se um fato da vida. Recessão transformou-se em fenômeno mais suave e pouco frequente, ao mesmo tempo que a inflação se estabilizou em patamares baixos. A essa nova fase deu-se o nome de a Grande Moderação, período que teria durado de meados dos anos 1980 até a eclosão da crise recente.

A atenção dos que passaram a conduzir a política monetária de acordo com o novo arcabouço teórico concentrou-se no cumprimento das metas de inflação de médio prazo e na preservação da flexibilidade para corrigir desvios cíclicos da atividade econômica e do emprego, bem como em comunicar adequadamente seus planos e estratégias. Eventos no mercado financeiro, mesmo que importantes, não eram levados em consideração.

Desta forma, durante os anos da Grande Moderação, não havia integração entre as políticas de estabilidade monetária e financeira. A primeira voltava-se para a estabilização do produto e da inflação, enquanto a segunda era tratada separadamente. Em alguns círculos, pelo menos implicitamente, admitia-se que a estabilidade de preços e de produto asseguraria a estabilidade financeira.

Além disso, os reguladores e supervisores dos mercados financeiros tratavam suas funções sob o enfoque micro. Em outras palavras, o foco era na segurança e saúde de entidades individuais. Deixaram de notar, portanto, que instituições financeiras, famílias e empresas podem se comportar de tal modo que, no agregado, se chegue a uma situação de níveis insustentáveis de gastos, dívida e preços de ativos.

São bastante antigas as discussões sobre se os bancos centrais devem ou não se preocupar com o comportamento dos preços de ativos, e se devem ou não responder a tais movimentos. Talvez seja exato dizer que tal assunto nasceu com análises das circunstâncias que levaram à Grande Depressão. De fato, escrevendo ainda no calor dos acontecimentos, Keynes concluiu que a causa primária dos problemas da época teria sido a política de taxa de juro seguida pelo FED e outros bancos centrais, erradamente preocupados com o *boom* do mercado acionário. Antes da crise, os juros de política foram postos para cima com o objetivo de conter o entusiasmo da onda especulativa no mercado de ações. Esse movimento teria provocado o colapso das bolsas e dos investimentos, bem como a consequente retração da economia (Keynes, [1930] 1950:196).

Em seu livro *A monetary history of the United States*, Friedman e Schwartz também se mostraram críticos da tentativa do FED de influenciar o comportamento do mercado acionário no período que precedeu à crise. Em suas próprias palavras,

> não há dúvida de que o desejo de conter o *boom* do mercado de ações constituiu o principal se não o dominante fator [motivador] das ações da Reserva [Federal] durante 1928 e 1929. (...). Na ocasião, [o Fed] seguiu uma política que era muito frouxa para conter a onda especulativa e ao mesmo tempo muito apertada para promover um saudável crescimento econômico.

O Board não deveria ter agido como "árbitro da especulação com títulos ou valores", concluíram os autores (Friedman e Schwartz, 1963:290-292). Mais tarde, essa mesma visão seria reforçada por outros pesquisadores acadêmicos (Hamilton, 1987:147-154).

"Asset-price 'bubbles' and monetary policy" é o título de uma palestra proferida por Ben Bernanke em 2002, mesmo ano em que passou a fazer parte do Board do FED. Na ocasião, ele chamou a atenção para o fato de que o Banco Central tem duas grandes responsabilidades. De um lado, promover o nível máximo de emprego sustentável, preços estáveis e taxas moderadas de juros de longo prazo. De outro, assegurar a estabilidade do sistema financeiro. Em sua opinião, o FED deveria pilotar a política monetária de olho na economia, e não nos mercados de ativos. E para assegurar a estabilidade financeira, o FED deveria fazer uso de seus poderes de regulador, de supervisor e de emprestador de última instância (Bernanke, 2002:2).

Política monetária não deveria ser usada com o objetivo de furar ou impedir bolhas por duas razões. Primeiro, o banco central não consegue identificar bolhas de maneira confiável. Segundo, mesmo se conseguisse, política monetária é um instrumento de muito largo alcance, inapropriado para ser usado no combate a bolhas (Bernanke, 2002:3). Qualquer tentativa de influenciar preços de certa classe de ativos, por meio de ações de política monetária, inevitavelmente afeta a economia de modo mais amplo. Aumentos modestos de taxa de juro voltados para estourar o que se presume ser uma bolha de ativos tendem a ser insuficientes para conter o entusiasmo daqueles que estão no jogo para auferir altas taxas de retorno. Por outro lado, aumentos agressivos podem provocar pesados danos à economia. Para Bernanke, o melhor enfoque seria "usar políticas micro para diminuir a incidência de bolhas e proteger o sistema financeiro de seus efeitos" (Bernanke, 2002:9).

Visão semelhante foi expressa por Alan Greenspan em livro publicado um ano após ter deixado o FED. De saída, e referindo-se ao mercado acionário, Greenspan destaca a dificuldade de se fazer distinção entre os efeitos sobre esse mercado de uma expansão econômica vigorosa e saudável, de um lado, e uma bolha especulativa, de outro. Ademais, não estaria claro que, mesmo na hipótese de a autoridade monetária optar por furar o que imagina ser uma bolha, isto seria realmente possível. Na exemplificação dada por Greenspan, elevação abrupta de juro da ordem de 10 pontos percentuais explodiria de pronto qualquer bolha, mas seria um movimento devastador. Por outro lado, aperto monetário moderado seria contraproducente, e provavelmente contribuiria para elevar ainda mais as cotações, em vez de reduzi-las (Greenspan, 2007:200-202).

A conclusão a que chegou o ex-presidente do FED foi a de que seria melhor ater-se ao "objetivo central de estabilizar os preços de bens e serviços", procurando-se ao mesmo tempo "adquirir força e flexibilidade necessárias para limitar o estrago" na hipótese de acontecer um *crash*. Diante de uma extraordinária queda do mercado, a política correta seria "agir agressivamente, reduzindo as taxas de juro e inundando o mercado de liquidez de modo a mitigar os efeitos do desastre" (Greenspan, 2007:202).

Embora tenha sido formulado com o pensamento voltado para o mercado acionário, o raciocínio acima se aplica igualmente a bolhas de imóveis, ou de qualquer outro tipo. Em suma, a ideia de que bolhas de preços de ativos não podem ser diretamente combatidas por meio da política monetária tornou-se parte importante do consenso. E a posição de Greenspan seguramente exerceu grande influência na formação desse consenso.

No Brasil, a despeito de certo ceticismo de imediato revelado, a aceitação do regime de metas de inflação caminhou muito bem. Para o ceticismo inicial teriam contribuído a longa tradição inflacionária do país e o fato de que só recentemente os governantes se haviam mobilizado no sentido de adotar política fiscal mais austera. No fundo, muitos desconfiavam da possibilidade de fazer a inflação convergir para determinado número por meio de manipulação do instrumento taxa de juro. Para estes, a relação entre a taxa Selic e o ritmo de crescimento dos preços era demasiadamente imperfeita para ser administrada com sucesso. De qualquer modo, não se questionava o arcabouço teórico em que se baseava o novo regime, o que significa dizer que entre nós também houve certo consenso.

Os alvos centrais de início definidos para 1999, 2000 e 2001 foram 8%, 6% e 4%, respectivamente, com margem de tolerância de dois pontos percentuais. Nos dois primeiros anos não houve problema de manter a taxa de inflação dentro dos limites estipulados. Entre 2001 e 2003, porém, as dificuldades foram grandes e as metas foram descumpridas, para isso contribuindo ondas adicionais de depreciação cambial, explicadas por fatores como a crise argentina do começo do século, os atentados terroristas de setembro de 2001 e a disputa eleitoral de 2002. Em 2003, a margem de tolerância foi ampliada para dois e meio pontos percentuais. E até 2005 foi preciso recorrer ao expediente de redefinir metas.

Uma vez ultrapassada a fase mais conturbada, ou seja, de 2004 em diante, as taxas anuais de inflação voltaram a ficar dentro das bandas previamente estabelecidas. A partir de 2005, a meta não mais se alterou, sendo fixada em 4,5% ao ano. Do ano seguinte para frente, o intervalo de tolerância voltou a ser de dois pontos percentuais.

O estabelecimento de meta de inflação em patamar relativamente elevado para padrões internacionais, e margem de tolerância expressiva, em conjunto constituem uma espécie de convite para que a inflação oscile, substancialmente. E isto de fato tem acontecido. De 2005 em diante, a taxa anual de inflação variou de 3,1% em 2006 a 6,5% em 2011. Nos nove anos compreendidos entre 2005 e 2013, incluindo-se uma estimativa para este último ano, a contabilidade é a seguinte: a inflação ficou duas vezes abaixo da meta (ou centro da banda, como preferem alguns analistas), nos anos de 2006 e 2009, uma única vez na própria meta (ano de 2007) e seis vezes acima da meta de 4,5%. Nos últimos quatro anos, a taxa média anual de crescimento dos preços é muito próxima de 6%.

Da adoção do regime de metas de inflação no Brasil certamente não derivou nada parecido com a Grande Moderação. Argumenta-se que, nos países em que esse fenômeno se deu, principalmente nos Estados Unidos, os bancos centrais teriam se preocupado excessivamente em manter baixa a volatilidade do produto (e do emprego), de um lado, e da inflação, de outro, sem dar a devida atenção aos mercados de ativos. A experiência recente deixou claro o estrago que uma reviravolta nesses mercados pode provocar. No Brasil, não há registro de fenômeno semelhante. No segmento imobiliário, por exemplo, é baixa a proporção de imóveis adquiridos por meio de financiamento, o que torna as viradas de mercado menos preocupantes. Entre nós, a relação entre o estoque do crédito imobiliário e o PIB é de 6%, enquanto nos Estados Unidos e no Reino Unido o percentual correspondente oscila próximo de 80%. No mercado acionário, a propriedade de ações não se mostra tão disseminada como em países mais avançados, sendo particularmente elevada no mundo anglo-saxônico. Por conseguinte, a preocupação das autoridades monetárias com eventuais bolhas de ativos tende a ser bem modesta.

4. A crise

Bolhas de ativos não necessariamente terminam em crises financeiras e grandes flutuações do produto e do emprego. Em larga medida, tudo depende de a bolha ser ou não alimentada por excesso de crédito. O episódio que envolveu ações de tecnologia no começo do presente século não foi sustentado por alavancagem ou dívida excessiva. Nos Estados Unidos, na esteira do estouro da bolha, o mercado de ações (Nasdaq e outros índices mais gerais, como S&P 500) caiu por mais de dois anos, mas isso não provocou deterioração significativa dos balanços dos bancos. Houve recessão, mas ela foi suave e durou menos de um ano. O período 2001-02 foi de crescimento econômico baixo, mas em 2003 a economia já se expandia em ritmo próximo do seu potencial (2,5% ao ano). O FED reagiu ao estouro reduzindo a taxa de juro, política que persistiu até meados de 2003, quando a taxa de *fed funds* atingiu 1% ao ano, em razão de preocupações com a ameaça de deflação.

A situação pode mudar de figura, porém, na hipótese de haver excesso de crédito, como no caso recente da bolha imobiliária. Nesse caso, casas e apartamentos são adquiridos com o suporte de crédito. As instituições emprestadoras recebem esses itens a título de garantia. À medida que a demanda se expande, os preços dos imóveis sobem, e isso estimula oferta adicional de crédito. Em algum ponto, por alguma razão, o processo é interrompido. Os preços se estabilizam e depois começam a cair. Tal movimento reduz o valor das garantias. Em resposta, os intermediários financeiros pisam no freio e cortam a expansão dos empréstimos. A atividade econômica sofre, o que provoca nova rodada de declínio dos preços dos ativos e aperto adicional do crédito.

Segue um quadro recessivo, habitualmente longo. Bancos, famílias e empresas são apanhados em situação de endividamento excessivo. No caso da crise recente, os custos envolvidos nas tentativas de neutralizar seus efeitos práticos mostraram-se excepcionalmente elevados.

Para expressivo número de analistas, a recente crise imobiliária e de crédito foi culpa dos bancos centrais, particularmente do FED. De acordo com essa hipótese, política monetária excessivamente frouxa (nos EUA e em outras regiões) teria estimulado alavancagem e endividamento de modo indesejável.

Num livro intitulado *Getting off track*, John Taylor (2009:1) argumentou que "excesso monetário foi a principal causa" do *boom* e da contração do setor imobiliário nos Estados Unidos. Seu raciocínio baseia-se no fato de que, entre 2002 e 2006, devido à sua preocupação com a possibilidade de deflação, o FED levou a taxa básica de juro para níveis substancialmente inferiores aos que teriam prevalecido, caso as autoridades monetárias não tivessem abandonado o padrão de comportamento historicamente observado, supostamente dado pela chamada regra de Taylor.

Juros muito baixos certamente constituíram uma causa fundamental da crise. De fato, tal política estimulou a demanda por crédito e levou intermediários financeiros e administradores de recursos a correr mais risco, em busca de retornos mais expressivos.

Mas a política monetária pode ter contribuído para a crise de outra maneira, independentemente da questão relacionada com o nível das taxas de juro. O que temos em mente é o problema da volatilidade de instrumento. É fato conhecido que crises tendem a ocorrer na esteira de períodos dominados por otimismo excessivo. Como já ressaltado, a Grande Moderação significou que as recessões se tornaram fenômenos mais suaves e menos frequentes. Mas até que ponto esse resultado foi obtido à custa de um ativismo excessivo, particularmente nos EUA, onde o banco central se mostrava sempre pronto a reduzir o juro em resposta aos primeiros sinais de enfraquecimento da atividade econômica?

Nesse caso, o FED teria concorrido para dar uma falsa sensação de segurança, levando muitos a acreditar que os ciclos econômicos teriam sido domados. Dificuldades para definir "ativismo em excesso" não devem ser vistas como enfraquecedoras da validade desse argumento.

De qualquer modo, seria muito simplista atribuir a crise à aparente má administração da política monetária. Eventos do porte do que presenciamos não podem ter uma causa única. De fato, vários fatores parecem ter funcionado no mesmo sentido, ao mesmo tempo, contribuindo a seu próprio modo para a rápida expansão do crédito e para a formação de bolhas, nos EUA e em outros países.

Nesse grupo de fatores, um se mostra diretamente ligado ao setor imobiliário. Como ressaltado por Raghuram Rajan, no caso americano, antes da crise, tornara-se política governamental aumentar o acesso da população à casa própria, especialmente de pessoas de baixa renda. Crédito fácil foi o mecanismo utilizado na tentativa de cumprir o mencionado objetivo. Como afirma Rajan (2010:9), a este paliativo os governantes têm recorrido, historicamente, quando se sentem incapazes de dar melhor encaminhamento às ansiedades da classe média. A ideia de que consumo importa mais do que renda pode ser parte da explicação para esse tipo de política.

Durante as administrações Clinton e Bush, Fannie Mae e Freddie Mac foram estimuladas (por medidas administrativas) a dar suporte ao financiamento imobiliário. As mencionadas agências atuavam em mercado comprando hipotecas que estivessem de acordo com determinados padrões, abrindo espaço para que as instituições emprestadoras fizessem mais empréstimos. Elas também garantiam hipotecas contra o risco de *default* e transformavam determinados conjuntos de empréstimos individuais em títulos (*mortgage-backed securities*, MBSs), os quais eram vendidos em mercado. As duas agências também aplicavam recursos em MBSs emitidos por outras instituições bancárias. E expandiam suas atividades com certa facilidade, pois, devido à garantia governamental implícita, captavam recursos em condições mais vantajosas, comparativamente a seus competidores (Rajan, 2010:34).

De volta à ideia de que crises tendem a ocorrer na esteira de períodos de entusiasmo excessivo, é possível assinalar vários outros fatores que contribuíram significativamente para a onda de otimismo experimentada pela economia mundial a partir de meados dos anos 1980. Dentre esses fatores, e em adição à já mencionada crença de que o ciclo econômico fora domado, podemos citar o fim da Grande Inflação, a persistente queda das taxas longas de juros, e o acentuado aumento do grau de integração financeira e comercial da economia mundial, tornado possível pela rapidez do progresso tecnológico. Além disso, de 1993-94 em diante, houve considerável fortalecimento do sistema bancário internacional, especialmente nos Estados Unidos. Os bancos ficaram mais bem capitalizados, as taxas de inadimplência caíram e os empréstimos se expandiram rapidamente. Nesse cenário, a alta dos preços dos ativos constituía tanto causa quanto reflexo da onda de otimismo da época. Por certo, essa combinação de largo número de fatores favoráveis é fenômeno raro (Senna, 2010:381-387).

Como normalmente acontece em períodos de excessiva confiança no futuro, os agentes econômicos tornaram-se mais complacentes, agindo com menor rigor na análise da relação risco-retorno. Velhas e arriscadas estratégias de descasamento de ativos e passivos assumiram escala expressiva, envolvendo especialmente ativos longos e ilíquidos sustentados por passivos de prazo curto, particularmente na indústria de bancos de investimento dos EUA. A complacência foi seguramente reforçada pela crença de que, na hipótese de surgirem dificuldades financeiras, as autoridades governamentais estariam presentes para ajudar, não apenas por meio de mecanismos como liquidez abundante e juros baixos, mas também de maneira mais direta, especialmente nos casos de instituições grandes demais para quebrar.

O menor rigor na análise de risco envolveu também empresas avaliadoras de crédito e instituições responsáveis por gerar e distribuir papéis no mercado de capitais. Em muitos casos, conflito de interesses igualmente constituiu problema importante. Disto resultou crescente uso de instrumentos de crédito complexos e pouco transparentes, vendidos para investidores sem compensação econômica proporcional aos riscos incorridos. Ao mesmo tempo, entidades oficiais, inclusive bancos centrais, falharam dramaticamente no exercício de suas funções de regular e supervisionar os mercados e as instituições financeiras. Em parte, tais entidades agiram com base na injustificável convicção de que o setor financeiro tem condições de regular suas próprias atividades. Devido a isso, a partir de certo ponto, e em várias partes do mundo, o sistema financeiro tornou-se frágil e vulnerável.

A criação do euro representou mais um fator que contribuiu para a onda de otimismo que prevaleceu antes da crise. De fato, por si só, a nova moeda trouxe enorme entusiasmo, ilustrado, por exemplo, pela extraordinária convergência das taxas de juros praticadas entre diferentes países da região. Governos que habitualmente tinham de pagar juros bem superiores aos pagos pelos alemães para acessar os mercados financeiros viram-se em pouco tempo com capacidade de se financiar a taxas muito próximas das praticadas pelo mais confiável emissor da zona do euro. Na periferia, o sentimento dominante era o de que se adquirira uma espécie de passaporte para a prosperidade.

De maneira inevitável, a dívida privada começou a crescer. Famílias, empresas e bancos agarraram-se à oportunidade de contrair empréstimos em condições jamais vistas. O desaparecimento do risco cambial dentro da área constituiu estímulo adicional ao crescimento do crédito, fornecido principalmente por países no centro da zona do euro.

No lado monetário, a política praticada deu impulso extra ao ciclo de expansão dos gastos. Logo após a introdução do euro, a economia alemã não se encontrava em posição de suportar altas taxas de juro. A performance econômica foi bem modesta entre 2001 e o começo de 2005. Esta é parte da razão pela qual o Banco Central Europeu (BCE) optou por não pisar no freio, medida que teria sido adequada para os países periféricos. Na realidade, o juro básico foi reduzido, de 4,75% em abril de 2001 para 2% em junho de 2003, permanecendo nesse patamar até novembro de 2005, quando teve início outro ciclo de alta de juro. Além da situação da Alemanha, a política do BCE foi certamente influenciada pelos baixos níveis de juros observados internacionalmente, em especial nos EUA. De qualquer modo, o fato é que, em termos reais, os juros ficaram negativos na Grécia, em Portugal, na Irlanda, na Itália e na Espanha. Isto concorreu para que na maior parte desses países houvesse aumento extraordinário da alavancagem e da dívida privada, tendo Espanha e Irlanda experimentado *boom* imobiliário.

Desta forma, parece incorreto atribuir a crise exclusivamente aos fatores mais visíveis, como à aparente má condução da política monetária, particularmente nos EUA, e à precária regulação e supervisão dos mercados e das instituições financeiras. Vários outros elementos estiveram presentes, atuando simultaneamente e na mesma direção, numa rara combinação de eventos.

Ao final do ciclo de expansão, muitos devedores começaram a ter dificuldades para honrar seus compromissos financeiros. Ao mesmo tempo, os preços de ativos se estabilizaram e em seguida começaram a cair. Em consequência, deterioraram-se os valores das garantias e os emprestadores cortaram a oferta de crédito. A atividade econômica foi seriamente afetada, o que provocou queda adicional dos preços dos ativos e restrições adicionais à expansão do crédito. Famílias e empresas perceberam que se endividaram em excesso, enquanto bancos e outras instituições financeiras entenderam que se alavancaram em demasia, ou seja, emprestaram mais do que deveriam. Em diferentes partes do mundo, investidores e bancos viram-se proprietários de grande volume de ativos ilíquidos, cujos preços sofriam forte deterioração. Particularmente nos Estados Unidos e na Europa, uma crise de confiança tomou conta da indústria bancária. Bancos não mais confiavam em suas contrapartes. O mercado interbancário congelou. Em setembro de 2008, a quebra da Lehman Brothers complicou seriamente a situação.

Com o agravamento da crise, afora medidas de natureza fiscal, de modo geral houve reação rápida dos bancos centrais. Além de decisões voltadas para dar liquidez e destravar certos mercados, os juros foram reduzidos de maneira agressiva. No campo não convencional o grande destaque foi para medidas do tipo "orientação futura" (*forward guidance*) e compra de ativos.

No Brasil o crédito internacional praticamente secou e as expectativas de empresários e famílias sofreram forte abalo. No mercado bancário, o acesso a fundos e liquidez tornou-se privilégio das grandes instituições. Em resposta a essa situação, foi ampla a gama de instrumentos a que se recorreu, abrangendo expansão do crédito fornecido por instituições públicas, linhas de crédito em dólar, liberação de compulsório bancário, medidas de apoio aos bancos de menor porte etc. Como em toda parte, a atividade econômica sofreu um grande baque, tendo a queda do PIB atingido mais de 14,5% no último trimestre de 2008 e mais de 6% (taxas anualizadas) no primeiro trimestre de 2009. Justamente por isso recorreu-se também a medidas de estímulo à aquisição de bens duráveis.

O importante aqui é ressaltar o que se fez no campo da política monetária. O ano de 2008 fechou com inflação de 5,9%. E o juro real (taxa Selic menos expectativa de inflação 12 meses adiante) situava-se pouco acima de 8% ao ano. O juro nominal de política monetária começou a ser reduzido na primeira reunião do Copom de 2009, dando-se início a uma trajetória de queda, que durou seis meses. No começo de 2010 a taxa Selic estava 4% ao ano em termos reais (gráfico 1). Não é fácil lembrar de um movimento desse tipo, de redução de juro no país, na esteira de uma crise internacional e de severas pressões no mercado de câmbio. Tal opção só se mostrou possível devido à combinação de câmbio flutuante com o regime de metas, e da melhora da percepção de risco país, associada com o grande acúmulo de reservas internacionais.

Gráfico 1
Juro real e inflação de 12 meses no Brasil * (%)

* juro real = Selic – expectativa de inflação FOCUS (12 meses); dados mensais de fechamento.

A fase em que predominou significativa força desinflacionária deu lugar a um período de rápida recuperação econômica. Na verdade, já a partir do segundo trimestre de 2009, a economia brasileira revelou sinais de grande exuberância. No ano seguinte, o PIB cresceria ao ritmo de 7,5%. Diante desse quadro, e dada a demora em retirar o estímulo monetário, a inflação voltou a subir. Devido às eleições presidenciais de outubro de 2010, o ciclo de aperto monetário ocorreu em duas etapas. O juro real chegou a 7% ao ano em meados de 2011.

Na época, a inflação de 12 meses era de quase 7% (chegou a 7,3% em setembro). E a economia mundial dava sinais de ter entrado no que se pode chamar de a fase crônica da crise. A essa situação o Banco Central reagiu por meio da redução da taxa básica de juro. Em janeiro de 2013 a taxa real atingiu seu ponto mais baixo (1,6% ao ano).

Esse novo ciclo expansionista caracterizou-se por alta dose de agressividade, expressa pelo montante da queda do juro real (mais de cinco pontos percentuais) e da velocidade do movimento, mais típica de fase aguda do que de um período de crise crônica. Muito provavelmente, tal opção de política teve por base o desejo de reagir mais intensamente ao comportamento da atividade real.

Todavia, não era propriamente de estímulo monetário que a economia brasileira necessitava para crescer. Justamente por isso não houve resposta da atividade econômica ao ciclo monetário expansionista iniciado em meados de 2011. No segundo trimestre de 2011, o PIB cresceu apenas 2% ao ano. E cresceria ainda bem menos nos cinco trimestres seguintes (média anualizada de 0,7%), recuperando-se um pouco a partir do final de 2012. Em média, nos últimos três anos, o crescimento do PIB está perto de 2% ao ano.

Alimentada por juros reais tão baixos e sob os efeitos de diferentes tipos de choque, a inflação se mostra elevada, e as expectativas de inflação perderam sua âncora. A persistência da inflação em torno dos 6% ao ano tem levado as expectativas para esse patamar. Diante disso pode-se pensar em custos importantes de médio e longo prazo, como a possível piora do *trade-off* entre volatilidade do produto e volatilidade da inflação. A este assunto voltaremos na seção final deste capítulo.

5. Lições desprezadas

Antes da crise, formuladores de política econômica de modo geral não se mostraram preocupados com o ciclo de crédito e com a alta dos preços de ativos. Não houve tentativa de conter a criação de crédito e de moeda pelo sistema financeiro privado. E não se falava de efeitos patrimoniais, ou seja, de *balance-sheet effects*. Entre os economistas, poucos notaram os desequilíbrios que se formavam, mas suas advertências não chegaram a influenciar o curso dos acontecimentos.

De certo modo, isso foi surpreendente. A literatura econômica está repleta de contribuições de economistas que identificaram claramente os problemas que tendem a surgir quando as circunstâncias estimulam a rápida expansão do crédito. No período anterior à Segunda Grande Guerra, por exemplo, teóricos do ciclo dos negócios mostravam-se perfeitamente cientes do que Hawtrey chamara de "a instabilidade inerente do crédito" (Hawtrey, [1932] 1965:166).

O raciocínio de Hawtrey pode ser resumido da seguinte maneira. Quando os bancos aumentam seus empréstimos, a atividade econômica melhora e a renda e os gastos dos consumidores aumentam. Uma vez iniciado o processo, a expansão de demanda adquire dinâmica própria. Os bancos não mais precisam encorajar a tomada de empréstimos. Quando os bancos reduzem seus empréstimos, o "ciclo vicioso" opera no sentido oposto. Em linhas gerais, uma vez rompido o equilíbrio, distancia-se cada vez mais desse equilíbrio, até que uma perturbação contrária se interponha. Isso levava Hawtrey a concluir que a regulação do sistema era vital para dar conta da instabilidade do crédito. Às vezes, seria preciso moderar a tendência de expansão ou de contração; outras vezes, seria necessário reverter determinada tendência. De qualquer modo, o crédito era instável e precisava ser regulado com rigor (Hawtrey, [1932] 1965:167-168).

Hayek e antigos membros da chamada Escola Austríaca acreditavam firmemente nessa linha de raciocínio. Na verdade, Hayek foi além e procurou explicar a mencionada instabilidade. Segundo sua visão, o problema residia no fato de o sistema bancário basear-se em reservas fracionárias. Sob tal regime, os bancos comerciais trabalham com passivos resgatáveis sob demanda e numa moeda cujo direito de emissão pertence exclusivamente ao banco central, ou seja, a outra instituição. Nessa estrutura, os bancos comerciais são ofertantes de ativos líquidos, mas deles se exige que se mostrem líquidos em outra forma de moeda. Isto significa que são obrigados a reduzir o ritmo em que criam moeda justamente quando todo o mundo deseja manter maior volume de ativos líquidos (Hayek [1976] 1990:91-92). Esta seria "a causa principal da instabilidade do sistema de crédito e, por esse meio, das grandes flutuações de toda a atividade econômica" (Hayek, [1976] 1990:106).

Marriner Eccles viveu experiência bem ilustrativa do pensamento exposto por Hayek. Antes de presidir o FED, Eccles era banqueiro na região do Midwest. Em seu livro de memórias, ele explica que, para sobreviver à Grande Depressão, sua instituição viu-se obrigada a apertar o crédito e exigir pagamento de empréstimos previamente concedidos. Por outro lado, o público queria moeda manual. Ao forçar a liquidação de empréstimos para ter condições de atender à demanda dos depositantes, Eccles percebeu que tanto o seu quanto outros bancos contribuíam para derrubar os preços de modo geral, tornando ainda mais difícil para os devedores saldar seus compromissos. Concluiu que essa política sufocava a economia, cuja saúde já se mostrava debilitada. Segundo suas próprias palavras, "na busca da salvação individual, contribuíamos para a ruína coletiva" (Eccles, 1951:70-71).

Como já assinalado, antes da crise recente, pelo menos de maneira implícita, muitos acreditavam que a estabilidade macroeconômica garantiria a estabilidade financeira. Mas não poderia ser o contrário? E se a estabilidade macroeconômica gerar uma onda de excessivo otimismo, os resultados não podem ser riscos demasiadamente expressivos, preços de ativos em alta acentuada, crédito demais, e um sistema financeiro frágil e vulnerável?

A esse respeito, a história tem muito que ensinar. Há muitos exemplos de crises precedidas de períodos de estabilidade econômica e otimismo excessivo. A Grande Depressão talvez seja um desses exemplos. Em *The monetary history*, o período 1921-29 foi caracterizado por Friedman e Schwartz como a fase de "maré alta" do FED. Em livro posterior, e mais popular, escrito em parceria com sua própria mulher, Friedman voltou ao assunto. Segundo suas palavras, durante o mencionado período, o FED trabalhou de maneira

> a aumentar o ritmo de crescimento monetário quando a economia dava sinais de fraqueza e a diminuir o ritmo de crescimento monetário quando a economia começava a se expandir mais rapidamente. Não conseguiu evitar flutuações da economia, mas concorreu para mantê-las suaves. Além disso, foi suficientemente equilibrado para evitar inflação. O resultado do clima de estabilidade monetária e econômica foi rápido crescimento econômico. Alardeava-se que uma nova era havia chegado, que o ciclo dos negócios estava morto, despachado por um vigilante Sistema da Reserva Federal. (Friedman e Friedman, 1980:78)

Pelo visto, algo muito semelhante à "Grande Moderação" já acontecera antes, há mais de 80 anos.

A ideia de que um cenário macroeconômico estável produz uma onda de otimismo exagerado, alimentada por crédito, e degenera em crise financeira está associada ao nome de Hyman Minsky, para quem situações de pleno emprego não se sustentam. Quando se chega a esse ponto, empurrados pelo sucesso, banqueiros e homens de negócios aumentam o endividamento. Pleno emprego é um "estado transitório", estimulador da especulação e da experimentação financeira. Surgem novas estruturas e ativos financeiros, que deixam o sistema vulnerável a crises (Minsky, [1986] 2008:199).

Em seu conhecido *Manias, panics and crashes*, Charles Kindleberger trata o "modelo de Minsky" como o seu ponto de partida. Eventos que produzem crise começam com algum tipo de "deslocamento", muitas vezes de natureza exógena. Independentemente da natureza do deslocamento, e desde que seja suficientemente expressivo, altera-se o cenário econômico, devido à perspectiva de lucros maiores em pelo menos um setor importante da economia. Os investimentos e a produção se elevam. A fase de *boom* é alimentada por expansão do crédito, que acarreta aumento da oferta de moeda. A partir de algum ponto, novas empresas e investidores sentem-se fortemente atraídos pelas oportunidades que surgem. Esta seria a fase de "euforia". À medida que aumenta o número de empresas e famílias envolvidas no processo, a busca de lucro deixa de ser normal, ou racional, e o quadro passa a ser de "mania" e de formação de "bolhas" (Kindleberger, 1978:16-17).

Mais recentemente, cerca de 10 anos antes da eclosão da crise recente, pesquisadores do Bank for International Settlements (BIS) começaram a divulgar estudos que falavam da necessidade de evitar criação excessiva de crédito e instabilidade financeira. Em fevereiro de 2001, em palestra proferida em Hong Kong, Andrew Crockett destacou que o arcabouço conceitual existente voltado para promover a estabilidade financeira era inadequado. Para ele, não se dava a devida atenção à gênese da instabilidade financeira.

Crockett assinalava que a busca da estabilidade de preços poderia gerar desequilíbrios financeiros e representar as sementes de posterior instabilidade financeira. E criticava o enfoque micro habitualmente adotado pelos reguladores e supervisores. Segundo seu pensamento, "objetivos prudenciais, perseguidos na base de instituição por instituição, desconsideram mecanismos de *feedback* capazes de exacerbar ciclos macroeconômicos" (Crockett, 2001:3).

Na visão do antigo *general manager* do BIS (1994-2003), são muitos os casos em que o restabelecimento da estabilidade de preços representa terreno fértil para otimismo excessivo, capazes de levar os preços de ativos para patamares irrealistas. Quando o ciclo financeiro começa, alguma força exógena gera expansão do crédito. Em geral, o ponto de partida tem a ver com inovações no lado real da economia. O crescimento do crédito acelera a produção e eleva os preços de ativos. As taxas de retorno se mostram mais atraentes e o risco, mais baixo. A alavancagem aumenta. Na medida em que a supervisão prudencial funcione, é possível evitar alavancagem excessiva. Caso contrário, a reviravolta pode ser abrupta e severa, acarretando custos elevados (e falências) para intermediários financeiros e para a própria economia (Crockett, 2001:4).

Ao expressar essas opiniões, Crockett tinha como base os resultados dos estudos conduzidos pelos pesquisadores do BIS. Dentre esses, talvez caiba destacar o nome de Claudio Borio, cujos primeiros trabalhos ao longo das mencionadas linhas datam do início dos anos 2000. Em artigo de 2002, escrito em parceria com Philip Lowe, Borio já defendia um enfoque mais abrangente (mais macro, digamos assim) para o sistema de prevenção de crise, ao mesmo tempo que defendia a ideia de as autoridades monetárias se mostrarem mais preocupadas em responder a desequilíbrios financeiros capazes de acarretar danos severos para a saúde da economia (Borio e Lowe, 2002).

Em suma, tornou-se comum ouvir e ler comentários sobre as "lições da crise". Por certo, pode-se sempre aprender com eventos tão importantes quanto os recentes. Contudo, parece fazer mais sentido falar de "lições desprezadas", uma vez que boa parte dos principais ensinamentos dos acontecimentos recentes já constava da história das crises financeiras.

6. O futuro da política monetária

O regime de metas de inflação prevalecente antes da crise baseava-se em duas ideias fundamentais: a) inflação é um fenômeno monetário; b) não existe *trade-off* permanente entre inflação e desemprego. Isto significa que o banco central não controla variáveis reais. Tudo o que uma autoridade monetária pode conseguir é inflação baixa e estável. E a essa tarefa ela deve se dedicar. Na perseguição desse objetivo, porém, o banco central deve preservar certa flexibilidade para compensar desvios cíclicos da atividade econômica e do emprego. Em outras palavras, na condução da política monetária, devida atenção precisa ser dada ao comportamento de curto prazo da economia real. Outros princípios essenciais do regime eram credibilidade, previsibilidade e transparência do processo decisório. Boa comunicação é também de fundamental importância.

Essas características têm feito parte das experiências bem-sucedidas de política monetária há mais tempo do que se imagina, pois foram transformadas em ingredientes básicos do regime de metas monetárias adotado na Alemanha e na Suíça, a partir de meados dos anos 1970. Como já assinalado, os praticantes do sistema de metas de inflação simplesmente incorporaram as referidas características à nova estratégia, calcada em outra modalidade de âncora para o sistema de preços. Ao que parece, esse conjunto de princípios é o que funciona em matéria de estratégia de política monetária. E a crise recente não destruiu sua validade.

Posto de outra forma, permanece apropriada a ideia de os bancos centrais se comprometerem em manter baixa e estável a taxa de inflação em torno de um objetivo numérico explícito, ao mesmo tempo que preservam certa flexibilidade para levar em conta o comportamento da economia real, mostrando-se dispostos a adiar o cumprimento da meta de inflação diante de choques de oferta significativos. A experiência tem demonstrado que as taxas de inflação flutuam, mas, havendo credibilidade, os agentes econômicos esperam que elas retornem à meta. Na medida em que as expectativas de inflação estejam bem ancoradas, choques como os associados a depreciação cambial e alta de preços de energia e *commodities* tendem a apresentar efeitos menos permanentes sobre a inflação. Evidências em torno da validade dessas afirmações são hoje bastante amplas. E justamente por isso não há razão objetiva para que se abandone a essência do regime de metas de inflação.

Existe, porém, algo que precisa mudar no mundo dos bancos centrais. Na verdade, já há mudanças em curso. A preservação da estabilidade financeira exige muito mais atenção do que a dedicada a esse assunto no passado. Como disse Bernanke numa conferência de 2011, política de estabilização financeira era vista como o "parceiro júnior" da política monetária. A crise teria deixado claro que as duas políticas têm igual relevância (Bernanke, 2011:5).

Por conseguinte, a questão fundamental tem a ver com a maneira pela qual os bancos centrais devem tratar a estabilidade financeira. De certo modo, o problema se resume a encontrar meios de evitar alavancagem e risco excessivos bem como formação de bolhas de preços de ativos.

A esse respeito, dois enfoques parecem possíveis. O primeiro envolveria dar uma atribuição adicional à política monetária, direcionando-a também para o enfrentamento direto de questões relacionadas com o crescimento dos agregados de crédito e dos preços dos ativos. Em inglês, é a ideia do *lean against*. Nesse caso, o juro básico seria usado com o propósito de garantir a estabilidade financeira, além dos objetivos regulares de minimizar a variabilidade do produto e da inflação em torno dos respectivos alvos.

A questão é antiga, como examinado anteriormente. Neste ponto basta lembrar apenas que, numa onda de grande otimismo e forte expansão do crédito, os participantes de mercado esperam colher taxas de retorno extraordinariamente elevadas, tornando-se insensíveis a qualquer variação razoável de taxa de juro. Há cerca de 50 anos, Friedman e Schwartz enfatizaram que num cenário como esse qualquer alteração palatável de juro tende a ser tímida demais para conter o *boom* e demasiadamente restritiva para assegurar um saudável ambiente macroeconômico. Em poucas palavras, a estratégia de *lean against* uma bolha de crédito ou ativos pode enfraquecer determinada economia e/ou levar a inflação para baixo da meta, sem garantia de sucesso no combate à referida bolha. Na medida em que algo desse tipo aconteça, o banco central tem a sua credibilidade arranhada.

Outro argumento desfavorável para esse caminho tem a ver com o fato de que eventual anúncio de que o banco central administra a política monetária tendo em mente um terceiro objetivo (promover a estabilidade financeira) pode destruir a beleza do regime de metas de inflação, ou seja, sua clareza e simplicidade.

O *trade-off* entre estabilidade macroeconômica e estabilidade financeira contribui para inviabilizar esse primeiro enfoque. A dificuldade básica reside na existência de dois grandes objetivos e um único instrumento. Talvez, então, a solução seja recorrer ao princípio da separação de Tinbergen, que, décadas atrás, argumentou que para atingir determinado número de alvos não se pode trabalhar com número menor de instrumentos.

Isto nos traz ao segundo enfoque possível, em torno do qual já se nota certo consenso. Nesse caso, a taxa de juro tomaria conta da estabilidade macro e medidas macroprudenciais cuidariam da estabilidade financeira.

Em qualquer discussão sobre este segundo enfoque, é fundamental notar que há vários tipos de medida macroprudencial: as que objetivam conter as ações dos tomadores de crédito, de um lado, e as que procuram influenciar o comportamento dos emprestadores, de outro.

Se o assunto é prevenção de bolha, é preciso discutir medidas de natureza restritiva. Como se sabe, recolher a bebida com a festa em andamento é sempre complicado. Embora esse raciocínio tenha sido usado originariamente com referência à política monetária, ele é certamente ainda mais aplicável aos casos de iniciativas macroprudenciais. O motivo é que tais iniciativas tendem a ter efeitos mais concentrados do que os derivados de mudanças da política monetária.

Admitamos, por exemplo, que as autoridades competentes tenham razões objetivas para acreditar que um dado ritmo de expansão de crédito imobiliário esteja indo longe demais, com tendência de provocar sérios desequilíbrios. Suponhamos adicionalmente que por esse motivo decidam conter o processo em curso, dificultando a compra de imóveis. Por certo, as pessoas potencialmente afetadas por essa decisão tendem a reagir. Raciocínio semelhante parece aplicável ao caso de as autoridades optarem por restringir a oferta de crédito. Medidas tomadas com esse objetivo habitualmente produzem impacto direto sobre os lucros das instituições financeiras. E tendem a ser recebidas com resistência. Os que se beneficiam da expansão creditícia possivelmente também reclamarão. O ponto aqui não é propriamente que as autoridades ficarão impedidas de agir como desejam, mas que relutarão em muitas oportunidades. Os custos de enfrentar a onda otimista estarão sempre presentes. Além do fato de que a maior parte das medidas possivelmente será recebida com resistência, não se pode esquecer de que o diagnóstico da situação jamais será preciso e os resultados previstos bastante incertos.

Por certo é possível também negociar previamente com as partes interessadas, estabelecendo-se novas regras de funcionamento para o sistema bancário. A ideia básica dessas novas regras almejaria de algum modo amenizar o caráter pró-cíclico da atividade bancária ao mesmo tempo que se procuraria fortalecer o balanço dos bancos nas épocas boas, de modo a deixá-los mais bem preparados para enfrentar os períodos mais difíceis. É fácil notar que o problema de resistência do sistema não desaparece, pois medidas no sentido mencionado tendem a restringir a atividade e/ou os lucros do setor nas fases de expansão mais rápida dos negócios. E é sempre árdua a tarefa de definir "épocas boas".

O acordo conhecido por Basileia III tem sido frequentemente lembrado como demonstração de avanço no campo da regulação bancária. De fato, fruto da atuação de representantes de 27 países (autoridades de supervisão bancária e de bancos centrais) em reuniões promovidas pelo Bank of International Settlements (BIS), o acordo revela certo consenso em torno da necessidade de dar mais robustez às instituições bancárias. Do comitê montado para definir novas regras já emergiu largo número de recomendações, tendo os países do G20 se comprometido em adotá-las ao longo dos próximos anos. Em essência, as recomendações objetivam ampliar a capacidade das instituições bancárias de absorver perdas e diminuir o risco de contágio em casos de crise. Aumentam-se as exigências de capital de melhor qualidade, ao mesmo tempo que se exige de instituições consideradas importantes do ponto de vista sistêmico a manutenção de base ainda mais expressiva de capital. Além disso, estão previstas duas modalidades de capital suplementar, entendidas como reservas adicionais. São os chamados *buffers*, sendo um de conservação e outro contracíclico. Também faz parte das recomendações a introdução de um índice de alavancagem, visto como medida complementar à obrigação de capital mínimo, e de exigências quantitativas de liquidez. Detalhes sobre como funcionarão essas duas últimas propostas bem como a alocação de capital adicional para instituições sistemicamente importantes ainda constituem objeto de debate nos encontros internacionais.

Os ajustes recomendados pelo Basileia III serão promovidos de maneira gradual. Supostamente estarão completos em 2019. Nesse ano, o percentual mínimo exigido de capital ordinário será de 7%, incluindo-se a parcela do *buffer* de conservação (2,5%). De natureza nitidamente prudencial, o *buffer* contracíclico (que se soma ao anterior) deverá oscilar entre zero e 2,5%, a critério dos reguladores nacionais. Essas autoridades têm até 2015 para definir essa parcela. Segundo as orientações fornecidas pelo comitê, eventual desvio da relação crédito/PIB com relação à sua tendência de longo prazo deveria ser um dos critérios para a constituição dessas reservas. Por certo, as novas exigências representam considerável aumento comparativamente às regras definidas pelo acordo anterior (Basileia II), segundo as quais a base de capital em condições de realmente fazer face a perdas era de apenas 2%.

Há um avanço considerável, portanto, no tocante ao fortalecimento da base de capital das instituições bancárias. Entendimento em torno do assunto foi seguramente facilitado pela constatação de que a base anteriormente exigida era muito baixa. No concernente a outros aspectos do acordo, o progresso tem sido lento, sendo muitas as pendências. Fica difícil, portanto, prever o formato final da nova regulamentação e mais ainda a eficácia dos dispositivos a serem efetivamente aprovados e implementados.

De qualquer modo, é preciso deixar claro que o aperfeiçoamento das regras de funcionamento do sistema bancário facilita a ação dos bancos centrais, mas estes dificilmente se contentam com isso, preferindo dispor de espaço para atuar de maneira discricionária, em resposta às situações de cada momento. E é para o enfoque baseado no princípio de Tinbergen que parece convergir a preferência não apenas dos banqueiros centrais, mas também de economistas acadêmicos. Na medida em que realmente prevaleça a ideia de fazer uso de dois instrumentos para atingir dois objetivos distintos, é imprescindível que se note a necessidade de coordenação de política. Tal necessidade deriva do fato de que ações sobre cada um dos instrumentos atingem também variáveis outras que não as originariamente almejadas. Restrições à expansão do crédito, por exemplo, podem amplificar os efeitos de determinada alta de taxa de juro voltada para a contenção da atividade econômica e da inflação. Isto pode ser desejável sob certas circunstâncias, mas inadequado em outras.

Nos próximos anos, seguramente haverá intenso debate e muita pesquisa sobre essa questão da coordenação. Nesse campo, o trabalho fica facilitado quando os dois tipos de política são entregues à mesma instituição. As informações tendem a fluir melhor, permitindo, por exemplo, que a política monetária seja conduzida com base em conhecimento mais aprofundado acerca das condições enfrentadas pelas instituições financeiras. Pelo visto, é justamente este o rumo que as mudanças estão tomando.

Nos Estados Unidos, a chamada Lei Dodd-Frank, de 2010, deu ao FED maiores responsabilidades na área de estabilidade financeira, incumbindo-o de supervisionar as operações de instituições financeiras não bancárias consideradas sistemicamente importantes pelo novo Financial Stability Oversight Council. Além disso, por iniciativa do próprio FED, suas atividades de supervisão já haviam sido reorientadas de modo a incorporar questões relacionadas com risco sistêmico (Bernanke, 2011:10-11). Em 1997, no Reino Unido, a responsabilidade pela supervisão bancária fora retirada do Bank of England e entregue a um novo órgão regulador, a Financial Services Authority. Lei aprovada em 2012 reverteu esse movimento, devolvendo ao Banco a referida função. Foi criado um comitê independente voltado para a estabilidade financeira, com o objetivo primário de identificar, monitorar e agir para remover ou reduzir riscos sistêmicos. Dentro do Bank of England funcionam agora dois comitês, de igual importância: o Monetary Policy Committee e o Financial Policy Committee. Na zona do euro, a movimentação é a mesma. Foi constituído o European Systemic Risk Board, encarregado de identificar, priorizar e chamar a atenção para as situações mais significativas de risco sistêmico. Sob o comando do presidente do Banco Central Europeu, o Board faz recomendações (às autoridades nacionais) de medidas de natureza macroprudencial.

Embora haja sinais claros de que o futuro de *central banking* não mais envolverá a dicotomia entre políticas de estabilidade monetária e financeira, não é possível saber se a solução baseada no princípio de Tinbergen realmente constitui a opção mais adequada. Em particular, embora medidas de cunho macroprudencial já façam parte do arsenal de instrumentos de vários bancos centrais, e possivelmente ganharão importância no futuro próximo, ainda não sabemos se elas conseguirão se tornar meios efetivos de lidar com desequilíbrios financeiros. Blanchard e um grupo de coautores lembram, por exemplo, que ainda desconhecemos como essas medidas interagem com outras políticas. Para eles, "estamos muito longe de saber como usá-las de maneira confiável" (Blanchard et al., 2013:17).

Como disse Bernanke ao final de seu artigo de 2011, o consenso em torno do enfoque baseado no princípio de Tinbergen "deve ser visto como provisório" (Bernanke, 2011:14).

7. O futuro da política monetária no Brasil

Como já assinalado, foram muitos os fatores que concorreram para a formação de bolhas de ativos e para a crise recente no mundo desenvolvido. Alguns desses fatores foram frutos de iniciativas de cunho político, como a criação do euro. Outros não estiveram propriamente relacionados com a condução da política macroeconômica, como o fortalecimento do sistema bancário americano, a partir do começo da década de 1990, e como o grande avanço tecnológico dos últimos tempos, particularmente no campo das tecnologias da informação e das comunicações. É inegável, porém, que algumas das causas da crise tiveram a ver com erros ou imperfeições na condução da política macroeconômica, em especial no terreno monetário e da regulação financeira. Por certo, esses são os aspectos que precisam ser corrigidos.

Quando se examina o caso do Brasil, porém, é notório que não estivemos no centro da crise. No mundo desenvolvido, os juros experimentaram patamares excessivamente baixos, por longo tempo, antigos ensinamentos transmitidos pelos historiadores econômicos foram desprezados, a regulação financeira mostrou-se precária etc. Nada disso aconteceu no Brasil. Sofremos os efeitos da crise lá fora, mas não contribuímos para a sua formação. Entre nós, os juros jamais atingiram níveis perigosamente baixos, exceto recentemente, durante boa parte de 2012 e no começo de 2013. De qualquer modo, passamos longe do chamado *zero lower bound*. Além disso, o sistema bancário sofreu com os eventos externos, mas não tivemos crise bancária gerada internamente, por excesso de alavancagem. Possivelmente certas características da economia brasileira (inflação e juros elevados e voláteis, instabilidade das "regras do jogo", eventuais dificuldades para reaver empréstimos etc.) funcionam como inibidoras naturais de posições muito alavancadas no mercado de crédito. O principal, porém, talvez seja a ação preventiva do Banco Central, que tem exigido dos bancos índices de capitalização superiores aos acertados no âmbito dos acordos da Basileia, e cuja ação fiscalizadora de modo geral se mostra eficaz.

Assim, não parece haver argumento importante em favor de qualquer mudança de regime monetário. As principais características do sistema de metas de inflação são perfeitamente adequadas para a economia brasileira. Isto não quer dizer, porém, que inexista espaço para algum tipo de aperfeiçoamento. É claro que há. Na verdade, o Brasil faz parte do grupo de países que, de maneira autônoma, têm feito uso de medidas macroprudenciais.

Este assunto foi tratado em artigo de Luiz Awazu Pereira, diretor do BC, escrito em parceria com Ricardo Harris. Nesse trabalho, os autores discutem as dificuldades enfrentadas pelo Brasil no período imediatamente posterior à fase aguda da crise. Segundo os autores, o ambiente internacional de excesso de liquidez prevalecente em 2010-11 acarretou grande influxo de capitais. Isso teria ampliado fortemente o ritmo de expansão do crédito doméstico, com potenciais efeitos desestabilizadores sobre o sistema financeiro e a inflação. Na época foram tomadas medidas macroprudenciais, entendidas, em seu conjunto, como complementares às ações de política monetária propriamente dita, bem de acordo com o já mencionado princípio da separação.

Como já assinalado, a recuperação econômica observada a partir do segundo trimestre de 2009 fizera a inflação voltar a subir. Em 2010 estava em curso uma política de aperto monetário. No entendimento do Banco Central, a farta liquidez internacional reduzia o custo de *funding* do sistema bancário, estimulando-o a correr mais risco e expandir a oferta de crédito, cuja taxa de crescimento já se mostrava expressiva havia alguns anos. Tal cenário conflitava, portanto, com o resultado pretendido das ações clássicas de política monetária.

Particularmente preocupado com a questão do risco financeiro sistêmico, o Banco Central tomou medidas voltadas para conter tanto a entrada de capitais externos quanto o fluxo de crédito doméstico. Dentre as primeiras, caberia destacar aumento de alíquotas (ou a imposição) de impostos (IOF) sobre aplicações em renda fixa e ações, exigência de recolhimento compulsório sobre posições vendidas de câmbio acima de determinado limite, prazos mínimos para a contratação de empréstimos externos, e tributação sobre determinadas posições assumidas nos mercados de derivativos. Para segurar o crédito, promoveu-se aumento das taxas de recolhimento compulsório incidentes sobre depósitos à vista e a prazo bem como da alíquota de IOF aplicável a operações de empréstimo. Lançou-se mão, portanto, de um amplo conjunto de instrumentos. Com a posterior mudança do ambiente internacional, todas as medidas adotadas no referido período foram revertidas.

Por certo, a experiência brasileira não elimina a preocupação revelada por Blanchard e outros economistas segundo a qual ainda nos encontramos bem longe de saber manejar os instrumentos macroprudenciais de maneira confiável. De qualquer modo, o processo de aprendizado envolve mesmo certa dose de experimentação. Justamente por isso devem ser consideradas válidas as mencionadas iniciativas da autoridade monetária brasileira.

Há ainda outro aspecto das ações mais recentes do Banco Central que merece ser discutido. De fato, exercício empírico revela importante mudança da função de reação do BC. Os autores desse exercício partem de uma regra de Taylor ligeiramente alterada e recorrem a um método segundo o qual se comparam dois modelos alternativos capazes de reproduzir a trajetória da taxa Selic. Um desses modelos admite ausência de mudança dos coeficientes da regra de política monetária; o outro permite alterações, ou quebras, nesses coeficientes (Berriel, Carvalho e Lhara, 2013).

No referido estudo, o caso do Brasil foi examinado juntamente com os de 24 outros países, todos praticantes do regime de metas de inflação, obedecido o critério de terem adotado esse regime até 2006. No caso brasileiro, quando se comparam as trajetórias geradas pelos dois modelos, fica claro o melhor desempenho da alternativa que permite quebra dos parâmetros. O coeficiente correspondente aos desvios da inflação teria diminuído, enquanto o referente aos desvios do hiato de produto teria aumentado. O método sugere que a alteração dos coeficientes de resposta teria ocorrido em março de 2009.

Da comparação internacional emerge outro resultado, igualmente relevante. O Brasil foi o único caso em que a referida mudança foi acompanhada de deterioração perceptível das expectativas de inflação. Tal resultado dá margem a que se imagine piora do *trade-off* entre volatilidade do produto e volatilidade da inflação, possibilidade esta que tende a tornar mais elevado o custo de, no futuro, trazer a inflação para baixo.

Assim, o Brasil deixa de tirar pleno proveito de uma característica central da estratégia escolhida em 1999, ou seja, da flexibilidade para responder a desequilíbrios no mercado de produto sem prejuízo da ancoragem das expectativas e dos preços de modo geral. Nesse sentido, pode-se lamentar a constatação contida no parágrafo acima. Mas isso não tem a ver com o regime em si. *Inflation targeting* atende perfeitamente bem aos interesses do país.

Referências

BERNANKE, Ben S. Asset-price bubbles and monetary policy. In: THE NATIONAL ASSOCIATION FOR BUSINESS ECONOMICS, October 15, 2002.

____. The effects of the Great Recession on central bank doctrine and practice. In: ECONOMIC CONFERENCE, FEDERAL RESERVE BANK OF BOSTON, 56th, October 18, 2011.

____ et al. *Inflation targeting*: lessons from the international experience. Princeton: Princeton University Press, 1999.

BERRIEL, Tiago; CARVALHO, Carlos Viana; LHARA, Rafael. *Que regime monetário-cambial?* 2013. *Working paper*.

BLANCHARD, Olivier; DELL'ARICCIA, Giovanni; MAURO, Paolo. *Rethinking macro policy II*: getting granular. IMF Staff Discussion Note, April 15, 2013.

BORIO, Claudio; LOWE, Philip. *Asset prices, financial and monetary stability*: exploring the nexus. BIS Working Paper n. 114, July 2002.

CASTELAR PINHEIRO, Armando. Resposta regulatória à crise financeira. In: BACHA, Edmar; BOLLE, Mônica de (Org.). *Novos dilemas da política econômica*: ensaios em homenagem a Dionísio Dias Carneiro. Rio de Janeiro: Editora LTC, 2011.

CROCKETT, Andrew. *Monetary policy and financial stability*. The Fourth HKMA Distinguished Lecture, February 13, 2011, Hong Kong.

ECCLES, Marriner S. *Beckoning frontiers*. Nova York: Alfred A. Knoff, 1951.

FRIEDMAN, Milton. The role of monetary policy. *The American Economic Review*, v. 58, n. 1, Mar. 1968.

____; FRIEDMAN, Rose. *Free to choose*. Nova York: Harcourt Brace Jovanovich, 1980.

_____; SCHWARTZ, Anna. *A monetary history of the United States, 1867-1960*. Princeton: Princeton University Press, 1963.

GREENSPAN, Alan. *The age of turbulence*. Nova York: The Penguin Press, 2007.

HAMILTON, James D. Monetary factors in the Great Depression. *Journal of Monetary Economics*, v. 19, n. 2, Mar. 1987.

HAWTREY, Ralph George. *The art of central banking*. Nova York: Augustus M. Kelley, [1932] 1965.

HAYEK, Friedrich A. *Denationalisation of money*: the argument refined. Londres: Institute of Economic Affairs, [1976] 1990.

ISSING, Otmar. *Central banks — paradise lost*. The Mayekawa Lecture, Institute for Monetary and Economic Studies, Bank of Japan, May 30, 2012.

JOHNSON, Harry. The keynesian revolution and the monetarist counter-revolution. *The American Economic Review*, v. 61, n. 1, May 1971.

KEYNES, John M. *A treatise on money, vol. II*. Londres: Macmillan and Co, [1930] 1950.

KINDLEBERGER, Charles P. *Manias, panics and crashes*. Nova York: Basic Books, 1978.

KING, Mervyn. Twenty years of inflation targeting. The Stamp Memorial Lecture, London School of Economics, October 9, 2012.

MINSKY, Hyman P. *Stabilizing an unstable economy*. Nova York: McGraw Hill, [1986] 2008.

MISHKIN, Frederic S. Central Banking after the crisis. Paper prepared for the 16th Annual Conference of the Central Bank of Chile, Santiago, Chile, November 15 and 16, 2012.

PEREIRA DA SILVA, Luiz Awazu; HARRIS, Ricardo Eyer. *Sailing through the global financial storm*: Brazil's recent experience with monetary and macroprudencial policies to lean against the financial cycle and deal with systemic risks. Banco Central do Brasil, Working Paper Series 290, August 2012.

RAJAN, Raghuram G. *Fault lines*. Princeton: Princeton University Press, 2010.

SENNA, José Júlio. *Política monetária*: ideias, experiências e evolução. Rio de Janeiro: FGV Editora, 2010.

TAYLOR, John B. *Getting off track*. Stanford: Hoover Institution Press, 2009.

WHITE, William R. *Ultra easy monetary policy and the law of unintended consequences*. Federal Reserve Bank of Dallas, Globalization and Monetary Policy Institute, Working Paper n. 126, September 2012.

3

Uma política fiscal atípica*

*Gabriel Leal de Barros***
*José Roberto Afonso****

1. Introdução

É notório que, desde a crise financeira global, o governo federal recorreu a medidas fiscais que podem ser denominadas *atípicas*[1] para fechar as contas públicas e demonstrar o cumprimento das metas de superávit primário em vários anos. Essa prática foi potencializada ao final de 2012 e prosseguiu no primeiro semestre de 2013.

Entre as motivações por trás das complexas e atípicas operações destaca-se a crescente dificuldade em cumprir a meta primária em face não só dos efeitos inexoráveis da desaceleração econômica, mas também das decisões de acelerar gastos com compromissos permanentes e também de desonerações tributárias. Preferiram as autoridades nacionais lançar mão de estratagemas, ainda que a forma e o resultado impliquem deterioração da credibilidade dos indicadores e, o principal, da política fiscal. De outra forma, em cenários mais adversos de crescimento econômico e desempenho da arrecadação federal, os

---

* Este capítulo é uma versão atualizada e resumida do estudo dos autores Barros e Afonso (2013). As opiniões nele expressas são exclusivamente dos autores e não expressam necessariamente as do IBRE/FGV. Rodrigo Machado e Vilma Pinto deram apoio à pesquisa. Os autores são particularmente gratos aos comentários de Armando Castelar. Elaborado com base em informações disponíveis até 30/7/2013.
** Pesquisador, integrante da equipe técnica do *Boletim Macro IBRE* (FGV) e mestrando em finanças e economia pela EPGE/FGV.
*** Economista, pesquisador do Instituto Brasileiro de Economia da Fundação Getulio Vargas (FGV/IBRE), especialista em finanças públicas, doutor em economia pela Universidade de Campinas (Unicamp).
1. A opção por tal denominação é porque não constituem operações próprias e regulares da gestão fiscal. É reconhecido que não há uma qualificação convencional — outros autores optaram por chamar de "operações não recorrentes", porém, como elas vêm se repetindo ano a ano desde a virada da década, optamos por outra qualificação.

dividendos pagos pelas estatais funcionam como reforço para o caixa do Tesouro Nacional.

O objetivo deste capítulo é descrever sumariamente as transações aqui chamadas de *atípicas* e tecer observações tanto sobre aspectos pontuais, detalhes das medidas, bem como situá-las no contexto fiscal mais amplo que marca as finanças públicas brasileiras. A conclusão aponta possíveis mudanças para aprimorar a execução da política fiscal e o próprio arcabouço institucional no qual é formulada.

2. Endividamento, crédito, receita e resultado fiscal

A eclosão e o aprofundamento da crise internacional em 2008-09 produziram importantes alterações na política econômica brasileira. Primeiro, para amortecer os impactos da recessão; depois, para reativar a economia. Em princípio, na política fiscal teria sido seguido um receituário semelhante ao de outros países, com cortes de impostos e aumentos de gastos. Porém, logo foi adotada uma série de medidas atípicas, para adiantar receitas ou para postergar despesas (figura 1).

É forçoso reconhecer que medidas similares já foram adotadas no passado e não se distanciam de estratagemas adotados por outros países. Mas houve, sim, uma peculiaridade da dita política fiscal anticíclica brasileira, sem paralelo no passado e no resto do mundo: a intensa concessão de crédito diretamente pelo Tesouro Nacional, toda ela custeada pela emissão de títulos. A justificativa seria capitalizar os bancos públicos, mas de forma disfarçada e nada convencional (pois não passou pelo aumento de capital), a pretexto de injetar liquidez na economia.

Na maioria das transações atípicas, e nas mais volumosas, foram observados alguns traços comuns. O Tesouro Nacional (STN) concedeu a uma instituição financeira oficial, controlada integralmente pelo próprio Tesouro, um financiamento em caráter especial com taxa de juros reduzida e prazos bem dilatados, liquidados na forma da entrega de títulos. A mesma instituição estatal acabou por prover receitas ao Tesouro, ora na forma de aquisição de ativos financeiros (como ações, em especial da Petrobras, ou recebíveis e outras receitas futuras de outras empresas estatais), ora na forma de dividendos e correspondentes tributos.

Figura 1
Algumas transações fiscais adotadas pela União — 2008-13

Atipicidades	2008	2009	2010	2011	2012	2013
Antecipação de Dividendos	✓	✓	✓	✓	✓	✓
Depósitos Judiciais		✓	✓			
Parcelamento (Refis da Crise)		✓	✓	✓	✓	✓
Recebíveis (Eletrobras, Itaipu)			✓		✓	✓
Subsídios Negativos (FND)		✓				
Capitalização da Petrobras			✓			
Fundo Soberano do Brasil	✓				✓	
Impostos Extraordinários (Vale)				✓		
Subsídios Crédito (não pagos)				✓	✓	✓
Capitalização BNDES, Caixa						✓
Capitalização VALEC, CDE						✓

Fonte: Elaboração dos autores.

De outra forma, por trás de tantas e complexas transações está uma forma disfarçada de financiamento das contas públicas, à custa de endividamento. Os bancos públicos exerceram ao pé da letra a sua função de intermediários, mas, no caso da parcela dos citados financiamentos especiais, atuam menos como bancos e mais como simples agentes financeiros do Tesouro: de um lado, ao aplicar em programas prévia e especificamente por ele indicados, com taxas e prazos predeterminados; de outro, ao transformar a colocação de títulos em receitas primárias do Tesouro.[2]

Essa sistemática, perseguida mesmo após a retomada do crescimento, produziu um crescimento vertiginoso no volume de crédito concedido às instituições financeiras oficiais, da ordem de 9,1 pontos percentuais do Produto Interno Bruto (PIB): saindo de 0,5% em fevereiro de 2008 para 9,6% em junho de 2013, destinado basicamente (87%) ao Banco Nacional de Desenvolvimento Econômico e Social (BNDES) e, em menor parte, à Caixa Econômica Fede-

---

[2]. A função excepcional de intermediário no caso das transações fiscais atípicas parece mais com as de um "laranja", uma vez que não está captando e aplicando recursos, mas simplesmente servindo de meio de passagem para que recursos oriundos do Tesouro Nacional a ele voltem, ainda que com outra classificação contábil.

ral (CEF). Assim, as transações atípicas de fechamento das contas de 2012, e que continuaram frequentes ao longo de 2013, não constituíram novidade em relação à política e às práticas fiscais adotadas no país desde 2008.[3] A atipicidade se refletiu na evolução do endividamento público: se caiu no conceito líquido, utilizado oficialmente, aumentou quando descontada a concessão de créditos às instituições oficiais, como evidenciado pelo gráfico 1.

Gráfico 1
Evolução da DLSP e conceito alternativo (em % do PIB)

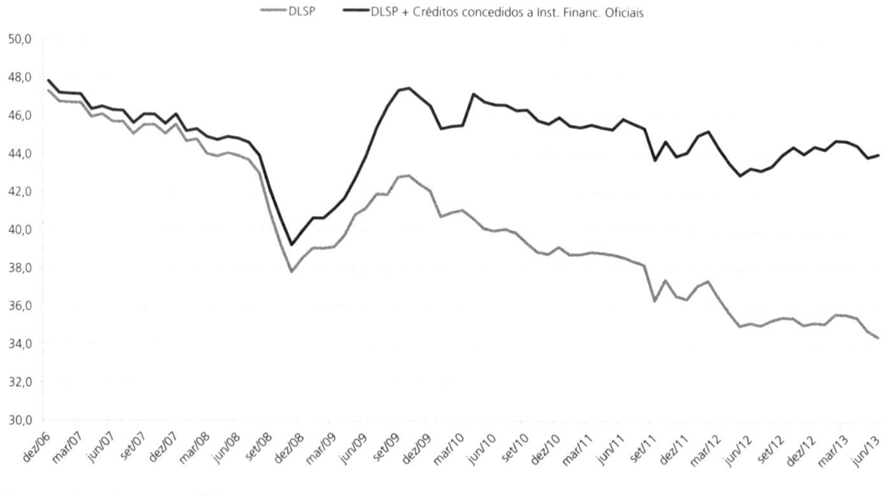

Fonte primária: BCB. Elaboração dos autores.

Por outra medida, a dívida bruta do governo geral (DBGG), mesmo no caso da metodologia adotada pelo Banco Central (BCB) desde 2008,[4] também aumentou: se ao final daquele ano a dívida era de 57,4% do PIB, e até caiu para 53,4% ao final de 2010, ano de mais forte crescimento, ela depois acelerou até 59,3% ao final de julho de 2013. A posição pré-crise e as mais recentes variáveis macro aqui citadas são apresentadas na tabela 1.

---

3. Mesmo antes de 2012, diferentes autores passaram a recalcular o superávit primário, livre de excepcionalidades. Destaca-se que a redução no resultado fiscal primário apurada por distintos autores é de aproximadamente 0,5% a 0,7% do PIB. Para uma avaliação dos ajustes e considerações sobre atipicidades que afetaram a medida fiscal, ver Oreng (2013) e Gobetti (2010).
4. A dívida bruta seria muito maior pela metodologia aplicada pelo BCB até 2007, conceitualmente a mais próxima da aplicada no resto do mundo, especialmente por contar toda a carteira de títulos nas mãos do Banco Central. A metodologia vigente computa apenas as operações compromissadas por ele realizadas (com parte da citada carteira).

Tabela 1
Evolução da dívida pública e de créditos do sistema financeiro: em % do PIB

Variáveis	Dez/00	Dez/05	Ago/08	Dez/08	Dez/09	Dez/10	Nov/11	Jun/13	Ago/08-Jun/13
DÍVIDA PÚBLICA E DEDUÇÕES									
Deduções Crédito Total Govern., inclusive pra Bancos	8,5%	9,8%	8,5%	8,9%	11,9%	14,0%	14,0%	16,2%	7,7%
Dívida Mobiliária em Mercado	33,7%	44,3%	41,3%	41,1%	42,7%	42,2%	41,2%	41,0%	-0,3%
Dívida Líquida do Setor Público (DLSP)	47,7%	48,2%	42,5%	38,0%	41,5%	39,1%	36,6%	34,5%	-8,0%
Dívida Pública Mobiliária Federal em poder do público (DPMFI)	43,0%	46,7%	51,6%	51,6%	56,4%	49,4%	51,0%	55,3%	3,7%
Dívida Bruta do Governo Geral (DBGG-metodologia pós-2008)	52,2%	56,4%	56,2%	57,4%	60,9%	53,4%	54,5%	59,3%	3,1%
Dívida Bruta do Governo Geral (DBGG-metodologia até 2007)	63,2%	67,7%	59,6%	63,0%	66,6%	64,4%	63,5%	64,8%	5,2%
OPERAÇÕES DE CRÉDITO									
Recursos Discricionários	11,5%	9,5%	10,8%	11,7%	14,4%	15,6%	17,1%	23,7%	12,9%
Instituições Financeiras Públicas	12,0%	10,4%	13,1%	14,7%	18,1%	18,9%	20,7%	27,8%	14,7%
Total do Sistema Financeiro Nacional	27,4%	28,3%	38,4%	40,5%	44,4%	45,2%	48,1%	55,2%	16,8%

Fonte: Bacen (notas da política fiscal e de crédito, bem assim séries históricas). Elaboração própria.
Deduções de Créditos Governamentias compreendem valores abatidos na apuração da DLSP: recursos do FAT na rede bancária; créditos concedidos para instituições financeiras oficiais (instrumentos híbridos e ao BNDES), aplicações de fundos e programas financeiros, e créditos junto às estatais.
DPMFI em poder público calculada pelo Bacen na nota do mercado aberto.

Quando se usa o conceito antigo de dívida bruta,[5] a evolução no longo prazo é mais negativa: desde a bancarrota do Lehman Brothers em setembro de 2008 a dívida bruta do governo geral (DBGG) cresceu de 59,6% para 64,8% do PIB (junho de 2013), conforme ilustrado no gráfico 2. Se entre esses dois períodos o estoque da dívida mobiliária do Tesouro permaneceu estável (em torno de 40,3% do PIB), o volume de operações compromissadas realizadas pelo BC aumentou em 4,2 pontos percentuais do PIB — enxugando a liquidez decorrente da expansão das reservas internacionais, com uma dívida rolada no curtíssimo prazo — nas operações *overnight*.[6] Em consequência, o BC

---

5. A fonte primária dos dados aqui levantados é o BCB, que disponibiliza em sua página na internet séries temporais longas e detalhadas da evolução de vários componentes da dívida líquida e das necessidades de financiamento do setor público — inclusive a apuração da dívida bruta na metodologia aplicada até 2007, mais próxima da adotada no resto do mundo.
6. O volume de operações no mercado secundário de títulos públicos federais registrados no Selic concentra-se em grande medida no *overnight*. De acordo com a nota para imprensa de

teve de acumular uma enorme carteira de títulos públicos, que cresceu em 6,3 pontos do produto ao longo do período citado, até fechar em junho de 2013 em 20% do PIB, a metade da clássica dívida mobiliária em mercado.

Gráfico 2
Evolução da DBGG nas metodologias internacional e nacional (em % do PIB)

Fonte primária: BCB. Elaboração dos autores.

O processo de transformação de dívida em receita pública foi coroado ao final de 2012 com uma sucessão de medidas atípicas. As autoridades econômicas se justificaram em entrevistas, mas nunca emitiram um documento oficial que descrevesse o conjunto das transações realizadas. Elas só entraram na agenda de debates na medida em que despertavam diversas matérias na mídia especializada e críticas dos analistas.

Inicialmente, as dúvidas surgiram em torno de procedimentos contábeis e financeiros, de modo que se repetiram variações drásticas nas outras despesas de custeio e de capital no último mês do ano.[7] Em seguida, descobriu-se que

---

julho de 2013 publicada pelo BCB relativa às operações de mercado aberto, as operações de *overnight* continuam sendo as mais representativas para o controle da liquidez bancária, ainda que as operações compromissadas de três e seis meses tenham ganhado, gradativamente, maior participação. A média diária de negociações gira por volta de R$ 759 bilhões.

7. A primeira dúvida era sobre a reclassificação de projetos de investimentos que antes não eram abrangidos pelo PAC, como no caso da defesa nacional e áreas sociais, e que teriam passado a ser considerados cobertos pelo programa, de modo a permitir que seus gastos fossem computados dentro dos descontos da meta de primário admitidos pela LDO. A segunda dúvida respeitava a postergação de pagamentos de dezembro para janeiro, de modo a reduzir

foram editados vários atos oficiais no último dia útil do ano, contemplando uma série de relações cruzadas entre Tesouro, BNDES, Caixa Econômica Federal (Caixa) e Fundo Soberano (FSB), resumidas na figura 2. O resgate de recursos do FSB (62% de participação no resultado total), o pagamento antecipado de dividendos da Caixa (23,5%) e BNDES (11,5%), bem como o resíduo do montante transferido pelo BNDES Participações (BNDESPar) ao Tesouro, e deste para a Caixa (3,0%), sintetizam o conjunto de operações contábeis atípicas realizadas em dezembro de 2012.

Figura 2
Quadro consolidado das operações atípicas em dezembro de 2012

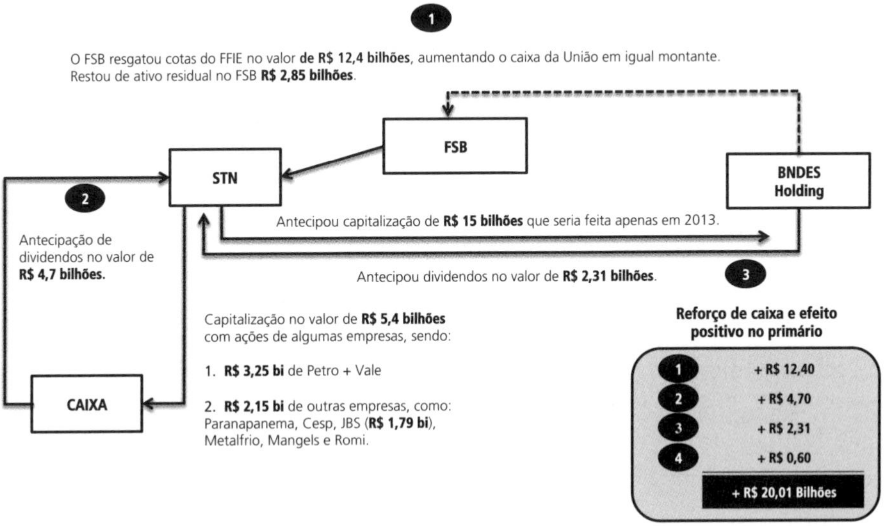

① O FSB resgatou cotas do FFIE no valor **de R$ 12,4 bilhões**, aumentando o caixa da União em igual montante. Restou de ativo residual no FSB **R$ 2,85 bilhões**.

② Antecipação de dividendos no valor de **R$ 4,7 bilhões**.

Antecipou capitalização de **R$ 15 bilhões** que seria feita apenas em 2013.

Antecipou dividendos no valor de **R$ 2,31 bilhões**. ③

Capitalização no valor de **R$ 5,4 bilhões** com ações de algumas empresas, sendo:
1. **R$ 3,25 bi** de Petro + Vale
2. **R$ 2,15 bi** de outras empresas, como: Paranapanema, Cesp, JBS (**R$ 1,79 bi**), Metalfrio, Mangels e Romi.

Reforço de caixa e efeito positivo no primário

①	+ R$ 12,40
②	+ R$ 4,70
③	+ R$ 2,31
④	+ R$ 0,60
	+ R$ 20,01 Bilhões

Fontes primárias: Imprensa, STN, BNDES e Caixa. Elaboração dos autores.

Entre as operações mais relevantes nesta triangulação, que também envolveu o BNDES, destaca-se o resgate do FSB, que, por desviar-se de seu objetivo precípuo de maximizar a poupança pública, passou a atuar como *trader* de ações de companhias privadas e estatais, de forma que sua rentabilidade líquida encerrou 2012 em terreno negativo, de 11,5%. Pouco antes, em julho e setembro de 2010, quando o fundo foi utilizado de forma pioneira nas ofertas

---

o volume de desembolsos no ano de 2012, prática que já tinha ocorrido em anos anteriores.

de ações do Banco do Brasil (BB) e Petrobras, a volatilidade no retorno de sua carteira já evidenciava o aprofundamento da ingerência financeira.

Uma segunda transação abrangeu a compra pelo BNDES junto ao Tesouro de direitos de crédito (recebíveis) que o Banco detém contra Itaipu. Segundo a imprensa,[8] a União teria em torno de US$ 15 bilhões a receber da Binacional (não está claro se já devidos, como no caso de créditos passados, ou que viriam a ser devidos, por receitas futuras). Desta vez, além de títulos governamentais, a medida provisória autorizou o BNDES a usar ações como moeda de pagamento, sendo a mesma medida vinculada também à receita da União para a Conta de Desenvolvimento Energético (CDE). Tal conta constitui o instrumento por meio do qual a União arcará com subsídios na redução dos custos da energia elétrica.

Mais uma vez, recursos oriundos do BNDES foram transformados em receitas primárias. Se o BNDES quitasse com títulos, novamente poderia estar usando aqueles que no passado recebeu do próprio Tesouro. Mas a imprensa alega que o banco quitou transferindo ações de empresas privadas; de toda forma, a sua eventual alienação não deveria constituir receita primária.

Na sequência das operações atípicas, outro artifício que mesclou fluxos e mudanças patrimoniais envolveu o Tesouro, a Caixa e o BNDESPar. Aparentemente, este seria um desdobramento da transação anteriormente citada, porque, segundo publicado pela imprensa, o BNDESPar transferiu para o Tesouro ações de oito empresas listadas no Bovespa.[9] Por sua vez, este promoveu uma (verdadeira) capitalização da Caixa,[10] aumentando em R$ 5,4 bilhões o seu capital mediante transferência de ações (excedentes ao controle acionário da União) emitidas pela Petrobras e outras companhias abertas. Coincidentemente, a Caixa antecipou dividendos de R$ 4,7 bilhões para a União.[11]

Outra atipicidade fiscal — esta, de caráter mais duradouro e que não foi fruto apenas das medidas do final de 2012 — se refere aos dividendos rece-

---

8. Disponível em: <http://bit.ly/1azi9Nc>.
9. Dentre estas empresas listadas no Bovespa, destacam-se Petrobras, Vale e JBS, cujos ativos foram utilizados em troca de créditos a receber de Itaipu no valor de R$ 6 bilhões.
10. Outra preocupação do governo constante do processo de capitalização da Caixa respeita ao requerimento mínimo de capital estabelecido no Acordo de Basileia, de 11%, haja vista sua contínua deterioração desde o princípio de 2011.
11. Com as transferências das ações para a Caixa, segundo noticiário especializado, ela teria passado a deter 17% de participação acionária da empresa Paranapanema, 10% na JBS, 8,4% na Mangels e 7,4% na Romi, papéis que alguns analistas de mercado consideram de baixo valor e liquidez diante da situação econômico-financeira das companhias.

bidos pelo Tesouro Nacional. Houve uma clara elevação no patamar dessa receita, que desde 2008 passou a contribuir de forma decisiva para o superávit primário. Os dividendos saltaram de 0,09% do PIB em 1997 para 0,64% em 2012, com destaque para o recorde de 0,82% em 2009. Uma análise mais criteriosa revela que a participação dos pagamentos a título de antecipação, que era nulo em 2000, passou a representar significativo 0,33% do PIB em 2012, mais da metade dos dividendos pagos no último ano. Esse fenômeno deverá se repetir em 2013, em face das dificuldades para equilibrar as contas fiscais federais.

A composição das fontes de origens dos dividendos também mudou profundamente, diminuindo a contribuição das empresas estatais, como a Petrobras, e disparando a dos bancos estatais, em particular do BNDES. É importante destacar que os aportes deste último decorreram de uma sucessão de medidas excepcionais — a começar pela criação, via decreto presidencial, do inusitado conceito de "dividendos intermediários". Dentre os R$ 12,94 bilhões que o BNDES pagou de dividendos à União em 2012, aproximadamente R$ 2,56 bilhões são relativos a essa intrigante rubrica, cujo montante foi pago via títulos públicos, assim como 37,5% dos dividendos complementares do mesmo exercício, de R$ 8,18 bilhões.

Em 2012, o BNDES só pôde gerar lucro — e, consequentemente, pagar dividendo — porque foi dispensado de marcar a mercado e levar a prejuízo as perdas acentuadas que sofreu no caso da Eletrobras e, eventualmente, até da Petrobras e Vale.[12] Essa regra continuou sendo aplicada a todos os outros investidores e mesmo ao BNDES em relação a suas outras participações acionárias menos expressivas. De certa forma, é possível dizer que o pecado original não foi cometido na órbita fiscal, mas sim na financeira. Sem as exceções concedidas pelas autoridades monetárias não teria sido possível fabricar tanto lucro e dividendos.

No mesmo sentido, não custa lembrar decisões que foram dadas pelo Conselho Monetário Nacional (CMN) no passado e dispensaram a imposição de limite de exposição no caso das transações entre o BNDES e a Petrobras, Eletrobras e Vale,[13] componentes cruciais para a nova onda de transações atípicas.

12. Os investimentos do BNDES em participações acionárias acusaram um recuo, apenas entre dezembro de 2011 e setembro de 2012, de R$ 5,5 para 3,8 bilhões no caso da Eletrobras, segundo informado pelo banco em relato em: <http://bit.ly/Vl2K6z>.
13. A Resolução do BCB que ampliou a discricionariedade já prevista em resoluções anteriores foi a 4.089, de 24-5-2012 (que suspendeu as 3.963/11 e 3.615/08) — ver em: <http://bit.

Se o BNDES não pudesse adquirir ainda mais ações da Petrobras, a alavancagem e a exposição patrimonial do banco ao seu maior cliente não poderiam ocorrer, bem como não teria a instituição financeira participado das operações com o Fundo Soberano. Por outro lado, se o banco de desenvolvimento logrou diminuir sua exposição a tais empresas privadas em que participava no capital, e como precisou comprar do Tesouro mais ações de sua empresa de petróleo, teve de aumentar mais uma vez sua exposição a esse cliente. Isso só foi possível porque as autoridades monetárias criaram uma regra única, aplicada apenas a esse banco e apenas em relação a essa empresa, de modo a computar a exposição por estabelecimento e não para o conjunto das empresas.

A distribuição antecipada de dividendos se repetiu no início de 2013 e chegou ao requinte de uma nova operação triangular, que sintetiza ou leva ao limite essa espécie de dança das cadeiras por onde passa o endividamento federal. Mais uma vez, conforme denunciado pela mídia,[14] o BNDES, que acumulava um saldo de empréstimos especiais junto ao Tesouro de R$ 367 bilhões ao final de junho de 2013, emprestou à Eletrobras cerca de R$ 2,5 bilhões para financiar seu capital de giro, por meio de cédula de crédito bancário (com taxa Selic + 2,5% ao ano). Além disso, ainda foi preciso garantia do Tesouro, autorizada pelo diário oficial. Isso, fora o BNDES ter aumentado para R$ 7,6 bilhões ao final de junho de 2013 (contra R$ 1,7 bilhão ao final de 2012) o volume de recebíveis contra a Eletrobras adquiridos junto à União, inclusive contra Itaipu, a maior parte curiosamente paga em ações de empresas privadas.

Por outro lado, a Eletrobras teria pago em 2013 cerca de R$ 3,3 bilhões em dividendos aos seus acionistas, sendo os maiores os próprios Tesouro e BNDES (43,7% e 18,7% do capital total). Isto contrasta com o fato de que essa

---

ly/148iSwK>. Ela permitiu ao BNDES fazer empréstimos à Vale acima do limite de 25% do patrimônio de referência. Adicionalmente, foi estendido o prazo até 31 de junho de 2015 para que o BNDES não tenha quaisquer limites para fazer empréstimos às empresas Petrobras e Eletrobras. Se nesses dois casos as exceções foram justificadas inicialmente por compreender relações entre entes controlados pela União, o mesmo já não pôde ser dito no caso da Vale. Recorda-se que o CMN decidiu liberalizar a exposição daquele banco estatal em relação à Petrobras desde 2008, quando da publicação da Resolução do BC nº 3.615/2008, que previa que o controle de crédito passaria a ser feito por CNPJ — ou seja, por estabelecimento, e não para o grupo empresarial, como aplicado para as demais empresas e para os demais créditos. Já no caso da Eletrobras, a flexibilização foi iniciada em 2011 por intermédio da Resolução do BC nº 3.963.

14. Dentre outras reportagens, vale destacar "BNDES empresta e Eletrobras paga dividendos", em *Valor Econômico*, 10 jul. 2013. Disponível em: <http://bit.ly/153TqZt>.

estatal elétrica tenha sido duramente impactada pelas mudanças na regulação do setor elétrico (tanto que, entre o segundo trimestre de 2012 e o de 2013, sua receita operacional líquida caiu de R$ 7,7 para R$ 5,9 bilhões e seu lucro líquido consolidado despencou de R$ 1,3 bilhão para apenas R$ 164 milhões, segundo seu informe aos investidores) e ter tido o seu valor de mercado literalmente derretido, impondo graves prejuízos ao poder público, inclusive ao próprio BNDES (que acusa em balanço deter participações acionárias junto à Eletrobras de apenas R$ 1,3 bilhão, e seis meses antes as mesmas valiam R$ 4,3 bilhões e ao final de 2011 eram de R$ 5,5 bilhões — ou seja, em um ano e meio, o BNDES perdeu 76% de seus investimentos na Eletrobras).

Enfim, as instituições controladas e financiadas pelo Tesouro foram chamadas a recolher dividendos e a comprar ativos do próprio ou de seu Fundo Soberano, ora pagando em reais, ora em títulos ou mesmo em ações de empresas privadas, de modo a gerar as receitas extraordinárias para o fechamento das contas federais de 2012, visando a cumprir a meta de superávit primário.

3. Uma avaliação das transações atípicas

É importante lembrar que, até o exercício de 2010, as metas sempre foram fixadas em porcentagem do PIB, o que permitia de certa forma uma correção automática para levar em conta a inflação e a variação do produto real efetivamente observados. A qualidade das projeções elaboradas quase um ano antes de iniciar o exercício financeiro era menos relevante. Logo, o cumprimento da meta em si exigia um esforço muito mais fino de monitoramento da atividade econômica e das contas fiscais.

A inovação de fixar metas em valores nominais veio com a Lei de Diretrizes Orçamentárias (LDO) da União para 2011. Na prática, se a meta que constou no projeto do Executivo (elaborado nos primeiros meses do exercício anterior ao que ele se refere) for aceita pelo Congresso (a LDO deve ser aprovada antes do recesso do meio do ano anterior) e não mais for alterada até o encerramento do exercício a que se refere, significa supor correto e perfeito um cenário macroeconômico traçado quase 20 meses antes do fechamento do exercício. Por mais estabilidade que tenha ganhado a economia brasileira, em relação ao seu passado mais distante, essa ainda está muito longe de um cenário típico de economias avançadas. Ainda mais em tempos de fortes turbulências internacionais, é difícil, para não dizer impossível, que a evolução efetiva de preços e produto fique muito próxima da projetada com tanta antecedência.

Nesse contexto, reprogramar metas seria mais do que natural, quando elas forem fixadas em valores correntes, e não indexadas ao Índice de Preços ao Consumidor Amplo (IPCA) ou ao PIB. É um processo corriqueiro no âmbito dos orçamentos estaduais e municipais e nunca se teve notícia de polêmica ou debate público significativo quando se processa, nem sendo chamado de revisão, mas de reprogramação da meta de resultado fiscal e de saldo de dívida.

O ideal seria que eventuais questionamentos e críticas às práticas contábeis, e mesmo à execução da política fiscal, fossem sempre colocados e respondidos no campo do debate técnico. Isto não deveria ser tomado como uma crítica ao governo e nem mesmo à política macroeconômica. A politização das discussões seria o atalho que restaria àqueles que não tivessem argumentos técnicos para sustentar suas posições.

Quanto aos aspectos conceituais envolvidos na polêmica em torno das medidas atípicas, não custa recordar que o Brasil não inventou a apuração do resultado primário. Este é um conceito econômico (para medir a capacidade do governo em honrar com os compromissos de sua dívida), e não contábil. A metodologia aqui aplicada é, na essência, a mesma do resto do mundo. Ela foi *importada* na esteira da crise do início dos anos 1980 e uma meta fiscal específica desde então passou a ser acordada com o Fundo Monetário Internacional (FMI). Era apropriada para o contexto econômico e institucional da época, com superinflação e sem uma contabilidade moderna. As instituições brasileiras mudaram, inclusive com a edição de uma lei de responsabilidade fiscal tida como das mais completas e austeras, e o resto do mundo também mudou, passando a dar cada vez mais atenção ao resultado estrutural.

É até possível dizer que o Brasil ficou para trás no mundo, ao manter as atenções, tanto as governamentais quanto as do mercado, monopolizadas pelo resultado primário e a dívida líquida. Embora a Lei de Responsabilidade Fiscal (LRF) exija metas fiscais não apenas de primário, como também de resultado nominal, e não apenas de dívida líquida, como também de dívida bruta, e que estas sejam formuladas e perseguidas, ano a ano, por todos os governos estaduais e se espera que por todos os municipais, as mesmas regras não se aplicam ao governo federal, que se restringe àqueles conceitos.

Pode ser considerado estranho (ou até contraditório) alegar que o resultado fiscal que realmente importa é o nominal quando não se inclui no projeto da LDO da União uma meta específica para tal resultado. Embora a LRF exija metas para as duas medidas, primária e nominal, apenas a primeira tem sido objeto de fixação na LDO da União. Ao contrário, os governos estaduais e municipais seguem a LRF e fixam as duas metas de resultado em suas respectivas LDO, inclusive porque assim orienta o manual editado pela STN.

Despesa é um compromisso honrado pelo governo. E toda despesa de um governo deve constar do orçamento, segundo preceito constitucional e da democracia moderna. Uma despesa pode ser classificada por diferentes tipologias, a começar pela contábil, como correntes ou de capital, e não se resume a ser identificada como primária ou não. O fato de um gasto não ser tido como primário não o dispensa de ser incluído no orçamento ou mesmo de ser chamado de despesa — nessa leitura equivocada, todo o serviço da dívida pública poderia ser excluído do orçamento.

Desde que foi extinto o orçamento monetário e foi criada a Secretaria do Tesouro, em meados dos anos 1980, o Brasil passou a incluir no orçamento as despesas que realiza com a concessão de créditos, independentemente do órgão de governo que os empresta, de quem são os tomadores e de quão nobres que sejam os objetivos. Um bom exemplo é a vinculação obrigatória de 40% da arrecadação dos Programas de Integração Social e Formação do Patrimônio do Servidor Público (PIS/Pasep) para o BNDES, ou de 3% dos Impostos de Renda e sobre Produtos Industrializados (IR/IPI) para os fundos de desenvolvimento regional, pois mesmo sendo tais repasses determinados pela Constituição, eles não deixam de ser incluídos no orçamento e no respectivo balanço da União. Outros financiamentos, do crédito rural aos exportadores, também passam pelo orçamento público, inclusive seu refinanciamento — aliás, o mesmo foi aplicado à rolagem da dívida dos governos estaduais e municipais, que constou nos orçamentos das duas partes.

O argumento central para o tratamento extraorçamentário dos volumosos créditos especiais concedidos pelo Tesouro aos bancos federais é que eles não envolvem dinheiro, emissão de cheque ou transferência bancária, mas sim a entrega de títulos do Tesouro (para tanto, é preciso esquecer que tais títulos seriam parte dos meios de pagamentos, mesmo no conceito não tão amplo). É preciso forçar muito a interpretação de que essa é uma mera aplicação financeira, inclusive porque o banco a devolverá e com rendimentos. O perigo é: nada impede que a mesma lógica contábil seja aplicada a outros créditos que eventualmente sejam concedidos diretamente a empresas e mesmo a famílias, ainda mais que as taxas cobradas pelo Tesouro por vezes mal chegam a um quinto das aplicadas no mercado, e assim uma parcela importante do gasto viraria empréstimo especial e poderia ficar fora do orçamento e dos limites.

A falta de restrição orçamentária na União resulta na menor restrição ao seu financiamento. A Constituição exige, e a LRF regulamentou, limites e demais restrições para a emissão de títulos pelo Tesouro e para o montante da dívida consolidada da União. Porém, os projetos que fixariam esses limites tramitam no Congresso desde 2000 e nunca chegaram perto de ser aprovados — apesar de os limites propostos (6,5 e 3,5 vezes a receita corrente líquida para a dívida mobiliária e para a consolidada líquida, respectivamente) serem muito superiores aos saldos efetivamente verificados (4,7 e 1,8 vezes a receita em abril de 2013).[15] Desse modo, mesmo aprovados os tetos, ainda restaria enorme espaço para endividamento.

Não há nada de errado em um governo receber receitas de um banco e de uma empresa que controle, oriundas de dividendos, ou mesmo da venda de bens e ativos. Todavia, há muito que explicar quando o banco ou a estatal que gerou essa receita recebeu um financiamento extraordinário do Tesouro Nacional, com taxas, prazos e condições muito melhores do que os praticados normalmente no mercado. Essa operação casada foi explícita em algumas vezes (como na operação de capitalização da Petrobras em barris do futuro pré-sal), quando não até realizada na mesma data.

O questionamento é inevitável quando o dividendo decorre de lucros gerados por um ente estatal: que recebeu financiamentos em condições especiais do controlador; que vendeu ao mesmo controlador suas participações em empresas privadas, que deve ter permitido realizar um grande ganho, levado a balanço, e produzir mais lucro e dividendo por distribuir; e que também foi dispensado de levar as perdas com ações de empresas estatais para o balanço porque uma regra de mercado foi alterada e uma excepcionalidade foi concedida apenas a um ente estatal.[16] Não é diferente também o caso em que

---

15. Ver relatório de gestão da LRF do 1º quadrimestre de 2013 em: <http://bit.ly/18lorZJ>.
16. Serviços on-line noticiaram em 27-12-2012, mas poucos notaram ou repercutiram — por exemplo, *O Globo On Line* comentou: "O Conselho Monetário Nacional (CMN) aprovou nesta quarta-feira uma resolução que pode amenizar a queda do lucro do BNDES, que vem sendo registrada durante todo o ano. De acordo com a Resolução nº 4.175 do Banco Central, 25% das ações que o BNDES possui e que são classificadas como 'disponíveis' não precisarão mais ser reclassificadas toda vez que houver uma variação muito grande na cotação destas ações. Assim, o lucro do banco não será afetado com a recente queda nas cotações das ações que predominam na carteira do BNDES: Petrobras e Eletrobras. Indiretamente, dizem

a receita decorre da venda de ativos em que seu valor é algo nebuloso, bem como sua rentabilidade ou seu prazo de realização (como no caso dos direitos de elétricas comprados pelo BNDES, que recebeu um financiamento estatal).

Alegar que emprestar ao setor privado através de um banco de desenvolvimento estatal seria supostamente mais sadio do que através do banco central não resiste ao fato de que, na prática, é a mesma situação que impera nos dois casos — o poder público que financia o privado. Em si, isso não constitui um pecado, mas, para saber se haverá o retorno adequado aos cofres públicos, tanto do principal, quanto da remuneração, certamente é necessário e muito melhor que a transação seja explicitada nos orçamentos e nas prestações das contas públicas. Não parece que o Brasil leve vantagem nessa matéria, inclusive porque o Tribunal de Contas da União (TCU) já deliberou, mais de uma vez, cobrando do Tesouro mais transparência nessas operações e, especificamente, determinou que o mesmo mensure e publique o tamanho do subsídio creditício — conforme o Acordão TCU nº 3.071/2012.[17]

A dimensão e a evolução dos restos a pagar[18] da União verificados em 2013 também não podem ser consideradas normais. As inscrições nessa rubrica montavam a R$ 174,1 bilhões, dos quais R$ 41,4 bilhões reinscritos de anos anteriores,[19] segundo relato extraído do relatório resumido de execução orçamentária (RREO) de junho de 2013. Os que seriam chamados de restos já equivalem a 4% do PIB, quando eram apenas 2% do produto no final do ano de 2000 em que foi editada a LRF.

---

fontes, essas medidas podem até ajudar o resultado fiscal do governo, uma vez que o BNDES tem sido nos últimos anos um dos maiores pagadores de dividendos ao governo, que entra em seu caixa, melhorando suas contas. Mas fontes do mercado confirmam que o impacto poderá ser significativo no resultado do banco". Ver em: <http://bit.ly/1eFylfc>.

17. Disponível em: <http://bit.ly/UhjC0i>. Depois da determinação do TCU, o Ministério da Fazenda, por meio da Secretaria de Política Econômica (SPE), começou a mensurar e divulgar o relatório com o balanço destes créditos. A primeira divulgação, que englobou apenas o balanço dos benefícios federais, foi relativa ao ano de 2012, cujo montante estimado foi de R$ 43 bilhões. O demonstrativo engloba o período de 2011-12 e apresenta resultados em três blocos: agropecuários, setor produtivo (inclusive fundos regionais e empréstimos especiais do BNDES) e programas sociais (na grande maioria do Fundo de Amparo ao Trabalhador (FAT)). A íntegra dos "Demonstrativos de Benefícios Financeiros e Creditícios" pode ser obtida em: <http://bit.ly/19O3lq2>.

18. Para uma abordagem conceitual sobre os restos a pagar e a evolução na última década, ver edição em Foco do *Boletim Macro do IBRE* (FGV), edição de novembro de 2011.

19. Mansueto Almeida alertou que os restos a pagar inscritos em 2012 cresceram mais do que o orçamento, puxados não apenas por investimentos como também por custeio (derrubando a tese de que resultam de atrasos de obras), inclusive cada vez mais nas áreas de educação e saúde (possivelmente forma de driblar respectivas vinculações constitucionais), e ainda com enormes reinscrições do que já tinha sido cancelado no passado. Ver Almeida (2013b).

Além das estatísticas, há ainda uma questão de princípio: os restos a pagar não são computados na apuração da dívida (nem na bruta), porque o BCB só considera o que foi tomado junto ao sistema bancário, mas considera integralmente as disponibilidades financeiras — ou seja, não conta o passivo, mas computa o ativo de curto prazo; logo, o tamanho da dívida já é subdimensionado por princípio de cálculo.

No que se refere às transações atípicas, diversos detalhes ainda precisam ser mais bem esclarecidos e analisados. Não custa recordar que a LRF proíbe que as empresas estatais sejam utilizadas para antecipar receitas para o governo que as controla. O caso de Itaipu é simbólico da falta de esclarecimentos. Por ser uma empresa binacional, ela não deveria ser considerada uma empresa estatal clássica no processo orçamentário federal (ou seja, não é monitorada pelo Dest).[20] Nessa hipótese, a venda dos recebíveis do Tesouro para o BNDES teria um impacto deficitário, pois aumentaria a dívida líquida, uma vez que o setor público não financeiro deixaria de deter um crédito contra uma empresa que não o compõe. Porém, o Banco Central informa nas definições metodológicas da Dívida Líquida do Setor Público (DLSP) que computa Itaipu como empresa estatal[21] (não tendo sido excluída, como a Petrobras e a Eletrobras).

A confusão aumenta quando se trata dos créditos que o Tesouro deteria contra Itaipu. A empresa não é relacionada entre os haveres financeiros publicados no site da Secretaria do Tesouro Nacional (STN).[22] O BCB contava ao final de 2012 um saldo de R$ 9,9 bilhões como créditos contra estatais (excluídas Petrobras e Eletrobras), muito baixo diante da citação na mídia de que Itaipu deveria em torno de R$ 4 bilhões por ano ao Tesouro.[23] Esses valores também diferem do que aparece no balanço de Itaipu de 2011:[24] um estoque de dívida de US$ 9,5 bilhões contra o Tesouro brasileiro (dos quais, um quarto já teria sido transferido à Empresa Gestora de Ativos — Emgea e um cronograma de pagamento de todos os financiamentos (não apenas os do Tesouro) que mal chega a US$ 1,3 bilhão ao ano até 2017.

---

20. De acordo com MPOG (2012), Itaipu sequer é relacionada no último (2011) perfil das empresas estatais publicado pelo Departamento de Coordenação e Governança das Empresas Estatais (Dest).
21. Informação obtida nos metadados da série de DLSP, de número 4.003, junto ao sistema gerenciador de séries temporais (SGS) do BCB. Disponível em: <www.bcb.gov.br>.
22. Ver discriminação dos devedores do Tesouro em: <http://bit.ly/126zIyx>.
23. Dentre outras notícias, ver: <http://bit.ly/VrJhq2>.
24. Ver balanço e, sobretudo, notas explicativas de Itaipu para 2011 em: <http://bit.ly/WcXeXE>.

A própria transferência e posse de ativos financeiros também necessitam ser mais bem esclarecidas. O pecado original que levou à tramitação extraorçamentária de transações envolvendo centenas de bilhões de reais é que os "pagamentos" seriam feitos com títulos, e não com dinheiro — ou seja, seria mera troca de ativos. Se for esse o caso, por princípio, também não deveriam constar no orçamento e nem gerar receitas primárias aquelas transações em que dividendos ou recebíveis foram "pagos" ao Tesouro em participações acionárias, bem assim o mesmo Tesouro as utiliza para "pagar" o aumento de capital de outro banco. Essas dúvidas de natureza conceitual se tornam até menores diante das jurídicas ou institucionais, que podem ir desde um pretenso pedido de isonomia de outros credores do Tesouro, para que também pudessem entregar ações de sua carteira como "moeda de pagamento", até o fato de se tornar sócio, ainda que minoritário, de uma empresa privada sem prévia e específica autorização legislativa e sem se saber como foram precificados tais ativos.

Não muito diferente é a situação da própria venda das ações da Petrobras, ainda que para um banco controlado, quando o valor de mercado estava muito aquém do valor de aquisição quando da última capitalização daquela estatal.

Outro aspecto particular diz respeito às relações cruzadas entre os maiores bancos e empresas estatais federais, que também estão entre os maiores bancos e empresas do país. Da concessão de crédito até participações acionárias, as transações atípicas do fechamento de 2012 vieram agudizar a situação anterior e elevar ainda mais as exposições dos bancos federais (BNDES e Caixa) às maiores estatais (Petrobras e Eletrobras). Não se trata apenas de serem os maiores clientes na captação de empréstimos e nem de responderem pela maior parcela da carteira de ações, mas que a magnitude das transações assume proporções expressivas em relação ao patrimônio.[25]

---

25. Os demonstrativos do final de junho de 2013, divulgados nos portais das estatais a seguir citadas, reforçam como elas estão cada vez mais vinculadas entre si. No caso mais importante, o BNDES e a Petrobras, o banco detinha um saldo de empréstimos de R$ 46,2 bilhões e mais participação acionária (só atrás da União) avaliada (a preços de mercado) em R$ 35,3 bilhões, ou seja, uma exposição à petroleira de R$ 81,5 bilhões. Não bastassem as dimensões desses valores, chama mais a atenção que os ativos contra a Petrobras equivalem a 85% do patrimônio de referência (R$ 96 bilhões) e a 147% de seu patrimônio líquido (R$ 55,1 bilhões) do BNDES. No caso dos demais bancos, também eram expressivos o volume de crédito ao final de junho: R$ 12,2 bilhões no caso do BB e R$ 11,2 bilhões da Caixa Econômica, sendo que mais de R$ 6 bilhões foram tomados só no primeiro semestre de 2013 — e, ainda, no caso da Caixa, aquele saldo equivalia a 43% de seu patrimônio líquido.

A enorme exposição dos bancos federais às empresas estatais (e possivelmente entre os próprios bancos) evidentemente está acima das previsões regulares de supervisão e prudência, tanto no sistema bancário, quanto no mercado acionário. Não por outro motivo tem sido preciso que o CMN mantenha e conceda novas flexibilizações. A tese de que não há maior risco global porque se trata de relações cruzadas e internas ao setor público precisa ser relativizada. Numa situação extrema, créditos poderiam ser convertidos em ações. Porém, é preciso atentar que alguns dos entes estatais envolvidos possuem acionistas privados, são companhias abertas, sujeitas a governança corporativa e estão entre as maiores empresas do País. Não por outro motivo, as próprias "estatais alertam acionistas para prejuízos que podem ser causados pela intervenção do Executivo nas empresas", segundo recente levantamento dos avisos registrados em documentos oficiais da Petrobras, Eletrobras e Banco do Brasil.[26]

Não faltam, como se vê, questões específicas por responder em meio a transações tão complexas. Esta análise se limita ao debate mais geral, de forma que várias questões demandam estudo e investigação mais minuciosos.

Quanto às chamadas transgressões, a obrigação de cumprir uma meta que constava numa lei (a LDO) não justifica por si só que não tivesse sido proposta sua reprogramação ou revisão.[27] Nos governos estaduais e municipais, a reprogramação da meta de superávit é prática corriqueira. Aliás, levantamento recente[28] mostrou que alguns dos maiores governos estaduais do país já tinham fixado metas de superávit primário para 2012 inferiores às de 2011. Os relatórios periódicos da LRF emitidos por todos os estados são publicados a cada bimestre ou quadrimestre no portal da STN, que também recebe essas informações com antecedência e maiores detalhes, por conta do programa de ajuste fiscal que cada estado firmou ao rolar a dívida com a União. A eventual redução da meta estadual ou municipal não foi algo inesperado, ainda mais

---

26. Ver *Correio Braziliense*, 6/ jan. 2013, em: <http://bit.ly/UAjc3Z>.
27. Não há qualquer impedimento legal, e nem mesmo político, ainda mais para um governo com ampla maioria no Congresso, e que nunca teve rejeitada qualquer proposta de mudança no orçamento ou mesmo na LDO. Em 2009, as metas de superávit primário do setor público (3,8% do PIB) e a da União (2,2%), fixadas na LDO do ano, publicada em agosto de 2008, foram reduzidas (para 2,5% e 1,4% do produto) em outubro de 2009 através de lei que mudou o anexo de metas fiscais faltando três meses para o ano fechar, apreciada sem nenhuma polêmica, ainda mais que a crise econômica era clara e sabida. A LDO de 2009 constava na Lei nº 11.768, de 14-8-2008. Ela foi alterada pela Lei nº 12.053, de 9-10-2009.
28. Ver *Valor Econômico*, 28 jan. 2013, em: <http://bit.ly/1ej8lbN>.

para quem refinanciou e monitora muitos desses governos, e não foi revelada ao final do exercício.

Independentemente de qual seja a esfera ou a unidade de governo, não se pode nem alegar que se desconhecia a dificuldade em cumprir a meta, porque a LRF criou uma sistemática que exige avaliação bimestral do comportamento da receita, de forma que a dificuldade para se cumprir a meta de 2012 era conhecida há meses, inclusive objeto de declarações de muitas autoridades econômicas. Não houve qualquer fato desconhecido, uma perda súbita de receita ou um aumento drástico de gasto, nos últimos dias do ano, que justificasse uma repentina mudança de quadro.

A questão federativa também transitou nas discussões sob a justificativa de que o não cumprimento da meta fiscal da esfera subnacional tornou necessária a adoção das medidas federais atípicas. Ora, a própria União não cumpriria a meta original, mesmo se tivesse de seguir um receituário normal de operações. Recorrer e ainda justificar o recurso a transações atípicas para fazer o cumprimento da meta pode induzir os demais governos a adotarem práticas semelhantes para cumprirem suas metas, inclusive aquelas que são exigidas pela própria STN no ajuste fiscal da rolagem. Ademais porque, no que importa ao refinanciamento da dívida, não se sabe de nenhum estado que tenha atrasado ou deixado de realizar pagamento para o Tesouro Nacional — isto é, para o que importa, a medida de superávit primário, honrar o serviço da dívida, mesmo o menor resultado estadual foi suficiente para manter a esfera adimplente. Não é por acaso que governos estaduais apresentaram superávit nominal em muitos meses dos últimos anos (como em todo o ano de 2009).

Uma evolução menos favorável das finanças estaduais e municipais não deveria causar maiores surpresas diante da desaceleração da economia, e o ICMS poderia ser dos impostos mais elásticos e que mais sofre nessa fase do ciclo, agravado pela concessão de muitas desonerações concentradas no IPI, onde mais da metade de sua receita é transferida por meio dos fundos de participação. Porém, muito da frustração dos outros governos decorre de financiamentos autorizados e concedidos, ainda que indiretamente, pelo próprio Tesouro Nacional, e, por vezes, em desrespeito às suas próprias normas prudenciais, segundo avaliação do Tribunal de Contas da União (TCU) — ver Acórdão nº 3.403/2012.[29] O impacto do que já foi autorizado ainda não se re-

---

29. Disponível em: <http://bit.ly/UPRwvS>.

fletiu nos atuais saldos de dívida e indicadores da LRF porque ainda há muito por ser contratado e, em sendo, ainda há muito por ser liberado — cerca de R$ 88 bilhões, segundo informado pela STN ao Senado em meados de 2013.

Ora, um dos pilares da LRF é que a União não deve emprestar e nem socorrer os outros governos. Já passa a hora de debater abertamente até onde esse preceito não estaria sendo atenuado ou contornado quando os governos estaduais ou municipais tomam financiamentos em bancos federais, por vezes até como repasses em moeda estrangeira, e muitas vezes tendo o próprio Tesouro como garantidor, sem que se saiba se este recebeu garantias adequadas ou suficientes (a julgar pelo que foi denunciado pelo TCU, quando examinou apenas operações externas).

A tentativa de justificar as transações atípicas como inevitáveis para se evitar sanções pelo descumprimento da meta, desde multas pecuniárias a agentes, perda de mandato e até mesmo prisões, não resiste aos fatos.[30] Não existe sanção diretamente ligada ao descumprimento da meta, até porque a LRF criou uma sistemática para evitar que tal situação ocorresse.[31]

No caso da LDO, as punições estavam mais ligadas à sua proposição do que ao seu cumprimento, tanto que pode levar à perda de mandato do chefe do Executivo se não enviar ao Legislativo o projeto, no prazo e de acordo, e multa de 30% dos vencimentos se não for proposta a LDO com meta fiscal. Na execução, as sanções principais se aplicam quando não são apresentados os resultados e, o principal, quando constatado algum desvio, se não forem tomadas providências para sua correção — ou seja, não é punido o excesso de limite de dívida ou de pessoal, mas sim a omissão em adotar ações que levem à correção num período de tempo previsto na lei. Portanto, a concepção da lei caminhou no sentido de reforçar os princípios de planejamento e disciplina fiscal, e, para tanto, previu uma série de punições para eventuais desvios nessa direção.

Além de não haver punição direta pelo descumprimento da meta, é importante atentar a um detalhe ignorado por muitos: não há como avaliar se uma meta de resultado foi cumprida ou não quando se desconhece a forma

---

30. Mais detalhes sobre as transgressões a LRF e sanções, das administrativas até as pessoais, podem ser obtidos em: Khair (2000). Aliás, STN (2012) traz uma seção especial sobre "penalidades" (p. 675-686) no manual de demonstrações fiscais já citado.
31. A Lei nº 10.028, art. 5º, III, LRF, prevê que "nao obter resultado primário necessário à recondução da dívida ao limite, promovendo, entre outras medidas, limitação de empenho" de despesas implica punição de multa equivalente a 30% dos vencimentos anuais do governante.

como tal resultado é calculado. Isto ocorre porque a apuração do resultado primário da União não segue a metodologia proposta pela STN e exigida e adotada pelos demais governos.[32] O TCU apontou em acórdão recente (publicado semanas antes de baixadas as medidas oficiais atípicas) que desconhece a forma como é medido o superávit primário da União, e, por conseguinte, também a dívida líquida, tendo determinado providências aos órgãos para que publiquem a metodologia aplicada — ver Acórdão TCU nº 7.469/2012.[33] Ora, se o órgão de controle externo sequer sabe como é medido o resultado federal, como é que ele poderia aplicar alguma penalidade pelo seu descumprimento? Na verdade, nunca aplicou, até por tal desconhecimento.

Por último, vale opinar que se perdeu uma ótima oportunidade para aproveitar os questionamentos em torno da política fiscal e provocar um debate sobre qual a verdadeira repercussão de seus resultados para a política monetária. É simplista considerar que basta o atendimento de uma meta cheia de superávit primário, sem importar a sua qualidade. A formação desse resultado precisa também ser ponderada pelos formuladores e executores da política monetária. Não se deveria acreditar que, embora possam ser iguais matematicamente, para o resto da economia tanto faz um corte de gasto quanto um aumento de receita, ambos no mesmo valor. Mais do que isso, seria muita ingenuidade supor que para a política monetária tanto faz uma receita oriunda de impostos recolhidos por toda a sociedade, quanto outra receita decorrente de dividendos ou da alienação de haveres financeiros, ambos para entes estatais, que, coincidentemente, são cada vez mais financiados pelo mesmo Tesouro. Nem é preciso uma maior reflexão teórica ou algum modelo econométrico para verificar que transações fiscais normais e atípicas impactam a economia de forma muito diferenciada, desde a geração da demanda até a própria expansão monetária.

Na mesma linha, não é possível ignorar que, há alguns anos, a evolução da DLSP se explica menos pelo superávit primário e muito mais pelas enormes variações patrimoniais, antes muito mais pelo tamanho das reservas internacionais, agora também pelos créditos governamentais, ambas tendo como contrapartida a expansão das operações compromissadas, uma forma especial, mais curta e às vezes até mais cara de endividamento público mobiliário.

---

32. A STN publicou um denso e detalhado *Manual de demonstrativos fiscais*, que atualiza periodicamente e detalha o passo a passo a ser seguido na apuração do resultado fiscal, dentre outros cálculos. Disponível em: <http://bit.ly/126yhQS>.

33. Disponível em: <http://bit.ly/1aDfIJy>.

Além de refletir mais e melhor sobre as repercussões para a política monetária da forma como os resultados fiscais têm sido gerados, é preciso também debater as relações entre Tesouro Nacional e os bancos por ele controlados, que passaram a aproximar os vínculos entre política fiscal e creditícia. Sob esse aspecto, o professor Delfim Netto chamou de *incestuosas* tais relações, porém mais atenção foi dada à sua qualificação como *alquimia* das transações fiscais atípicas.[34]

As mudanças na estruturação e mesmo na forma de atuação de bancos estatais podem ir muito além da mera expansão do crédito. As instituições, antes especializadas em atuar como bancos comerciais ou agentes financeiros do governo, passaram a deter cada vez mais participações acionárias e outras funções que eram exclusivas ou preferenciais do antes único banco de desenvolvimento.

A reorientação de participações acionárias não se limita apenas a relações intrassetor público, pois há efeito colateral importante para as poucas grandes empresas privadas que possuem o governo como acionista, direta ou indiretamente, via seus bancos, empresas e até fundos de pensão dos respectivos funcionários. A redistribuição das ações entre diferentes bancos estatais, depois de uma escala ou conexão no Tesouro, permitirá uma maior presença estatal direta nas empresas, diluindo o grau de exposição de cada banco, abrindo espaço para ofertar mais crédito às citadas empresas, e tudo isso com menor risco de que uma instituição se torne a controladora — embora, somadas as participações dos diferentes entes estatais, direta ou indiretamente, a empresa privada até pode se tornar uma espécie de *paraestatal*.

4. Conclusão: para reconquistar a credibilidade

A expansão de dividendos e de volumosas transações fiscais atípicas tem como pano de fundo a faceta crucial da nova política fiscal para enfrentamento da crise internacional: na prática, a formação de uma espécie de *Banco do Tesouro Nacional*, custeado por aumento do seu endividamento bruto e resultando na concessão de créditos especiais a bancos federais, inclusive quitados pela entrega de papéis e não em dinheiro.[35] Nestes casos, tais bancos federais acabam

---
34. Ver Netto (2013).
35. Ver Afonso (2011) e Afonso (2012).

se reduzindo a uma espécie de agentes financeiros informais do Tesouro, inclusive porque os recursos que captam por tais créditos extraordinários, e que acabam sendo emprestados, o foram de forma vinculada a programas e setores selecionados pelo governo federal, inclusive para fins de eleger os beneficiários desses créditos.

De fato, como já destacado por autoridades federais, em outros países tal processo passou pelo banco central, o que exigiu um novo contexto de relações com o respectivo Tesouro Nacional.[36] O fato de o Brasil não ter percorrido esse caminho de muitas economias avançadas — que possivelmente até seja mais transparente e passível de melhor controle, fiscal e social — não significa que deixou de adotar a mesma política de suportes e aportes estatais ao sistema financeiro e mesmo ao produtivo. Na prática, a função que lá fora foi exercida pelos bancos centrais aqui passou pelos bancos estatais federais. Eles tanto financiaram o próprio Tesouro que os alimentou, através das operações atípicas aqui discutidas, quanto o resto da economia, em projetos e áreas selecionadas pelas autoridades federais, com subsídios implícitos e explícitos, e por vezes só o fazendo contra garantias da mesma União.

Não tem a menor lógica, econômica ou matemática, alegar que se adota uma política fiscal anticíclica e se recorrer às medidas mais atípicas possíveis apenas para se alegar que foi cumprida uma meta de resultado fiscal, que é exatamente a mesma quando a economia tanto cresce aceleradamente, quanto desacelera. Em uma democracia moderna e com um governo obrigado a publicar seus atos e contas, por mais criativa que seja a engenharia adotada para cumprir a meta de resultado de um ano, é praticamente impossível que essa passe despercebida pelos analistas. A não divulgação oficial das transações atípicas e, depois de percebidas, o recurso a justificativas por vezes incoerentes e inconsistentes tendem a prejudicar as expectativas dos agentes econômicos em um grau muito maior do que seria o mero anúncio do não cumprimento das metas fiscais. Responsabilidade fiscal não pode ser resumida a cumprir a meta de superávit primário por qualquer meio (recorrente ou atípico) e a qualquer custo (político).

A intensa polêmica sobre o fechamento das contas públicas de 2012 criou um clima muito favorável para a adoção de projeções as mais realistas possíveis para receitas e despesas, evitando assim recorrer a reclassificações de gastos e

---

36. É interessante ver o *paper* de Pessoa e Williams (2012).

reprogramação de desembolsos. O mesmo se aplica às deduções de projetos de investimentos. Em suma, quando as condições econômicas exigirem, não mais seriam praticadas transações atípicas, mas sim haveria uma revisão e eventual redução da meta de superávit primário. Não seria nenhuma inovação, porque o próprio governo federal já fez isso no exercício de 2009 e os governos estaduais e municipais constantemente reprogramam suas metas fiscais.

A experiência mostrou que o ganho em se atingir formalmente a meta fiscal não compensa a perda em termos de credibilidade e transparência. Por mais criativas que tenham sido as transações atípicas, estas não deixaram de ser identificadas e quantificadas, de modo que analistas acabaram por elaborar e divulgar publicamente estatísticas e indicadores do que seria o resultado fiscal sem essas alterações de cálculo.

A relação custo-benefício de adotar cálculos fiscais alternativos é desfavorável, inclusive, porque não altera o comportamento dos agentes econômicos: por exemplo, em relação às expectativas sobre a trajetória de juros sobre a dívida pública ou de inflação. O importante papel desempenhado pelas expectativas é mais uma razão para se resgatar o realismo das metas fiscais, de forma que as discussões em torno dessa temática abrem excelente oportunidade para se avaliar mudanças em instrumentos da política fiscal e para se recolocar a reforma fiscal no centro da agenda nacional de debates.

Em especial, essa seria uma boa oportunidade para se avaliar a atratividade de adotar o cálculo do *resultado estrutural*, já usado há tempos por governos de economias avançadas e emergentes mais organizados, que é teoricamente mais apropriado para orientar a adoção de políticas fiscais anticíclicas. Organismos internacionais, instituições governamentais de pesquisas e até mesmo bancos privados já desenvolveram metodologias, defenderam sua adoção no Brasil e avaliaram a evolução no passado recente.[37]

A questão metodológica mais delicada para sua aplicação envolveria a apuração do produto potencial, todavia autoridades monetárias e pesquisadores não governamentais já possuem razoável *expertise* nessa matéria. Já há uma razoável massa crítica favorável à adoção imediata do indicador no país, sempre destacando que seria complementar às já utilizadas — isto é, não seria interrompida a apuração do resultado primário e da dívida líquida com a atual metodologia. Isso permitiria seguir a apuração do superávit primário "puro",

---

37. Entre vários trabalhos sobre o assunto, destaca-se Schettini et al. (2011).

sem qualquer desconto e sem transações atípicas, porque o resultado estrutural por si só faria o ajuste ao comportamento do ciclo.

A despeito da imaterialidade do conceito de produto potencial na ciência econômica, sua relevância para a gestão da política econômica, em particular para a política monetária, é tão conhecida quanto determinante. Os modelos de resposta mais modernos de bancos centrais utilizam de forma ampla e frequente essa medida como instrumento de avaliação e decisão de política monetária, de forma que, a despeito de algumas críticas como toda e qualquer medida, é amplamente utilizada e conhecida. O próprio BCB em seus diversos modelos econométricos, desde aqueles de pequeno porte até o mais sofisticado *Dynamic Stochastic General Equilibrium* (DSGE), denominado Samba, utiliza essa medida.

Atento à necessidade de aprimorar a apuração dos resultados fiscais e, principalmente, avaliar a postura da política fiscal — se expansionista, neutra ou contracionista —, o BCB apurou e publicou o resultado estrutural do setor público consolidado em seu relatório de inflação de março de 2013.[38] Ainda que a definição para efeitos orçamentários não tenha ocorrido de forma oficiosa pelo governo, a massa crítica e os resultados já apurados em torno dessa nova metodologia teriam o benefício de levar o país à adoção do que há de mais moderno atualmente em matéria de resultado fiscal, ao mesmo tempo que desincentiva práticas de contabilidade atípicas e danosas à credibilidade da política fiscal.

É interessante destacar que há um razoável consenso, inclusive junto ao mercado,[39] em torno dos investimentos públicos, tanto para serem preservados de recorrentes cortes realizados nos programas tradicionais de ajuste fiscal, quanto para serem elevados, visando fomentar a demanda da economia e, em um segundo momento, ampliar a oferta. De analistas financeiros até a imprensa, se tem advogado a preservação e a expansão do investimento governamental, em especial em infraestrutura. Porém, é preciso efetivamente contratar, gastar e desembolsar na formação do capital fixo do setor público. A carência econômica de investimentos não será equacionada por meios puramente contábeis — ou seja, de nada adianta classificar subsídios, subvenções

---

38. Disponível em: <http://bit.ly/10dJoTV>.
39. Além do Banco Central, outros analistas divulgaram estimativas para o resultado estrutural do setor público, como Oreng (2012) e Schettini et al. (2011).

e mesmo custeio como se fossem investimentos, porque isso não terá real impacto na formação de capital fixo.

O mesmo rigor defendido para o resultado fiscal precisa ser aplicado a toda a contabilidade pública e, se preciso, construir ou aproveitar soluções que beneficiem a expansão dos investimentos — como é o caso das regras de ouro e mesmo de receitas vinculadas a projetos de investimentos, inclusive de crédito ou da própria rolagem. Mais do que isso, uma alternativa poderia ser alterar a legislação fiscal, talvez até em lei ordinária, se fosse restrita à União e mesmo que em caráter temporário, para prever as seguintes medidas restritivas às transações atípicas:

- A vedação para que bancos e empresas estatais distribuam dividendos que sejam custeados por recursos direta ou indiretamente oriundos do Tesouro Nacional e que decorram de lucros gerados pela aplicação de normas ou pela realização de operações que não são aplicadas igualmente às entidades privadas. Inclusive, devem perder eficácia de imediato todas as normas excepcionais, em especial as editadas pelo BCB e pelo CMN, que dão um tratamento exclusivo e discricionário a instituições financeiras oficiais — como no caso de não levarem a resultado as perdas em ações negociadas em bolsa e marcadas a mercado e de não observado o limite de exposição individual de risco de crédito;
- A expressa proibição para que o Tesouro conceda qualquer tipo de empréstimo, financiamento ou subsídio, ou adquira ativos financeiros sem prévia, específica e expressa dotação no orçamento;
- A suspensão temporária da concessão de qualquer nova garantia pelo Tesouro Nacional em operação de crédito interna de qualquer natureza; o mesmo valendo para operações externas quando o devedor não for aprovado na avaliação de risco realizada pela STN;
- A suspensão temporária da realização direta de operação que antecipe receitas a vencerem após o mandato vigente do chefe do Executivo, de qualquer espécie, inclusive pela transição de ativos financeiros;
- Sobre dividendos distribuídos por bancos e empresas estatais, temporariamente limitar o montante efetivamente pago ao volume de lucros operacionais gerados no período a que se refere e, ainda, vincular toda a receita no Tesouro única e exclusivamente para fins de amortização da dívida mobiliária;

- A vedação para o Tesouro emitir títulos que não seja única e exclusivamente com a finalidade de honrar parte do serviço vincendo da própria dívida mobiliária.

À parte a retomada em 2013 do ciclo de alta da Selic para combater a inflação, se espera que já se tenha compreendido que não haverá mais por que se esperar que algum recuo da Selic venha a abrir um importante espaço fiscal, dado que o governo mantém tantas reservas internacionais e créditos para bancos oficiais remunerados abaixo do custo do seu passivo. E seriam precisos novos arranjos pró-investimento governamental, porque a expansão do gasto por si só não privilegiou essa categoria.[40]

A agenda econômica nacional poderia resgatar espaço para as chamadas reformas fiscais, sem se limitar apenas à tributária. Dentre outras iniciativas, o momento poderia ser propício para consolidar a LRF, ao completar a sua regulamentação ou até ao aperfeiçoar suas regras e instrumentos, para ampliar a austeridade. Inclusive, por questão de isonomia na federação e credibilidade financeira, caberia ao governo federal propor na LDO metas para o superávit nominal e adotar os mesmos processos de apuração dos resultados fiscais (inclusive o primário) que publicou e exige dos outros governos (conforme já orientado pelo TCU). Bem assim, caberia ao Congresso aprovar as proposições legislativas para criar o Conselho de Gestão Fiscal[41] e que fixam dois limites para a dívida da União, um mais abrangente, para a dívida consolidada (por resolução do Senado),[42] e outro específico, para a mobiliária (por lei ordinária).[43]

Ora, se nem esses limites previstos na Constituição e na LRF foram criados e aplicados à União, quanto menos a avaliação anual que a LRF previa ser encaminhada ao Senado por ocasião do envio do projeto da LDO. Como se vê, aquela lei complementar já contemplava uma série de *válvulas de escape* que jamais impediriam a execução de uma verdadeira política anticíclica (além de

---

40. Corrigidos os cálculos por Mansueto Almeida, entre 2008 e 2012 a despesa primária federal aumentou de 16,42% para 18,24% do PIB; porém, com investimento fixo subiu apenas de 0,93% para 1,09% do PIB — ou seja, tanta prioridade prometida para essa categoria de gasto atribuiu a ela menos de 9% do incremento expressivo de gasto primário realizado nos últimos quatro anos (1,8 ponto do PIB). Ver Almeida (2013a).
41. O presidente da República enviou em 10-11-2000 o Projeto de Lei nº 3.744/2000 que, mais de 12 anos depois, ainda tramita na Câmara dos Deputados — na situação atual, aguarda parecer na Comissão de Finanças. Vale recordar que o projeto ainda deverá ser submetido ao Senado. Ver teor e tramitação no portal da Câmara em: <http://bit.ly/142ovli>.
42. Ver teor e tramitação no portal do Senado (lembrando que nesse caso só tramita nesta Casa) em: <http://bit.ly/187s7iU>.
43. A evolução da proposta pode ser acompanhada em: <http://bit.ly/17m6qgP>.

o Executivo poder propor uma revisão periódica do limite da dívida, a própria LRF prevê dispensa de aplicação desses e outros limites em caso de baixo crescimento e de súbita mudança na política macroeconômica).

A reforma mais premente é a do processo orçamentário, financeiro e patrimonial, cujas normas gerais até hoje são ditadas pela Lei nº 4.320, de março de 1964. Por mais inovadora que tenha sido em sua época, só o fato de que completará meio século de vigência no próximo ano, sem sofrer uma mudança mais relevante, revela que é passada a hora para sua reformulação. Já tramita no Congresso projeto de iniciativa parlamentar propondo uma reestruturação completa daquela lei, mas não avançam, pois ainda não receberam apoio direto e participação efetiva do Executivo federal.[44]

A contabilidade pública já vem sendo modernizada por medidas do Tesouro Nacional[45] e até das entidades de profissionais contábeis, mas é preciso dar maior segurança jurídica com uma nova lei geral. A elaboração e a execução do orçamento também exigem aperfeiçoamentos que tornem mais realista seu processo. Com um pouco de ambição, se poderia, entre outras possíveis mudanças, incluir toda e qualquer concessão de crédito no orçamento, limitar restos a pagar, assegurar uma sistemática plurianual para maiores projetos de investimentos e aprimorar a avaliação dos riscos fiscais.

Enfim, há uma onda de reformas fiscais pelo mundo e o Brasil poderia aproveitar a oportunidade do interesse do debate nacional por matérias fiscais para traçar uma agenda de mudanças para o médio e longo prazo. Isto poderia completar a ação esperada por muitos para o curto prazo, a redução das metas fiscais, pois o realismo recuperaria expectativas e credibilidade.

Referências

AFONSO, José Roberto. As intrincadas relações entre política fiscal e creditícia no Brasil pós-2008. *Revista Econômica*, Niterói, v. 13, n. 2, p. 125-154, dez. 2011. Disponível em: <http://bit.ly/148i7DS>.

---

44. Ver substitutivo inicial em: <http://bit.ly/17n7jYz>.
45. Mais informações sobre o novo modelo de contabilidade pública, que procura convergir para os padrões internacionais e aplicados à iniciativa privada, estão disponíveis em: <http://bit.ly/YslHH1>.

_____. Fiscalidade, crédito e crise no Brasil: diagnóstico e proposições. *Estudos Fundap*, São Paulo, n. 4, fev. 2012. Disponível em: <http://bit.ly/AjzvZ5>.

ALMEIDA, Mansueto. *Gasto fiscal em 2012*: uma rápida análise. Brasília: s.n., 29-1-2013a. Disponível em: <http://bit.ly/VscwDS>.

_____. *Sobre truques fiscais e a contabilidade criativa*. Brasília: s.n., 8-1-2013b. Disponível em: <http://bit.ly/UHBZOz>.

BARROS, Gabriel Leal de; AFONSO, Jose Roberto. *Texto para discussão: sobre "fazer o cumprimento" da meta de superávit primário de 2012*. Rio de Janeiro: IBRE/FGV jun. 2013. Disponível em: <http://bit.ly/1fjmi4L>.

_____. *Texto para discussão: receitas de dividendos, atipicidades e (des)capitalização*. Rio de Janeiro: IBRE/FGV abr. 2013. Disponível em: <http://bit.ly/16XUBcq>.

BANCO CENTRAL DO BRASIL (BCB). *Resolução nº 4.089 de 24 de maio de 2012*. Dispõe sobre a apuração do limite de aplicação de recursos no Ativo Permanente e sobre o limite de exposição por cliente pelo Banco Nacional de Desenvolvimento Econômico e Social (BNDES). Disponível em: <http://bit.ly/148iSwK>.

BCB. Normas do CMN e BCB. *Resolução 4.089*. Brasília: BCB, maio 2012. Disponível em: <http://bit.ly/148iSwL>.

BNDES. Relação com investidores. *Informe contábil externo*. Rio de Janeiro: BNDES, nov. 2012. Disponível em: <http://bit.ly/Vl2K6z>.

BOLLE, Monica Baumgarten. O curioso caso de credibilidade minguante. *Galanto*, ago. 2013. Disponível em: <http://bit.ly/19NPsbm>.

COTTARELLI, Carlo. *Fiscal transparency, accountability and risk*. FMI, ago. 2012. Disponível em: <http://bit.ly/1aArbcQ>.

CAMPOS, Eduardo. Eletrobras se endivida por dividendo. *Valor Econômico*, Brasília, 10 jul. 2013. Disponível em: <http://bit.ly/153TrfG>.

EDITORIAL. Mudança significativa na política fiscal é pouco provável. *Valor Econômico*, Brasília, 14 jun. 2013. Disponível em: <http://bit.ly/1azi9Nd>.

GOBETTI, Sérgio W.; GOUVÊA, Raphael R.; SCHETTINI, Bernardo P. *Resultado fiscal estrutural*: um passo para institucionalização de políticas anticíclicas no Brasil. Ipea, dez. 2010. Disponível em: <http://bit.ly/154dc70>.

IRWIN, Timothy C. *Texto para discussão: accounting devices and fiscal ilusions*. FMI, mar. 2012. Disponível em: <http://bit.ly/19FgcKI>.

KHAIR, Amir Antônio. *Lei de responsabilidade fiscal*: as transgressões à lei de responsabilidade fiscal e correspondentes punições fiscais e penais. Brasília, nov. 2000. Disponível em: <http://bit.ly/S7qFcy>.

MINISTÉRIO DA FAZENDA. Secretaria de Política Econômica. *Demonstrativo de benefícios financeiros e creditícios*. Brasília, abr. 2013. Disponível em: <http://bit.ly/19O3lq2>.

MINISTÉRIO DO PLANEJAMENTO, ORÇAMENTO E GESTÃO (MPOG). *Perfil das empresas estatais federais, 2011*. Brasília, 2012. Disponível em: <http://bit.ly/VkTz63>.

NETTO, Delfin. *Valor Econômico*, São Paulo, 15 jan. 2013. p. A2. Disponível em: <http://bit.ly/148hvxO>.

ORENG, Mauricio. *Contas públicas*: dimensionando o impacto das operações "não recorrentes". Itaú, jan. 2013. Disponível em: <http://bit.ly/1cho2eU>.

____. *Working paper: Brazil structural fiscal balance*. Itaú, abr. 2012. Disponível em: <http://bit.ly/1dZC5ta>.

PESSOA, Mario; WILLIAMS, Mike. *Government cash management*: relationship between the Treasury and the Central Bank. FMI, nov. 2012. Disponível em: <http://bit.ly/YepV4N>.

PRESIDÊNCIA DA REPÚBLICA. *Lei nº 11.768 de 14 de agosto de 2008*. Dispõe sobre as diretrizes para a elaboração e execução da Lei Orçamentária de 2009 e dá outras providências. Disponível em: <http://bit.ly/W26i0O>.

____. *Lei nº 12.053 de 9 de outubro de 2009*. Altera os arts. 2º, 3º e 7º e o Anexo IV da Lei nº 11.768, de 14 de agosto de 2008, que dispõe sobre as diretrizes para a elaboração e execução da Lei Orçamentária de 2009 e dá outras providências. Disponível em: <http://bit.ly/VmRng9>.

SCHETTINI, Bernardo P. et al. *Resultado estrutural e impulso fiscal*: uma aplicação para as administrações públicas no Brasil 1997–2010. Ipea, ago. 2011. Disponível em: <http://bit.ly/17UCg2I>.

SECRETARIA DO TESOURO NACIONAL (STN). *Manual de demonstrativos fiscais aplicado à União e aos estados, Distrito Federal e municípios*. Brasília, 2012. Disponível em: <http://bit.ly/126yhQS>.

____. *Relatório de gestão fiscal do Poder Executivo federal* — 1º quadrimestre. Brasília, abr. 2013. Disponível em: <http://bit.ly/18lorZJ>.

4

Entraves da infraestrutura no Brasil

Armando Castelar Pinheiro
*Julia Fontes**

1. Introdução

De acordo com o World Economic Survey, o principal problema de ordem econômica nos países da América Latina é a sua reduzida competitividade. Pelos resultados do Global Competitiveness Report (GCR) de 2013-14, divulgado pelo Fórum Econômico Mundial, porém, a posição brasileira não parece tão alarmante: o país é a 56ª economia mais competitiva entre os 148 países analisados, uma posição consistente com sua renda *per capita*, a 55ª maior da amostra do GCR.

Já em relação à qualidade da infraestrutura brasileira e à sua contribuição para a competitividade do país, o quadro é bem distinto. O país ocupa a 114ª melhor — ou a 34ª pior — posição no que respeita à qualidade da infraestrutura brasileira. Nesse quesito, o Brasil aparece atrás de todos os demais países dos Brics; de alguns países da América Latina, incluindo México e Chile; dos asiáticos Indonésia e Tailândia; e de africanos como Uganda e Etiópia. Segundo o GCR, depois da regulação tributária, a inadequação da oferta de infraestrutura é o fator mais problemático no ambiente de negócios do país.

A má avaliação da infraestrutura e a percepção de que sua quantidade e qualidade estão aquém do razoável para uma economia com o nível de desenvolvimento da nossa também aparecem em pesquisas domésticas. Estudo divulgado pela Fundação Dom Cabral (FDC), com o objetivo de mapear

---

* Coordenador e pesquisadora da área de Economia Aplicada do Instituto Brasileiro de Economia da Fundação Getulio Vargas (FGV/IBRE), respectivamente. Os autores agradecem à assistência de pesquisa de Daniel Duque.

e avaliar a importância para o setor privado das obras de infraestrutura realizadas no Brasil, apontou que, dentre cinco elementos em que as empresas apresentavam nível mais alto de dependência, três eram relacionados à infraestrutura:[1] 90% das empresas declararam ser altamente dependentes do acesso à internet, 82%, da energia elétrica, e 78%, de rodovias.

Além do alto nível de importância desse setor para as empresas, o transporte terrestre, o uso de energia e a transmissão de dados também aparecem como os principais componentes de custos, atrás apenas dos custos de empregar mão de obra especializada: 59%, 50% e 42%, respectivamente. A tabela 1 revela que a insatisfação com a oferta de infraestrutura no Brasil é significativa, em especial em relação a aeroportos (70%), rodovias (67%) e portos (51%).

Tabela 1
Grau de insatisfação das empresas com relação à oferta de infraestrutura

Aeroportos	70%
Rodovias	67%
Portos	51%
Ferrovias	47%
Transmissão de dados	32%
Telefonia	29%
Energia	26%

Fonte: FDC.

Tanto os dados do GCR como os da FDC mostram a importância da infraestrutura para a competitividade das empresas brasileiras, ao mesmo tempo que evidenciam a necessidade de ampliar a oferta desses serviços e melhorar sua qualidade. Dada essa necessidade de dar respostas aos problemas na infraestrutura, o governo Lula retomou as privatizações nesse setor, iniciadas na década de 1990, focando as rodovias federais. Além disso, lançou, em 2007, o Programa de Aceleração do Crescimento (PAC), cujo foco principal era o investimento em infraestrutura.

---

1. O estudo da FDC foi realizado com 259 empresas que, juntas, apresentavam faturamento equivalente a mais de 30% do PIB brasileiro. A amostra é composta por empresas de diversos setores e regiões do país, das quais 45% pertencem à "Indústria de Transformação" e 62% estão localizadas no Sudeste.

Essas iniciativas aumentaram as inversões no setor em 55%, entre 2007 e 2008, em termos nominais.[2] Em que pese a significância dessa alta, ela foi insuficiente para suprimir as lacunas que o país apresenta nessa área, ou mesmo para mudar substancialmente a perspectiva de que isso venha a ocorrer no médio prazo. Além de o país investir pouco em infraestrutura (cerca de 2% do PIB nas últimas décadas), as obras atuais apresentam uma série de entraves que acabam por atrasar sua entrega — isto quando não são totalmente paralisadas ou suspensas. O problema de execução dos projetos não é apenas administrativo, mas também de ordem burocrática e regulatória, o que acaba por comprometer o andamento e a qualidade das obras.

Neste capítulo, mostramos onde o Brasil se encontra e os esforços que tem feito nos últimos anos para ampliar a oferta e melhorar a qualidade da sua infraestrutura. Para tanto, na seção 2 aprofundamos a comparação internacional iniciada anteriormente para verificar em que grau e em que dimensão nossa oferta de infraestrutura está de acordo com nossos indicadores de renda e competitividade. Em seguida, analisamos de que forma se desenvolveu a infraestrutura do país, a fim de examinar suas perspectivas atuais e os esforços que estão sendo feitos pelos últimos governos para solucionar os gargalos nessa área. A seção 4 conclui e observa que o caminho ainda é longo para atingirmos um nível adequado de investimento em infraestrutura no Brasil.

2. Infraestrutura: Brasil *versus* mundo

As deficiências da infraestrutura brasileira são amplamente conhecidas. No entanto, antes de avaliar como chegamos à situação atual e quais as perspectivas de mudança, é interessante comparar-nos com outras economias semelhantes, pois isso permite controlar para o nível de renda do país, que influi na sua qualidade da infraestrutura.

Já observamos que o Brasil ocupa a 114ª posição dentre os 148 países analisados no GCR 2013 no quesito qualidade geral da infraestrutura, bem atrás da sua colocação no índice geral de competitividade do GCR (56ª) e em termos de renda *per capita* (55ª). O desempenho setorial, no entanto, não é uniforme (tabela 2). Com relação à oferta de eletricidade, de telefonia e de

---

2. Os investimentos em infraestrutura em 2007 foram de R$ 48,2 bilhões e em 2008 de R$ 75 bilhões (Frischtak e Davies, 2013).

internet, o Brasil aparece relativamente bem colocado, acima da mediana da amostra (74).

Já no que diz respeito à qualidade da infraestrutura de transportes, porém, o desempenho do Brasil fica bem aquém do que se poderia esperar de um país com seu nível de renda. Com melhor classificação dentre os modais de logística, as ferrovias do país ocupam a 103ª posição. As estradas brasileiras — segundo melhor modal do país em termos de qualidade — aparecem na 120ª colocação. A qualidade dos portos, por sua vez, é ainda mais preocupante: o país aparece na 131ª colocação, ou seja, é a economia que oferece a 17ª pior infraestrutura portuária da amostra. Esse resultado é alarmante não só porque se distancia muito da colocação geral de competitividade do país, mas também devido à proporção continental e ao tamanho da costa do país. Igualmente ruim é a qualidade dos aeroportos brasileiros (123ª colocação).

A comparação com países semelhantes em termos de nível de renda e características geográficas também não mostra um quadro favorável. Em todos os modais de transporte, o Brasil fica atrás de todos os demais Brics[3] e da média da América Latina, em termos de qualidade ofertada, como pode ser visto na tabela 2. Controlando pelo nível de renda *per capita* desses países, o Brasil oferece uma infraestrutura aquém do seu potencial, o que compromete a sua competitividade.

De acordo com estudo da Fiesp (2013),[4] o desempenho da infraestrutura de transportes no Brasil em 2010 correspondia a 33% do *benchmark* internacional, ou seja, o país precisaria triplicar seu índice de desempenho para se equiparar aos competidores internacionais (gráfico 1).[5] Não bastasse a fotografia ser ruim, se olharmos para esse índice ao longo da década de 2000, o que se observa é uma tendência de queda. O país está se distanciando dos padrões de desempenho de infraestrutura de transportes, a despeito do crescimento da sua renda *per capita*.

Outros indicadores da infraestrutura de transporte confirmam o atraso brasileiro com relação a outros países emergentes e desenvolvidos. Observando os indicadores de rodovias, principal modal do país em termos de quantidade de carga e passageiros transportados, o Brasil dispunha em 2010 de

---

3. Exceto em rodovias, em que a Rússia aparece na 136ª colocação.
4. A metodologia do estudo está detalhada no anexo.
5. O chamado Índice de Desempenho Comparado da Infraestrutura de Transportes (IDT) da Fiesp considera dados de todos os modais — rodovias, ferrovias, portos, aeroportos e hidrovias.

Tabela 2
Qualidade da infraestrutura em países selecionados — 2013

Países Selecionados		Geral	Rodovias	Ferrovias	Portos	Transporte Aéreo	Oferta de Eletricidade	Celulares/100 hab.	Telefones/100 hab.	Uso Individual da Internet	Usuários de Banda Larga/100 hab.
	Brasil	114	120	103	131	123	76	45	52	65	64
América Latina	Argentina	120	103	106	99	111	116	26	48	54	57
	Chile	45	27	65	32	46	65	30	64	45	51
	Colômbia	117	130	113	110	96	63	87	84	66	67
	México	66	51	60	62	64	81	112	71	85	56
	Peru	101	98	102	93	85	73	93	87	86	82
	Uruguai	88	88	117	50	81	43	23	39	56	40
Outros Emergentes	África do Sul	63	41	48	51	11	101	34	100	81	98
	China	74	54	20	59	65	67	116	58	78	49
	Índia	85	84	19	70	61	111	123	118	120	106
	Rússia	93	136	31	88	102	83	6	38	62	46

Fonte: World Economic Forum (2013).

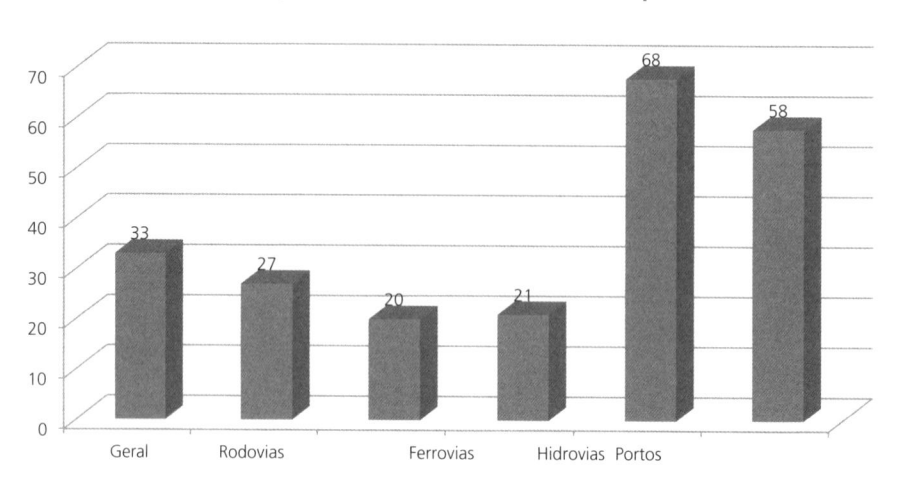

Gráfico 1
Índice de desempenho da infraestrutura de transportes — 2010

	Geral	Rodovias	Ferrovias	Hidrovias	Portos
	33	27	20	21	68	58

Fonte: Fiesp (2013).

2,53 km de rodovias por 10 mil habitantes,[6] enquanto o *benchmark* internacional era de 4,78 km de rodovias/10 mil hab. Ou seja, o indicador para o Brasil era de pouco mais da metade do padrão. Com relação ao percentual de rodovias pavimentadas, o país está 80% abaixo do *benchmark*: do 1,6 milhão de quilômetros de estradas, apenas 13% eram pavimentadas em 2009 (Giambiagi e Pinheiro, 2012).

Além desse baixo percentual, a idade das rodovias também se reflete na qualidade da pavimentação. Estudo realizado pela Confederação Nacional do Transporte (CNT) mostra que, dos 91 mil quilômetros pesquisados em 2010, apenas 15% foram considerados muito bons e 26% bons.[7] Somando-se ao fato de que muitos trechos rodoviários estão cercados por aglomerados populacionais, também reflexo do tempo passado desde a sua construção, a defasagem tecnológica e a má conservação reduzem a velocidade média e, portanto, a capacidade da rede rodoviária.

As ferrovias brasileiras, apesar de se adequarem aos padrões internacionais em termos de utilização (quantidade de carga transportada/km), ofereciam

---

6. O estudo da Fiesp quantifica quilômetros de rodovias por 10 mil habitantes nas 50 maiores regiões metropolitanas.
7. Embora representem apenas 16% das rodovias pesquisadas, as estradas operadas por concessionárias privadas respondem por 20% das de boa qualidade e 59% das muito boas.

apenas 0,61 quilômetro de malha por 10 mil habitantes em 2010. O benchmark é de 3,67 km/10 mil hab., ou seja, seis vezes mais extenso. O processo de privatização pelo qual as ferrovias passaram na década de 1990 contribuiu para aumentar os investimentos no modal; no entanto, em que pese esse aumento, o setor ferroviário sofre com uma série de problemas que reduzem a velocidade média dos trens e, por conseguinte, sua capacidade de transporte.

De acordo com a associação de concessionárias privadas, ANTF, no Brasil a maioria dos trens viaja a velocidades entre 5 e 20 km/h. Vários fatores contribuem para isso: os gargalos no acesso aos portos principais e, dentro destes, as pequenas áreas disponíveis para a descarga dos trens, o que exige longos períodos para entrar e sair dos portos; as inúmeras passagens de nível, em que as vias férreas cruzam ruas e estradas; a invasão por posseiros de áreas em torno das vias férreas e, principalmente, do acesso aos portos, de forma que há muitas famílias vivendo ao lado dos trilhos, com risco significativo para as suas vidas, entre outros. Ademais, o desenho curvilíneo das linhas, desenhadas há muito tempo, ajuda a conter a velocidade atingida pelos trens. Esses entraves, se eliminados, permitiriam aos trens andar a 80 km/h, segundo estimativa da ANTF.

O transporte hidroviário brasileiro, a despeito do seu enorme potencial, está 74% abaixo do *benchmark* internacional em termos de oferta: temos 0,50 quilômetro de hidrovia navegável por 10 mil habitantes, enquanto o padrão mundial é de 1,91 km/10 mil hab. Com relação ao preço do frete hidroviário, o indicador brasileiro é ainda pior: o custo de transporte por mil tonelada-quilômetro útil transportada é de US$ 47,25, contra o padrão internacional de US$ 7/mil TKU.

Os portos, principal via por que se desenvolve o comércio exterior do país, também não estão bem na foto internacional. A distância aos portos internacionais favorece o Brasil. No entanto, o modal perde competitividade quando se observa o custo operacional de exportação por contêiner e o percentual de conteinerização da carga geral. Em especial, o grande aumento nos últimos anos da quantidade de carga movimentada nos portos intensificou os congestionamentos nos terminais, que se refletem no atraso dos embarques e desembarques. Os elevados custos de se chegar até os portos também não ajudam. Em 2010, o custo médio para se levar um contêiner de uma região metropolitana até o porto doméstico de destino era de US$ 1.790, quase três vezes o custo-padrão internacional (US$ 621). Vale dizer, os entraves que reduzem a efetividade das estradas brasileiras cobram um alto preço na medida em que encareçam a carga que chega até os portos.

Os aeroportos brasileiros estão relativamente bem, em termos de proximidade das regiões metropolitanas (94%) e da pontualidade dos voos (85%), se comparados com o padrão internacional calculado pela Fiesp. Porém, o número médio de pousos e decolagens por hora está 60% abaixo dos respectivos padrões globais, resultado da baixa capacidade operacional dos aeroportos brasileiros. O forte aumento na movimentação de passageiros nos principais aeroportos do país também contribuiu para ampliar o hiato entre oferta e demanda do setor. Em 2010, os três aeroportos que mais movimentavam passageiros apresentaram taxa de ocupação de 141% (Brasília), 130% (Guarulhos) e 129% (Congonhas).[8] Dado que o limite de eficiência operacional é de 80% da capacidade, fica evidente a necessidade de maiores investimentos para atender à crescente demanda por serviços aeroportuários.

O baixo desempenho do país em termos dos seus indicadores de infraestrutura, sobretudo de transporte, resulta da combinação de três fatores: o forte aumento da demanda por serviços de infraestrutura observado na última década, a idade das instalações e o baixo investimento realizado nesse setor nos últimos 30 anos.

Em relação a este último ponto, constata-se que há três décadas o país investe pouco mais de 2% do PIB em infraestrutura ao ano. Observando outros países latino-americanos e alguns emergentes, fica evidente a distância do Brasil em termos de volume de investimento. A China, por exemplo, investiu nada menos do que 13% do seu PIB em infraestrutura em 2010. Na América Latina, apesar de os países investirem menos do que os emergentes asiáticos, o Brasil ainda se destaca por seu fraco desempenho: fica atrás de países como Chile, Colômbia e Peru, por exemplo, que investiram anualmente 5%, 3% e 4% dos seus respectivos PIBs no período de 2008 a 2011 (tabela 3).

A baixa taxa de investimento em infraestrutura brasileira se reflete no valor do estoque de capital físico brasileiro. O estoque de capital aplicado em infraestrutura do país equivale a apenas 16% do seu PIB, muito abaixo do observado em outros emergentes, como Índia, China e África do Sul, em que essa razão monta a 58%, 76% e 87%, respectivamente (gráfico 2). Note-se que o baixo valor desse indicador para o caso brasileiro resulta não apenas do

---

8. Campos Neto e Souza (2011).

Tabela 3
Investimento em infraestrutura (%PIB) — países selecionados

País	Anos de referência	% PIB
Brasil	2010-2012	2,24
Chile	2008-2011	5,1
Colômbia	2008-2011	3,23
Peru	2008-2011	4,22
China	2010	13,4
Índia	2010	4,8
Filipinas	2009	3,7
Tailândia	2009	15,6
Vietnã	2009	10,3

Fonte: Frischtak e Davies (2013).

Gráfico 2
Valor do estoque de infraestrutura (%PIB) — países selecionados

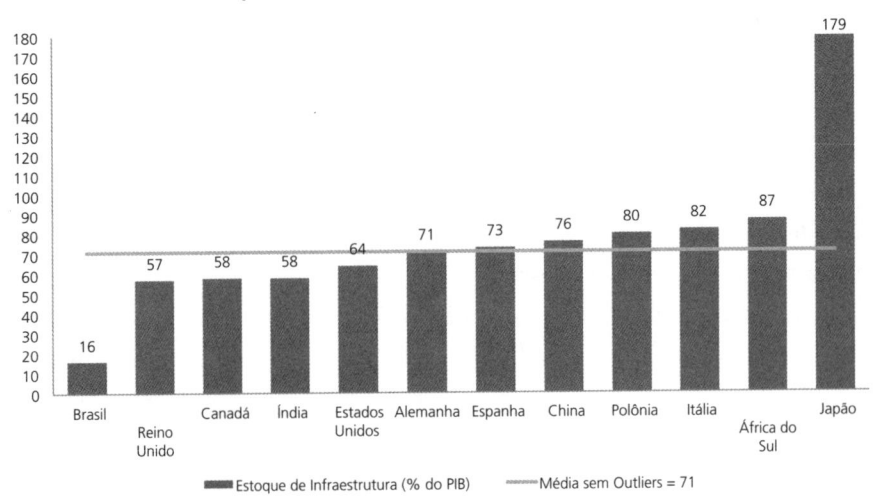

País	Estoque (% PIB)
Brasil	16
Reino Unido	57
Canadá	58
Índia	58
Estados Unidos	64
Alemanha	71
Espanha	73
China	76
Polônia	80
Itália	82
África do Sul	87
Japão	179

Média sem Outliers = 71

Fonte: McKinsey Global Institute (2013).

atual baixo nível de investimento em infraestrutura, mas também de a atual qualidade da infraestrutura ser tão ruim, fruto de o pico de investimentos no setor ter ocorrido tão remotamente no passado.

Portanto, a análise comparada de nossos indicadores nos permite concluir que o Brasil se encontra em uma situação ruim em termos da quantidade e qualidade de sua infraestrutura, notadamente em relação aos modais de transporte. Algumas perguntas se colocam sobre isso: por que o país investe tão pouco em infraestrutura, abaixo do seu potencial e apesar da elevada demanda existente por esses serviços? Quais são as estratégias atuais adotadas para compensar esse hiato entre demanda e oferta? A seção seguinte se propõe a analisar essas questões.

3. Para onde vai o investimento em infraestrutura no Brasil?

3.1 O desenvolvimento da infraestrutura no Brasil

Ao longo das últimas décadas, o investimento em infraestrutura variou bastante no Brasil, quando medido como percentual do PIB. Da mesma forma, a resposta dada aos problemas de oferta de infraestrutura ficou menos condicionada às urgências de demanda e mais dependente das políticas de governo. Como resultado disso, o papel relativo atribuído aos setores público e privado na busca de uma solução para as carências de infraestrutura também oscilou consideravelmente, refletindo as inclinações ideológicas que imperaram a cada momento no país.

Pode-se dizer que o desenvolvimento da infraestrutura no Brasil se deu em quatro estágios. Iniciando-se no século XIX e durando até meados do século XX, o primeiro estágio é marcado por investimentos privados — sobretudo, estrangeiros. Estes dominaram o setor nesse período devido à ausência de capital e tecnologia domésticos suficientes para que empresas locais ou o governo pudessem estabelecer e desenvolver setores como ferrovias, eletricidade e telecomunicações. O capital estrangeiro foi atraído pelas altas taxas de retorno garantidas pelo governo à época, concentrando-se nas grandes cidades do país. A exceção à dominância estrangeira na infraestrutura nessa fase inicial ficou por conta dos portos, cujas concessões ficaram a cargo de operadores do setor privado brasileiro.

O segundo estágio é marcado pela nacionalização e pelos grandes estímulos a investimentos públicos em infraestrutura, característica marcante do governo de Juscelino Kubitschek, na década de 1950, política que durou até o início da década de 1980.[9] O cenário macroeconômico instável e o ambiente

---

9. Os períodos que observaram maior investimento público em infraestrutura foram justamente o governo de Kubitschek (1956-61) e a década de 1970.

regulatório precário contribuíram para a perda de interesse do capital privado em investir em infraestrutura no país. Em especial, as altas taxas de inflação, combinadas com baixas correções tarifárias, reduziram a taxa de retorno e comprometeram os investimentos privados em infraestrutura no Brasil. Em contrapartida, o elevado nível da poupança pública permitiu a ampliação da participação do setor público nos investimentos. Com o tempo, avançou-se na direção da nacionalização das operações estrangeiras.

A forma como o Estado participou da infraestrutura não foi, no entanto, uniforme: em especial, os arranjos entre os governos federal e estaduais variavam de acordo com os setores. Os serviços de telecomunicação, assim como os portos e as ferrovias (com exceção das ferrovias do estado de São Paulo), por exemplo, estavam sob o controle federal. A distribuição de água e o saneamento básico ficaram a cargo dos estados e municípios. As rodovias podiam ser federais, estaduais ou municipais, de acordo com a jurisdição a qual cruzavam. Da mesma forma, a geração e distribuição de eletricidade também apresentavam um caráter híbrido, com participação federal e estadual.[10]

Após os grandes esforços públicos nas décadas de 1950 a 1970 para desenvolver a infraestrutura no país, a década de 1980 foi marcada por uma queda nos investimentos, na esteira da deterioração das contas públicas com a crise da dívida externa e a forte contração fiscal que a seguiu, que afetou desproporcionalmente os investimentos públicos, inclusive de estatais. A elevada inflação, não acompanhada por ajustes tarifários, comprometeu a saúde financeira das grandes estatais, que respondiam por grande parte do investimento em infraestrutura no país. Data dessa época também o fim dos fundos setoriais voltados para a infraestrutura, por meio dos quais algumas receitas eram vinculadas a esse tipo de investimento. O colapso dos investimentos públicos nos anos 1980 marca o início do processo de deterioração da infraestrutura e do terceiro estágio de desenvolvimento da mesma no país.

A privatização passou então a ser vista como saída para outra vez atrair a *expertise* e capitais privados de forma a resolver os problemas de infraestrutura que o país enfrentava, com investimento e qualidade dos serviços em declínio. A década de 1990 assinala o início do chamado estágio IV de desenvolvimento da infraestrutura brasileira, o qual dura até os dias atuais. Esse tem

---

10. Apesar de os investimentos não serem centralizados, a poupança e as receitas tributárias eram controladas pelo governo federal, o que garantia grande influência federal nas operações de infraestrutura estaduais e municipais.

sido marcado pelas privatizações e pela entrada do capital privado nacional e estrangeiro para liderar os investimentos e as operações no setor. Além de solução para ampliar os investimentos, as privatizações também são vistas como uma forma de reduzir a influência política na gestão das estatais e de aumentar a eficiência das empresas do setor.

Quadro 1
Privatizações a partir da década de 1990 — perfil setorial

Telecomunicações	Totalmente privatizadas
Ferrovias	Totalmente privatizadas, exceto trens metropolitanos de passageiros em algumas capitais
Eletricidade	Maior parte da distribuição e parte minoritária da geração privatizadas
Rodovias	Principais rodovias privatizadas pelos governos federal e estadual, mas maior parte da malha ainda em mãos do setor público
Portos	Maioria das operações privatizada
Aeroportos	Privatização dos principais aeroportos a partir de 2012
Água e saneamento	Operações privadas em algumas cidades médias, mas grande maioria do setor ainda com empresas ou autarquias públicas

Fonte: Elaboração própria.

De certa forma, todos os setores de infraestrutura experimentaram algum grau de privatização a partir de meados da década de 1990. No entanto, não só o grau de privatização, mas também seu impacto em termos de novos investimentos não foi uniforme entre os setores. O setor de telecom, totalmente privatizado em 1998, é o caso mais notório de sucesso. Dentre os setores de infraestrutura, o de telecomunicações foi o único que manteve uma taxa de investimento estável nas últimas décadas, graças à sua privatização. Excluindo esse setor, a taxa de investimento de infraestrutura no Brasil caiu de 4,6% do PIB (na década de 1970) para 1,7% do PIB na primeira década deste século, ou seja, uma redução de quase dois terços (tabela 4).

Tabela 4
Histórico de investimento em infraestrutura no Brasil (% PIB)

Período	1971-80	1981-89	1990-2000	2001-10	2011-12
Total (% PIB)	5,42	3,62	2,29	2,32	2,21
Eletricidade	2,13	1,47	0,76	0,67	0,59
Telecom	0,80	0,43	0,73	0,65	0,53
Transporte	2,03	1,48	0,63	0,71	0,91
Água e Saneamento	0,46	0,24	0,15	0,29	0,18

Fonte: Giambiagi e Pinheiro (2012) e Frischtak e Davies (2013).

O investimento nos demais setores caiu significativamente desde a década de 1970, a despeito das privatizações. O setor elétrico apresentou a maior queda nas últimas décadas. Com a Eletrobras mantendo seu protagonismo, mudanças regulatórias aumentaram a incerteza e inibiram os investimentos privados. Um quadro semelhante se estabeleceu no setor de água e saneamento, ainda dominado por empresas estaduais, poucas das quais têm capacidade de ampliar a cobertura e melhorar de forma substancial a qualidade dos serviços (Frischtak e Davies, 2013).

A privatização também não foi capaz de remover os gargalos existentes nos setores de transporte. O investimento privado em rodovias e ferrovias ficou concentrado na reabilitação, conservação e melhoramentos de vias já existentes, com poucos projetos de *greenfield*. Os portos, apesar de despertarem o interesse do investidor privado para projetos de *greenfield*, apresentavam conflitos regulatórios nos terminais existentes, gerando insegurança e limitando o investimento. O setor aeroviário, por sua vez, praticamente desconhecia a privatização até a década de 2010.

A discreta contribuição das privatizações para alavancar os investimentos em infraestrutura a partir da década de 1990 não foi compensada por uma ampliação dessas inversões por parte do setor público. O resultado disso foi uma queda significativa dos investimentos em infraestrutura no período 1970-2010, como pôde ser visto na tabela 4.

Na primeira década deste século, a estratégia para lidar com os gargalos na infraestrutura mudou significativamente. Enquanto no governo FHC (1995-2002) a estratégia consistia em tentar atrair a iniciativa privada para investir no setor, no primeiro governo Lula (2003-06) não só se sustou a privatização, como se perdeu o interesse em atrair o investimento privado para a infraestrutura. Pelo contrário, o governo Lula enfraqueceu as agências reguladoras e aumentou a discricionariedade na regulação dos setores de infraestrutura.

É sintomático, nesse sentido, que a Lei das PPPs (Lei nº 11.079), aprovada em 2004 como alternativa à privatização, jamais tenha sido usada pelo governo federal. O governo Lula apostou, ao contrário, no aumento do investimento público para alavancar a infraestrutura no país. Contudo, essa estratégia não vingou — tanto pela incapacidade dos órgãos públicos de gastar recursos disponíveis como pelas recorrentes paralisações, resultantes de problemas de gestão e em alguns casos de escândalos de corrupção. O resultado foi o que se poderia esperar: os investimentos em infraestrutura continuaram baixos e a qualidade do estoque de capital físico seguiu piorando.

3.2 O PAC como estratégia de investimento

Diante do cenário de baixo investimento e visando a impulsionar o crescimento da economia, o segundo governo Lula (2007-10) lançou o Programa de Aceleração do Crescimento (PAC). O Programa era, claramente, uma estratégia voltada para atacar as carências na infraestrutura brasileira, com projetos voltados para saneamento, energia, rodovias, ferrovias, portos, hidrovias e aeroportos. Prevendo investimentos de mais de R$ 500 bilhões de 2007 a 2010, o Programa tinha como fontes de financiamento os recursos da União, capitais de investimentos de empresas estatais e investimentos privados.

Ademais, em 2009 o governo anunciou um aporte de mais de R$ 140 bilhões para as obras do PAC, como uma tentativa de minimizar os impactos da crise econômica que acometeu os mercados mundiais. De fato, é possível observar que o PAC acumulou a função de propulsor da demanda agregada, além de ser instrumento de ampliação da taxa de investimento.

Em 2011 o governo Dilma lançou a segunda fase do programa. O PAC 2, com os mesmos objetivos do anterior, inicialmente previa investimentos da ordem de R$ 955 bilhões entre os anos de 2011 e 2014.

Cabe observar que os gastos com o PAC não podem ser contingenciados, o que garante certa previsibilidade orçamentária aos seus projetos. Além disso, a criação da Lei nº 12.462/11 instituiu uma nova modalidade de licitação: o Regime Diferenciado de Contratações (RDC), a fim de ampliar a eficiência nas contratações públicas — o que facilitou a contratação dos projetos do PAC junto às empreiteiras. Esses dois pontos acabaram por gerar uma priorização para os investimentos públicos em infraestrutura.

Como resultado dos projetos do PAC, os investimentos em infraestrutura saltaram de 1,8% do PIB em 2007 para 2,5% em 2008. A média dessas inversões subiu para 2,3% a.a. no período 2008-12, enquanto de 2001 a 2007 foi de 2,1% a.a., representando um aumento médio de 11% no período (gráfico 3). Esses investimentos foram concentrados nos modais de transportes, sobretudo, em rodovias, como pode ser visto no gráfico 4. A taxa anual de investimento em infraestrutura de transportes como percentual do PIB saltou

Gráfico 3
Investimento em infraestrutura no Brasil (% PIB), 2001-12

Fonte: Frischtak e Davies (2013).

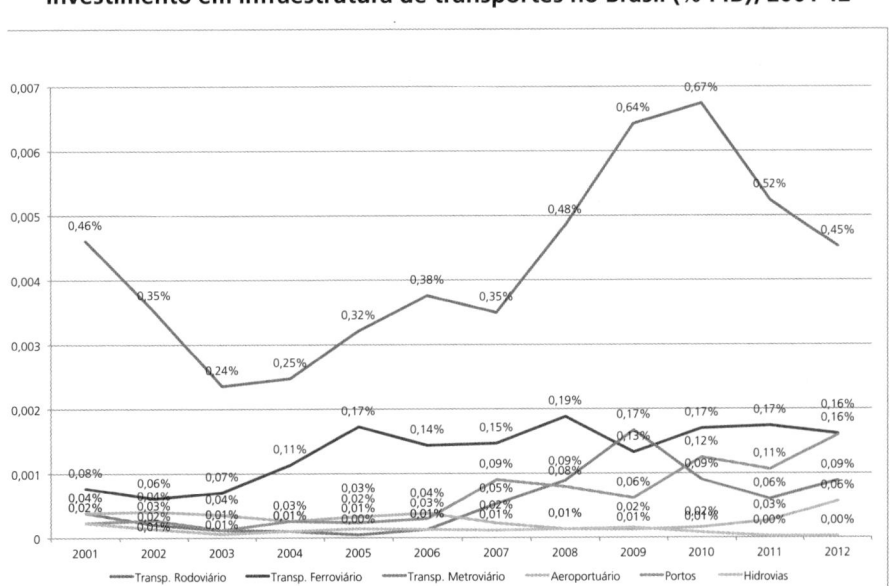

Gráfico 4
Investimento em infraestrutura de transportes no Brasil (% PIB), 2001-12

Fonte: Frischtak e Davies (2013).

de 0,55%, no período 2001-07, para uma média de 0,96%, entre 2008 e 2012. O investimento em rodovias respondeu por cerca de 60% dessas taxas dentre os modais considerados.

O salto nos investimentos em infraestrutura devido aos projetos do PAC, no entanto, não aumentou a oferta dos serviços nem a sua qualidade. Diversos são os fatores que contribuem para o modesto impacto do Programa sobre os indicadores de infraestrutura do país.

Primeiramente, o impacto do PAC sobre a taxa de investimento em infraestrutura ficou muito aquém do necessário. Apesar de ter aumentado, principalmente no primeiro ano do programa, a média anual desses investimentos segue no patamar de 2% do PIB, muito abaixo da média de países da América Latina, outros emergentes e mesmo países desenvolvidos. De acordo com Frischtak (2012), o Brasil apresenta um hiato de 2% a 3% do PIB nesse tipo de inversão. Apenas para manter o estoque de capital físico, o país precisaria investir o equivalente a 3% do seu PIB. Para alcançar países como Coreia do Sul e China, por exemplo, seria necessário mais: um investimento de 4% a 6% do PIB durante 20 anos. Em particular, se analisarmos os investimentos em rodovias — principal modal logístico do país —, Campos Neto e Souza (2011) identificam a necessidade de desembolsar recursos da ordem de 5% do PIB, enquanto o PAC prevê investimentos de apenas 0,23% a.a. do PIB no setor. Ou seja, se nada mudasse, nem houvesse depreciação, seriam necessárias duas décadas para resolver os principais gargalos rodoviários no país.

Segundo, o Programa é um claro exemplo da falta de estratégia do governo, pois não foca solucionar gargalos, mas investe, sobretudo, em novas obras. Ademais, os projetos do PAC apresentam graves problemas de planejamento e execução. A má formulação de projetos executivos e as falhas de gestão geram custos elevados e atrasos na entrega das obras, além da suspensão de contratos.

As obras de saneamento refletem bem as deficiências do Programa e seus impactos em termos de custo e entrega. O relatório *De olho no PAC*,[11] do Instituto Trata Brasil, avaliou 138 obras de saneamento constantes do PAC no

---

11. O relatório *De olho no PAC* é um monitoramento feito pelo Instituto Trata Brasil nas principais obras de esgoto do PAC, nos maiores municípios do país. A última versão do estudo, de maio de 2013, mostra os avanços até dezembro de 2012 na execução de 138 obras de esgoto, sendo 112 obras pertencentes ao PAC 1 e 26 ao PAC 2. As obras contempladas na amostra somam R$ 6 bilhões em investimentos, sendo R$ 4,2 bilhões referentes às obras do PAC 1 e R$ 1,8 bilhão, às do PAC 2.

período de 2009 a 2012. No estudo, 97 obras foram identificadas como atrasadas, paralisadas ou não iniciadas, isto é, 70% da amostra. Além disso, algumas obras já concluídas apresentavam pendências para encerramento dos contratos.

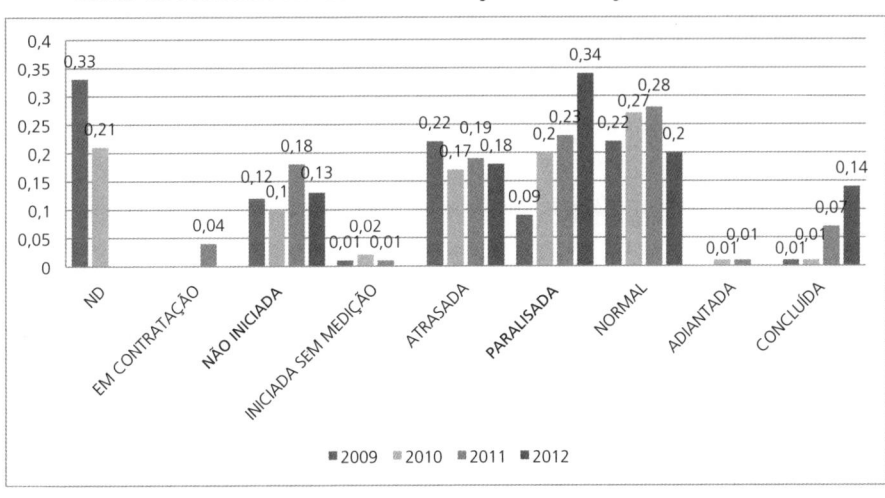

Gráfico 5
Obras de saneamento do PAC: evolução da situação de 2009 a 2012

Categoria	2009	2010	2011	2012
ND	0,33	0,21		
EM CONTRATAÇÃO				0,04
NÃO INICIADA	0,12	0,1	0,13	0,18
INICIADA SEM MEDIÇÃO	0,01	0,02	0,01	
ATRASADA	0,22	0,17	0,19	0,18
PARALISADA	0,09	0,2	0,23	0,22
NORMAL	0,22	0,27	0,34	0,28
ADIANTADA	0,01	0,01		0,2
CONCLUÍDA		0,01	0,07	0,14

Fonte: Instituto Trata Brasil.

Os principais determinantes dos atrasos e das paralisações das obras de saneamento do PAC, de acordo com o relatório *De olho no PAC*, são:
- Atrasos nos processos de licitação (incluindo casos em que não há apresentação de propostas e casos em que as empresas entram com recursos questionando os processos);
- Atrasos na obtenção de licenças de órgãos ambientais;
- Necessidade de reprogramação de contratos de financiamento com etapa adicional para análise na Caixa Econômica Federal (CEF), aprovação de prorrogações dos prazos e ampliação de escopo;
- Obras dependendo de infraestrutura a serem feitas por outras secretarias de governo;
- Obras aguardando remoção de imóveis irregulares ou outras ações pelas prefeituras;
- Rescisões contratuais com empreiteiras, interrompendo execução, devidas a problemas diversos.

Além de haver problemas com o cumprimento dos prazos de entrega, o trabalho mostra que não houve planejamento nas cidades para receber os recursos do Programa. É interessante observar que essa falta de integração entre elos da cadeia de infraestrutura é um problema recorrente que diminui em muito o impacto dos investimentos sobre a oferta de serviços. Há obras de pontes sem acessos ao solo (Porto Velho), geradoras elétricas desconectadas do sistema elétrico por falta de linhas de transmissão (geradoras eólicas) e aeroportos sem vias urbanas que os liguem às cidades (São Gabriel da Cachoeira), para ficar nos exemplos mais conhecidos.

Os problemas com atraso de obras também não são exclusivos das obras de saneamento. De acordo com o próprio acompanhamento do governo das obras do PAC 1 e PAC 2, por meio das publicações dos chamados Balanços do PAC, grande parte das obras contempladas no Programa apresenta problemas de não conclusão no prazo.

Com o objetivo de levar água para cerca de 400 municípios dos estados de Pernambuco, Ceará, Rio Grande do Norte e Paraíba, a transposição do Rio São Francisco — considerada uma das mais importantes obras do PAC e custeada integralmente com recursos do governo federal — estava prevista para ser concluída em dezembro de 2012. Entretanto, em maio de 2013, apenas 43% das obras estavam concluídas e a previsão atualizada de conclusão era dezembro de 2015, ou seja, dois anos de atraso na entrega, na ausência de outros contratempos.

Os fatores que contribuíram para os atrasos da transposição do São Francisco são diversos: a suspensão da contratação de empresas para a execução e o acompanhamento de programas ambientais, devido a indícios de sobrepreço; pendências fundiárias e de ordem ambiental; e diversos outros, de caráter burocrático e/ou estratégico, como a incoerência entre o projeto básico usado na licitação e o executivo.

A obra, que pretende disponibilizar água com segurança hídrica e possibilitar o desenvolvimento sustentável para cerca de 12 milhões de habitantes nos estados envolvidos, além dos atrasos, apresentou um salto no orçamento de R$ 4,5 bilhões (previstos no lançamento do programa) para R$ 8,2 bilhões em 2013.

Outro projeto que chama atenção pelo seu estágio atrasado é o de modernização e expansão do aeroporto de Vitória, no Espírito Santo. Operando com a maior taxa de sobreocupação[12] entre os 20 principais aeroportos do país, o governo lançou o projeto de melhoria do aeroporto em 2004, sob responsabilidade da Infraero. O projeto incluía a construção de uma nova pista de pouso e decolagem no mesmo terreno do atual aeroporto. Somando-se as demais intervenções, como o terminal de passageiros e pátio de aeronaves, o contrato original alcançava R$ 337 milhões.

Com as obras iniciadas em 2005 e com conclusão prevista para 2008, o projeto que envolvia o aeroporto de Vitória foi incluído no lançamento do PAC, em 2007. Dele constava a construção de um novo terminal de passageiros, um novo terminal de logística de cargas, uma torre de controle, uma central de utilidades, um edifício do corpo de bombeiros e um sistema de pista 01/19, com previsão de conclusão em dezembro de 2008. O valor total previsto para o projeto, de acordo com o primeiro balanço do PAC, em 2007, era de R$ 434 milhões, aos quais se somaram R$ 55 milhões relativos ao terminal de logística de cargas.

Depois de uma taxa razoável de execução do orçamento em 2005-06, os investimentos da expansão e modernização do Aeroporto de Vitória virtualmente pararam. As obras no aeroporto foram interrompidas devido a divergências entre o TCU e o consórcio: o Tribunal constatou irregularidades e queria reduzir o orçamento — em especial, o custo de certos equipamentos —, mas o consórcio não aceitou a redução. Em especial, o TCU argumentou que havia sobrepreço de R$ 44 milhões no contrato e determinou que a Infraero descontasse esse valor dos futuros pagamentos ao consórcio construtor. As empresas, porém, não aceitaram esse desconto e paralisaram totalmente a construção em 2008. Como não se chegou a um acordo, o contrato foi rescindido em 2009.[13] Mesmo até 2007, apenas 32% dos investimentos orçados foram realizados (Campos Neto e Souza, 2011).

---

12. Em 2012, trafegaram pelo aeroporto de Vitória 3,6 milhões de passageiros, mas a capacidade nominal do aeroporto era para receber 560 mil passageiros/ano. Ou seja, a taxa de ocupação do aeroporto em 2012 seria, em tese, de 542%, cerca de sete vezes acima daquela considerada ideal (80%). De acordo com metodologia desenvolvida por Campos Neto e Souza (2011), o aeroporto de Vitória se enquadra na categoria crítica — assim como os de Guarulhos, Congonhas e Viracopos, em São Paulo; o de Brasília; o de Goiânia, entre diversos outros —, isto é, opera com taxa de ocupação acima de 100%. Até o momento, o problema tem sido resolvido com a instalação de módulos operacionais provisórios ("puxadinhos"), que permitiram expandir a capacidade do terminal de passageiros para 3,3 milhões de passageiros por ano.
13. Depois, a Polícia Federal também encontrou indícios de superfaturamento, nas investigações da Operação Caixa Preta, enquanto o Ministério Público Federal ajuizou ação civil por ato de improbidade administrativa (*Valor*, 8 abr. 2013).

Em resumo, observa-se que, mesmo após seis anos do lançamento do PAC, muitas obras enfrentam entraves que impedem o andamento dos projetos, como: atrasos devido à baixa qualidade dos projetos básicos e executivos; problemas nas licitações; questões burocráticas, sobretudo no que diz respeito ao desembolso dos recursos; dificuldade e demora na obtenção de licenças ambientais; falta de coordenação entre as ações das três esferas de governo. Esses impedimentos acabaram por limitar a taxa de investimento em infraestrutura no país, apesar das intenções do governo.

3.3 Os recentes esforços para impulsionar a infraestrutura

Para lidar com o problema da baixa taxa de investimento em infraestrutura, o governo Dilma adotou um plano que contemplava as seguintes iniciativas:
- Avançar com a privatização, sobretudo nos segmentos de transporte;
- Fomentar o mercado de títulos privados de renda fixa de longo prazo; e
- Baixar a taxa de retorno obtida pelos concessionários privados.

Na esteira das privatizações ocorridas no início de 2012, o governo lançou em agosto do mesmo ano o Programa de Investimento em Logística (PIL), que previa novas concessões rodoviárias, ferroviárias, portuárias e aeroportuárias, demonstrando sustentação de sua estratégia de estimular a participação privada nos investimentos em infraestrutura. O objetivo do programa, cujo investimento total estimado é de R$ 242 bilhões, é de melhorar a integração logística entre os diversos modais de transporte mediante parcerias com o setor privado, de forma a trazer ganhos de competitividade ao país. O governo espera que pouco mais da metade desses investimentos seja direcionada para o modal ferroviário, com destaque para o Trem de Alta Velocidade (quadro 2). Portos e rodovias são, nesta ordem, os dois outros modais a receberem os maiores volumes de investimento. O PIL, a ser executado basicamente via concessões, também enfatiza a obrigação dos novos concessionários de realizarem a maioria desses investimentos nos primeiros anos da concessão.

A nova rodada de privatizações vai ao encontro de outra importante iniciativa em desenvolvimento nos últimos dois anos: o fomento ao mercado de títulos privados de renda fixa de longo prazo. Em especial, os incentivos tributários originalmente contidos na Lei nº 12.431/2011, que foram fortalecidos com as mudanças trazidas pela Lei nº 12.715/2012, buscam atrair o financia-

Quadro 2
Programa de Investimento em Logística (PIL) — principais metas

Modal	Principais metas[1]	Investimento total estimado (R$ bi)	Prazo da concessão (anos)	TIR alavancada (% a.a.)
Rodovias	Concessão de 7.500 km de rodovias para duplicação em cinco anos	42	30	≤ 15
Aeroportos	Concessão dos aeroportos do Galeão (RJ) e Confins (MG)	11,4		-
	Modernização de 270 aeroportos regionais	7,3		
Portos	Remodelação e arrendamento de 150 terminais portuários nos portos públicos	20,2	25	-
	Incentivo à instalação de terminais de uso privado fora dos portos públicos	30,6	25	
Ferrovias	Concessão de 10 mil km de ferrovias para construção em cinco anos	91,1	35	≤ 16
	Trem de alta velocidade (TAV)	35,6[2]	40	-

Fonte: Empresa de Planejamento e Logística.
[1] Ano de referência: 2013.
[2] Preços de dez. 2008.

mento estrangeiro para projetos privados de infraestrutura, eliminando vantagens tributárias de que gozavam os títulos públicos. Outras ações nessa área se voltam para dar liquidez e uma governança de qualidade para esses papéis, que também são condições para atrair o investidor estrangeiro de renda fixa privada. Já há operações realizadas ao amparo dessa legislação e outras em andamento.

Por fim, o governo vem tentando baixar a taxa de retorno obtida pelos concessionários privados. Vem fazendo isso por meio da concessão de crédito farto e barato pelo BNDES; pela assunção de alguns riscos, como no caso do papel que a Valec vai desempenhar no setor ferroviário; e simplesmente pressionando os operadores a reduzirem suas tarifas. O setor elétrico é um exemplo.

No entanto, apesar da boa vontade apresentada pela administração pública, as novas medidas do governo ainda estão longe de conseguir solucionar os gargalos que o país apresenta na infraestrutura. Em particular, o programa de concessões completou o primeiro ano de aniversário sem que nenhum leilão tivesse sido feito. Em agosto de 2013, o governo reviu algumas metas e valores para tornar as concessões mais factíveis. Problemas regulatórios, de licença ambiental e de falta de consenso entre empresas e governo quanto à taxa de retorno para os projetos são os principais entraves para essas concessões saírem do papel.

A título de ilustração, em agosto de 2013, o leilão do TAV — projeto que pretende ligar as cidades do Rio de Janeiro, São Paulo e Campinas por um trem de alta velocidade (TAV) — foi adiado pela terceira vez, por pelo menos um ano. Ou seja, o projeto não sairá até o fim do mandato da presidente Dilma Rousseff. A justificativa apresentada pelo governo para o adiamento é que havia apenas um consórcio interessado no projeto, o que seria ruim para o processo licitatório.

Orçado em mais de R$ 35 bilhões, a dúvida com relação à execução do projeto do TAV cresce à medida que entraves surgem na agenda. Cabe dizer que, mesmo que o TAV nunca saia da fase de planejamento, os prejuízos aos cofres públicos já são concretos: somente o projeto executivo custará R$ 900 milhões[14] — fora as despesas do governo, desde 2005, de quando a Valec ainda era a responsável pelo projeto. Ou seja, mesmo sem trem-bala, os cofres públicos já somam um gasto de cerca de R$ 1 bilhão com o projeto.

O projeto do TAV, além de altamente custoso, deixa evidente a falta de prioridade em solucionar gargalos antigos existentes na infraestrutura do país: os recursos prometidos para o trem-bala seriam suficientes para realizar a maioria dos projetos prioritários de ferrovias, elevando a velocidade média com que trafegam os trens no Brasil.

4. Considerações finais

O Brasil ainda se destaca por sua baixa taxa de investimento em infraestrutura. Se comparado com outras economias emergentes, a oferta e a qualidade da infraestrutura brasileira decepcionam, sobretudo no que se refere aos modais de transporte. A forma com que a infraestrutura se desenvolveu no país ajuda a explicar — ao menos, parcialmente — o quadro que se nos apresenta hoje. Grande parte das atuais infraestruturas do país, com destaque para os modais de transporte, foi instalada nas décadas de 1950 e 1970, encontrando-se tecnologicamente defasada, saturada e sujeita a inúmeras interferências urbanas. Todos esses fatores contribuem para reduzir a capacidade efetiva dessas infraestruturas, acentuando os problemas de saturação, em um contexto de grande alta acumulada na demanda por esses serviços.

---

14. *O Globo*, 14 ago. 2013.

Observamos que, no último século e meio, diferentes estratégias foram usadas no esforço de dotar o país de melhores serviços de infraestrutura. Nesse período, os setores público e privado se alternaram na liderança desse processo. Mais recentemente, a tônica tem sido buscar uma contribuição crescente do investidor privado para alavancar esses investimentos, via o recurso às privatizações.

O setor de telecomunicações é um exemplo de sucesso das privatizações ocorridas na década de 1990: além de oferecer um serviço consistente com o nível de renda *per capita* que o país apresenta, o setor foi o único que manteve a sua taxa de investimento como percentual do PIB relativamente constante nas últimas décadas. Nos demais setores, a privatização não foi tão bem-sucedida em elevar os investimentos, ainda que tenha promovido ganhos de eficiência. O setor público também não conseguiu preencher o hiato que daí resultou. Com isso, para o país crescer de forma competitiva, seria necessário elevar a taxa de investimento no setor em adicionais 2% a 3% do PIB.

Nos últimos anos, a principal aposta do governo para impulsionar os investimentos em infraestrutura foi o PAC, lançado pelo governo Lula e ampliado por sua sucessora, que além de dar continuidade ao PAC adotou outras medidas visando a atrair o setor privado para esses empreendimentos. No entanto, essa iniciativa é insuficiente e muito focada em projetos, não em um plano mais amplo para lidar com as carências do setor. Além disso, ainda que meritórias isoladamente, essas iniciativas não atacam o problema do elevado risco político-regulatório que aflige o setor. Nesse sentido, pouco contribuem para alargar horizontes e reduzir riscos.

Portanto, não se deve descartar a possibilidade de que, a despeito de avanços pontuais, o investimento em infraestrutura permaneça baixo nos próximos anos. Há quatro motivos para isso.

Primeiro, o setor público continuou dominando algumas das principais áreas de infraestrutura, mas foi incapaz de realizar os investimentos que esses setores necessitavam. Burocracia, má gestão e maus projetos, corrupção, vários são os motivos que impedem o investimento público de deslanchar, a despeito da disponibilidade de recursos. Como o setor público continuará responsável por parcela relevante da nossa infraestrutura por muitos anos, esses problemas se manterão relevantes no médio e longo prazo. Uma solução para nossos gargalos de infraestrutura, em especial em áreas comercialmente menos atraentes, vai depender de nossa capacidade de superar esses problemas.

Segundo, o ambiente macroeconômico permanece instável, com a inflação ainda em patamar alto, o que aumenta a incerteza de longo prazo e dificulta a obtenção de financiamento para projetos privados em condições adequadas. Em especial, o financiamento externo, ao qual as empresas recorrem para alongar seus passivos, é arriscado para as empresas de infraestrutura, uma vez que suas receitas são em reais.

Terceiro, a desconstrução do aparato regulatório instituído até 2002 encurtou os horizontes e elevou o risco. As agências reguladoras foram enfraquecidas e o tema da privatização, politizado. Passou-se a recorrer à regulação por contrato e à busca de uma modicidade tarifária que acabaram por comprometer os investimentos e a qualidade da operação.

A própria insatisfação demonstrada pelo governo com o resultado da privatização dos aeroportos de Cumbica, Viracopos e Brasília mostra que esse vem tendo dificuldade de estabelecer prioridades. A hesitação posterior em avançar com a privatização dos demais aeroportos mostra, por outro lado, que falta uma estratégia mais ampla para a infraestrutura. Esse passo atrás, depois revertido, pareceu refletir questões político-partidárias e certa frustração com o resultado das privatizações dos últimos cinco anos, esta uma consequência da busca simultânea de múltiplos objetivos, problema que também pode afetar as novas concessões. Nestas, alcançou-se tarifas baixas, mas à custa de os concessionários não terem realizado todos os investimentos programados. Portanto, avança-se em entregar essas infraestruturas para a iniciativa privada, porém mais por motivos de ocasião, do que pela devida convicção na adoção de um modelo que tem o setor privado como principal operador de infraestrutura no país.

Quarto, o governo quer garantir uma taxa de retorno para esses projetos que, especialmente para novas infraestruturas — em anteposição à concessão de infraestruturas já existentes —, parece baixa demais. Não cabe aqui entrar em detalhes técnicos, mas lembrar que dois componentes fundamentais dessa taxa de retorno, a taxa de juros "sem risco", balizada pelos títulos de 10 anos do Tesouro americano, e, possivelmente, o prêmio de risco país estão artificialmente baixos em função da política de afrouxamento quantitativo adotada pelos bancos centrais dos EUA, Europa e Japão.

O resultado têm sido leilões vazios e a revisão das tarifas por pressão das empresas interessadas. Além disso, o governo procura compensar a baixa rentabilidade das concessões oferecendo largos volumes de financiamento altamente subsidiado, além de transferir para o Erário Nacional uma série de riscos. Com isso, tenta tornar mais atraente a equação econômico-financeira aos olhos das empresas. Trata-se de uma estratégia injusta e ineficiente. Injusta, porque os contribuintes, muitos deles sequer usuários dessas infraestruturas, acabarão arcando com a conta. E ineficiente, pois as tarifas baixas demais levam a um uso ineficiente dessas infraestruturas, favorecendo os congestionamentos. Além disso, os mecanismos de compensação criados pelo governo são muito mais arriscados em termos político-regulatórios do que a concessão de tarifas realistas. Em face desses riscos adicionais, as empresas exigem taxas de retorno mais elevadas.

Em suma, o que falta para experimentarmos um salto na infraestrutura não são recursos, mas melhor gestão pública, estratégia e prioridade. Não é isso que se tem: o que se observa são políticas definidas a partir de um rol de projetos e medidas pontuais, que buscam atingir múltiplos objetivos que não são consistentes entre si. É preciso ir além, atacar o problema em múltiplas frentes, a partir de um diagnóstico hoje já bem conhecido, e ter uma estratégia clara e estável.

Referências

ANTF. Associação Nacional de Transportadores Ferroviários. Brasília, 2013.
BRASIL. *Empresa de Planejamento e Logística*. Brasília, 2013.
____. *Programa de Aceleração do Crescimento*. Brasília, 2013.
____. *Programa de Aceleração do Crescimento 2 (PAC 2)*. Brasília, 2013.
____. Ministério dos Transportes. *Plano de Investimento em Logística*. Brasília, 2013.
CAMPOS NETO, C. et al. *Gargalos e demandas da infraestrutura rodoviária e os investimentos do PAC*: mapeamento Ipea das obras rodoviárias. Texto para Discussão n. 1592, Instituto de Pesquisa Econômica Aplicada, Brasília, mar. 2011.
____; SOUZA, F. H. *Aeroportos no Brasil*: investimentos recentes, perspectivas e preocupações. Nota técnica n. 5, Instituto de Pesquisa Econômica Aplicada, Brasília, abr. 2011.
CENTER FOR ECONOMIC STUDIES. Ifo Institute. *World Economic Survey May 2013*.

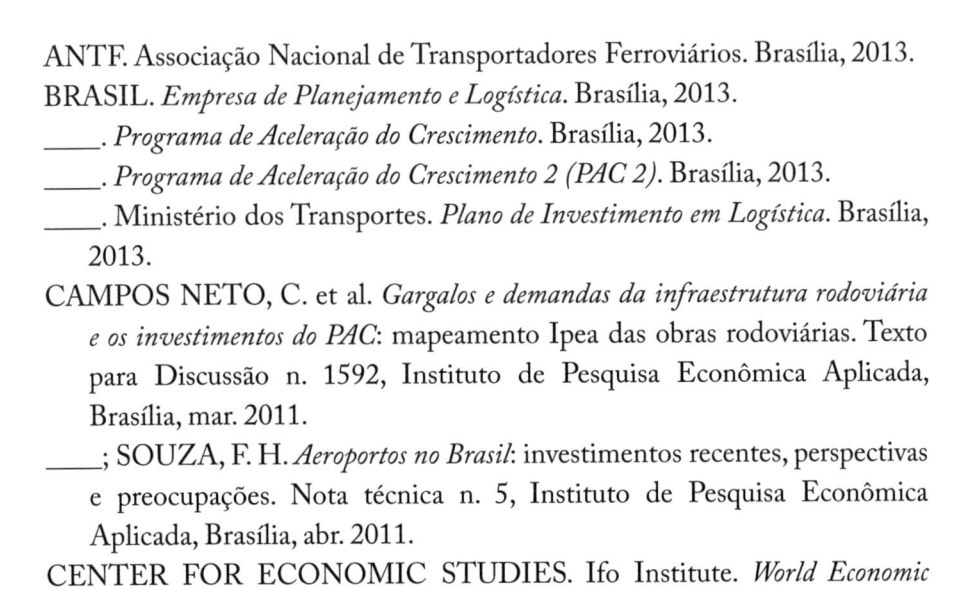

CNT. Confederação Nacional do Transporte. Brasília, 2013.

FIESP. Federação das Indústrias do Estado de São Paulo. *Índice comparado de Desempenho da Infraestrutura de Transporte (IDT)*. São Paulo, 2013.

FRISCHTAK, C. Infraestrutura e desenvolvimento no Brasil. In: SEMINÁRIO IBRE/FGV DE INFRAESTRUTURA, II, 2012, Rio de Janeiro.

___; DAVIES, K. O investimento privado em infraestrutura e seu financiamento. In: PINHEIRO, A. C.; FRISCHTAK, C. (Org.). *Gargalos e soluções na infraestrutura de transportes*. Rio de Janeiro, 2013. (no prelo)

FUNDAÇÃO DOM CABRAL. Relatório de pesquisa: obras de infraestrutura no Brasil. 2012.

GIAMBIAGI, F.; PINHEIRO, A. C. *Além da euforia*: riscos e lacunas do modelo brasileiro de desenvolvimento. Rio de Janeiro: Elsevier, 2012.

INSTITUTO TRATA BRASIL. *4 anos de acompanhamento do PAC saneamento — Projeto de olho no PAC*. Maio 2013.

MCKINSEY GLOBAL INSTITUTE. *Infrastructure productivity*: how to save $ 1 trillion a year. Jan. 2013.

O GLOBO. *Mesmo se não sair do papel, trem bala custará R$ 1 bi até 2014*. Rio de Janeiro, 14 ago. 2013.

PINHEIRO, A. C. Momento de definição na infraestrutura brasileira. In: OLIVEIRA, G.; OLIVEIRA FILHO, L. C. (Org.). *Parcerias Público Privadas*: experiências, desafios e propostas. Rio de Janeiro: Livro Técnico, 2013.

WORLD ECONOMIC FORUM. *The global competitiveness report 2013-2014*. 2013.

5

A nova onda de regionalismo: reflexões para a agenda de acordos comerciais do Brasil*

*Lia Valls Pereira**

1. Introdução

O número de acordos de livre comércio passou de 25 entre os anos de 1958-90 para 88 em 1991-2000 e atingiu 158 no período de 2001-12 (OMC, 2013). A proliferação desses acordos tem sido interpretada como uma nova onda de regionalismo motivada pelos impasses da Rodada Doha e a crescente importância das cadeias produtivas globais (OMC, 2011).

No Brasil, apesar do ativismo na assinatura de propostas de acordos preferenciais de comércio na primeira década dos anos 2000, os resultados foram modestos em termos de número e significância dos acordos efetivamente realizados (Veiga e Rios, 2011). Contribuiu para esse quadro o *boom* das exportações brasileiras, associado à elevação dos preços das *commodities*, e a perspectiva de um desfecho favorável da Rodada Doha, o que diminuiu a importância, na percepção dos negociadores brasileiros, dos acordos preferenciais de comércio.

No início de 2013, porém, a "nova onda de acordos comerciais", em especial iniciativas recentes como o Acordo Transpacífico (TPP, *Trans-Pacific Partnership Agreement*), o Acordo Transatlântico de Comércio e Investimento

---

* Parte deste capítulo reproduz o artigo publicado pela autora na revista *Mural Internacional* (Pereira, 2013).
** Pesquisadora do Instituto Brasileiro de Economia da Fundação Getulio Vargas (FGV/IBRE) e professora da Faculdade de Ciências Econômicas da Universidade do Estado do Rio de Janeiro (FCE/Uerj).

(TTIP, *Transatlantic Trade and Investment Partnership*) e a Aliança do Pacífico, junto com a fragilidade do Mercosul, como união aduaneira, levaram a um recrudescimento do debate sobre a agenda de acordos comerciais do país. Teme-se que, além de possíveis perdas de acesso a mercado, o país possa estar se "isolando" das cadeias produtivas globais (Barbosa, 2013).

Este capítulo apresenta uma reflexão sobre as diretrizes da política de comércio exterior do Brasil, à luz da nova onda de acordos regionais. Além desta introdução, o capítulo contém três seções. A seção seguinte argumenta que há uma similaridade entre o debate atual e o do início da década de 1990 sobre o multilateralismo e o regionalismo como respostas a demandas por harmonização das políticas domésticas no contexto internacional. No entanto, a presença da China e a perspectiva de um acordo entre os Estados Unidos e a União Europeia trazem novos elementos para o debate, os quais sugerem novos desafios para o sistema multilateral.

A terceira seção apresenta uma breve síntese do comportamento das exportações brasileiras nos anos 2000, a agenda de acordos comerciais do Brasil e as questões trazidas pelos novos acordos. Argumenta-se que uma das principais contribuições desses acordos é a de reforçar o debate sobre uma nova rodada de liberalização comercial no país. No início da década de 1990, a criação do Mercosul foi possível e ao mesmo tempo consolidou o processo de abertura comercial num momento em que também estava presente a proposta de um acordo de livre comércio com os Estados Unidos. Logo, antes da escolha dos parceiros, é preciso que as diretrizes da política de comércio exterior sejam favoráveis a acordos de liberalização, seja com os países do Norte ou do Sul. A quarta seção conclui.

2. Falência do multilateralismo: o consenso sobre regras universais para políticas domésticas?

No início dos nos 1990, Lawrence (1991) argumentava que a globalização, entendida como a crescente internacionalização dos fluxos de produção e financeiros, requer a harmonização das políticas domésticas. Os custos de transação impostos por sistemas regulatórios distintos oneram o processo de globalização, que seria a fonte de dinamismo dos países no contexto da economia mundial. Assim, a inclusão dos novos temas como investimentos, direitos de propriedade intelectual e serviços na Rodada Uruguai faziam parte do processo de globalização, embora fosse rechaçada por um grupo de países em desenvolvimento liderados pelo Brasil e a Índia.

Observa-se, porém, que a tentativa de bloquear as negociações sobre os novos temas perdeu força ao longo das negociações da Rodada. Os Estados Unidos, defensores intransigentes do multilateralismo, assinaram um acordo de livre comércio com o Canadá, em 1988, onde foram introduzidos os novos temas.[1] A mensagem era clara: ou se negocia na via multilateral ou os Estados Unidos iriam optar por acordos bilaterais ou o uso de medidas unilaterais (Pereira, 1998).[2] No limiar dos anos 1990, porém, tanto os países latinos como os asiáticos em desenvolvimento adotaram políticas de liberalização comercial e privatizações, o que facilitou as negociações. No entanto, Lawrence (1991) chamou atenção para o fato de que, independentemente do término da Rodada Uruguai, seria pouco provável que negociações no âmbito multilateral produzissem sistemas regulatórios de "integração profunda" como a globalização requeria. A via regional seria o caminho mais provável e poderia ser entendida como etapa necessária para uma futura harmonização de regras no sistema multilateral.

A visão positiva dos acordos regionais para o fortalecimento do sistema multilateral foi contestada por Bhagwati. Em meados da década de 1990, esse autor argumentou que nos acordos bilaterais os Estados Unidos impunham sua visão do que consideravam "regras justas" ao *"remake the world in its own image"* (Bhagwati, 1996:19). Assim, o objetivo era obter acordos sobre novos temas e/ou assegurar regras que teriam poucas chances de obterem consenso nas negociações multilaterais: os Estados Unidos faziam negociações OMC *plus*. Em 2008, o autor criticou novamente a opção dos Estados Unidos pelos acordos bilaterais em um momento de impasses na Rodada Doha. O número de acordos bilaterais havia se ampliado e a concepção de que os acordos bilaterais seriam depois multilateralizados, conforme proposto por Lawrence, não se verificava.[3]

---

1. O único acordo de livre comércio assinado pelos Estados Unidos antes de 1988 foi com Israel, em 1985, interpretado como uma decisão motivada por questões políticas.
2. No ano de 1988, o Congresso dos Estados Unidos estende a aplicação da Seção 301 que permite ao Executivo aplicar sanções comerciais a países que violem os direitos de empresas estadunidenses quanto a investimentos, direitos de propriedade intelectual, por exemplo. Na ausência de uma regulação multilateral comercial nessas áreas, não havia fórum para os países prejudicados discutirem a aplicação das sanções.
3. Os Estados Unidos possuem acordos de livre comércio com Austrália, Bahrain, Canadá, Chile, Colômbia, Costa Rica, República Dominicana, El Salvador, Guatemala, Honduras, Is-

No lugar da globalização como demandante de regras harmonizadas, a questão do século XXI são as cadeias produtivas globais e regionais. Baldwin (2012) associa o tema das cadeias produtivas ao da nova onda de acordos comerciais e às dificuldades na Rodada Doha. O autor considera que no final dos anos 1990 teve início uma nova forma de globalização, que requer novas regras. Essa globalização incorpora não só a fragmentação dos processos de produção, mas, também, das tarefas (serviços).

Os investimentos em cadeias produtivas com esse nível de fragmentação exigem um ambiente jurídico com regras claras e estáveis, que assegurem às empresas a integração de todas as etapas de produção e dos serviços associadas ao seu negócio, sem risco de "quebras". São considerados fatores desejáveis à eliminação de tarifas de importações de bens intermediários, facilitação de comércio, em termos de expedientes burocráticos, redução/eliminação de tributos sobre serviços comercializáveis, e instituição de mecanismos de solução de controvérsias entre o setor privado e governo. Na formação das cadeias globais e/ou regionais, o núcleo das negociações gira em torno de regras que facilitem o comércio de bens e serviços, além de dar garantias ao investidor.

O sistema multilateral da Organização Mundial do Comércio (OMC), com 159 países-membros, encontra dificuldades para negociar regras que atendam aos requisitos das cadeias produtivas globais/regionais. Na Rodada do Uruguai, os resultados modestos na área de serviços, os compromissos gerais no campo de investimentos e o caráter vago das punições que obrigam o cumprimento dos direitos de propriedade intelectual exemplificam os entraves a essa negociação.

É nesse contexto que se insere o Acordo Transpacífico (TPP) e o Acordo Transatlântico (TTIP). O primeiro foi lançado em novembro de 2011 e participavam os seguintes países: Austrália, Brunei Darussalam, Chile, Malásia, Nova Zelândia, Peru, Cingapura, Vietnã e Estados Unidos. Posteriormente, em 2012, Canadá e México entraram no TPP. Uma das motivações seria o risco de perderem as preferências que possuem no mercado estadunidense outorgadas pelo acordo de livre comércio com os Estados Unidos de 1994. Observa-se que a agenda de negociações é ampla e cobre temas tradicionais de acesso a mercados e os temas de nova geração (investimentos, propriedade intelectual, trabalho, meio ambiente, compras de governo, entre outros). Os

---

rael, Jordânia, Coreia do Sul, México, Marrocos, Nicarágua, Omã, Panamá, Peru e Cingapura.

países esperam completar as negociações até o início de 2014. O acordo tem sido interpretado como a resposta dos EUA à influência chinesa nas cadeias produtivas da Ásia. Não existem informações claras sobre o andamento das negociações, e o término das negociações no início de 2014 parece uma expectativa muito otimista.[4] No entanto, a entrada nas negociações do Japão, em julho de 2013, e a perspectiva de entrada da Coreia do Sul mostram a importância que o TPP tem adquirido na região asiática. Além disso, se o acordo for fechado, negociações OMC *plus* passarão a cobrir países importantes no comércio mundial, que responderam por 27% das exportações mundiais em 2012 (OMC, 2013).

Em março de 2013, os Estados Unidos e a União Europeia anunciaram a abertura de negociações para um Acordo Transatlântico sobre Comércio e Investimento (TTPI). É prematuro avaliar a possibilidade de sucesso dessa negociação. Em 1995, os países-membros da Organização para Cooperação e Desenvolvimento Econômico (OCDE) iniciaram negociações para um acordo de investimentos. No ano de 1998, a França retirou o seu apoio às negociações, sendo seguida por outros países. Esse episódio demonstra que o consenso para marcos regulatórios que são do interesse das duas maiores economias ocidentais nem sempre é alcançado. No entanto, a motivação para o atual acordo parte de um diagnóstico em que o comércio entre as duas economias é um fator importante para garantir a retomada do crescimento dessas regiões pós-crise de 2008. Ademais, as negociações visam resolver os impasses relativos às normas fitossanitárias e ambientais, entre outras, que constituem uma das principais barreiras ao comércio entre essas regiões (Alcaro e Alessandri, 2013). O acordo cobre 33% das exportações mundiais.

Observa-se que a proposta do TTPI considera a possibilidade da adesão de novos países. Assim, o TTPI pode ser entendido como o primeiro passo para a criação de um amplo Acordo Transatlântico que incorporaria os países latinos e africanos. As dificuldades no sistema multilateral e as demandas por regras que facilitem o fluxo do comércio e investimentos levam a que o TTPI possa servir de modelo para as negociações desse amplo acordo (Alcaro e Alessandri, 2013).

---

4. Em junho de 2013, a senadora democrata Elizabeth Warren escreveu uma carta aberta para a Presidência dos Estados Unidos pedindo esclarecimentos sobre o acordo. Disponível em: <www.huffingtonpost.com/2013/06/13/elizabeth-warren-free-trade-letter_n_3431118.html>.

Baldwin (2012) argumenta que países que ficam fora dessas negociações, todas com regras OMC *plus*, ou seja, mais abrangentes e com um nível de compromissos que reduz em maior grau a flexibilidade das políticas domésticas, poderão ficar alijados das cadeias globais. Uma alternativa seria obter o aval da China, em especial, e mais dos outros membros do grupo Brics (Brasil, Índia e Rússia, principalmente) para uma negociação OMC *plus* no sistema multilateral. No entanto, para o autor, esses países não concordariam com propostas que reduzam a autonomia de suas políticas nacionais, industriais e de comércio. Logo, o que está em jogo são sistemas distintos de regulação econômica. A China já teria ofertado o que considera factível nessa etapa do seu desenvolvimento no seu processo de inclusão como membro da OMC. O sistema multilateral estaria "em crise", ao não incorporar a demanda associada aos atuais arranjos produtivos globais.

Lester (2012) discorda dessa avaliação. A consolidação das cadeias produtivas não depende de acordos formais de comércio regionais ou multilaterais. É uma opção das políticas domésticas. Países com estratégias similares podem querer reforçar seus compromissos com regras de facilitação para a consolidação das cadeias, mas não se deve passar para a OMC essa ampla agenda de marcos de regulação. O risco é que a disciplina multilateral sobre práticas protecionistas de comércio passe a receber pouca atenção, e negociações que envolvem compromissos referentes a estratégias de políticas domésticas fiquem presas em contínuos impasses. Logo, voltamos para a agenda e acordos regionais.

Em novembro de 2012, foi lançado o Acordo Regional de Cooperação Econômica (RCEP — *Regional Comprehensive Economic Partnership*), cujo objetivo é conciliar duas áreas de cooperação e acordos na Ásia e na Oceania. Uma se refere aos acordos bilaterais dos países da Asean com a China, Japão e Coreia do Sul; o outro é o Acordo de Cooperação Econômica entre a Austrália, Nova Zelândia e Índia (Wignaraja, 2013).[5] Da mesma forma que as propostas capitaneadas pelos EUA, a proposta é ambiciosa em termos da cobertura de temas.

A questão de harmonização de regras domésticas que facilitem processos de globalização produtiva não é novidade na agenda multilateral, assim como a saída via acordos bilaterais/regionais para superar impasses na arena

---

5. Asean é um acordo comercial e de cooperação econômica. Fazem parte: Brunei Darussalam, Camboja, Indonésia, Laos, Malásia, Mianmar, Filipinas, Cingapura, Tailândia e Vietnã.

multilateral. A perspectiva de um acordo TPP e do acordo Transatlântico, se bem-sucedidos, porém, limitará os graus de liberdade para negociações sobre marcos regulatórios na OMC. Os dois acordos juntos irão cobrir 60% das exportações mundiais de mercadorias e quase 80% do comércio de serviços. No entanto, a presença da China em iniciativas como o RCEP sugere que a formação de um consenso sobre marcos regulatórios não deve marginalizar o país, para que se evitem tensões comerciais. É preciso assegurar negociações que permitam consolidar um consenso sobre que tipo de marco multilateral é desejável. Nesse caso, como sugere Lester (2012), uma agenda menos ambiciosa da OMC torna essa tarefa mais factível.

A sugestão de Lester, porém, não exclui o debate sobre a tendência de negociações OMC *plus*. Uma questão é qual deve ser o escopo da OMC para que se assegure uma disciplina multilateral aceitável por todos os membros da organização. Outra é como os países devem se posicionar em relação à nova onda de acordos regionais. Se forem fechados os atuais acordos liderados pelos Estados Unidos e a União Europeia, os graus de liberdade dos países fora dos acordos para proporem outros marcos regulatórios serão estreitados. O mesmo valerá para a China, que no pragmatismo da sua política comercial poderá seguir o caminho de acordos bilaterais com os Estados Unidos e a União Europeia.

3. A agenda brasileira de acordos comerciais

Fatos estilizados da agenda de comércio

O processo de liberalização comercial iniciado no final dos anos 1980 e consolidado com a Reforma Tarifária de 1990 tornou possível a proposta de criação de um mercado comum formado por Argentina, Brasil, Paraguai e Uruguai, o Mercosul. A meta do mercado comum foi postergada logo no início das negociações, mas a criação da união aduaneira, que suponha a implementação de uma tarifa externa comum (TEC), foi cumprida e oficializada no Protocolo de Ouro Preto, de dezembro de 1994. Ademais, a TEC consolidou o processo de abertura comercial no Brasil, ao implementar uma estrutura tarifária com alíquotas menores que a da Reforma de 1990. Na Reforma de 1990, a média nominal da tarifa de importações era 14,8% e a alíquota máxima era de 40%. A TEC reduziu a média para 12% e o máximo tarifário para 20% (Pereira, 2006).

Após a TEC, nenhum dos acordos assinados pelo Brasil, como membro do Mercosul, promoveu uma nova rodada de liberalização tarifária e/ou compromissos em novos temas da agenda de acordos da nova geração.[6]

Na década de 1990, foram assinados acordos de livre comércio de mercadorias com o Chile e a Bolívia. A negociação de um acordo da nova geração com temas como investimentos, direitos de propriedade intelectual e compras governamentais fazia parte das negociações da Área de Livre Comércio para as Américas (Alca), uma iniciativa do governo dos EUA deslanchada no ano de 1994, mas que teve seu fim decretado em 2005, após a paralisia das negociações, desde o início dos anos 2000.

Ao longo dos anos 2000, vários acordos passaram a integrar a agenda de acordos comerciais do Mercosul. A lista dos acordos de que o Brasil participa, publicada pelo Departamento de Negociações Internacionais do Ministério de Desenvolvimento, foi a fonte para a tabela 1.[7]

Nota-se que acordos de alcance parcial constituem a maioria dos acordos com negociações iniciadas pós 2000, e alguns acordos, como os assinados com os países da Sacu (*South African Custom Union*, União Aduaneira da África do Sul), o Egito e a Palestina, ainda não entraram em vigor.

Os acordos da tabela 1 cobrem 23,2% do total das exportações brasileiras e 20,1% das importações no total da média dos fluxos de comércio do biênio 2011-12. Nota-se, porém, que somente o Mercosul explica 71% e 63% das exportações e importações cobertas pelos acordos nesse período. O reduzido peso dos acordos na pauta de exportações do país levou à caracterização da agenda de comércio pós-2000 como uma agenda movida por interesses políticos (Veiga e Rios, 2011). Se acrescentarmos ainda outros acordos propostos nesse período, mas que estão com as negociações paradas e/ou em ritmo lento — como o acordo Mercosul com o Conselho de Cooperação dos Estados Membros do Golfo Árabe (Arábia Saudita, Barein, Catar, Emirados Árabes Unidos, Coveite e Omã), com a Turquia, com o Paquistão, com a Jordânia e o Marrocos —, a cobertura das exportações é acrescida de apenas 4 pontos percentuais (p.p.) e as importações, de 3 p.p.

---

6. O Brasil assina acordos de comércio como membro do Mercosul, que é uma união aduaneira.
7. Chamamos atenção para a fonte, pois as informações oficiais sobre acordos em negociação no Brasil às vezes diferem conforme a fonte consultada.

Tabela 1
Acordos comerciais de que o Brasil faz parte

Regiões/países	Tipo do acordo	Assinatura do Acordo	Entrada em vigor	Biênio 2011/2012	
				Part. % nas Export. BR	Part. % nas Import. BR
América Latina				**18,9**	**16,2**
América do Sul				17,1	13,7
Mercosul (1)	união aduaneira	1991	1995	12,1	9,1
Bolívia	livre comércio	1996	1997	0,6	1,4
Chile	livre comércio	1996	1996	2,0	1,9
Colômbia	livre comércio	2003	2005	1,1	0,6
Equador	livre comércio	2003	2005	0,4	0,1
Peru	livre comércio	2005	2005	0,9	0,6
Guiana	parcial	2001	2003	0,0	0,0
Suriname	parcial	2004	2005	0,0	0,0
Demais América Latina				1,8	2,5
Cuba	parcial	2006	2007	0,2	0,0
México (2)	parcial	2002	2002	1,6	2,5
Ásia				**1,8**	**2,5**
Índia (3)	parcial	2003	2009	1,8	2,5
Oriente Médio				**0,2**	**0,5**
Israel	livre comércio	2007	2010	0,2	0,5
Palestina	livre comércio	2011	sem vigência	0,0	0,0
África				**1,8**	**0,5**
Sacu (4)	parcial	2003	sem vigência	0,7	0,4
Egito (5)	livre comércio	2010	sem vigência	1,1	0,1

Fonte: Secex/MDIC.
(1) Argentina, Paraguai, Uruguai e Venezuela (a partir de 2012).
(2) Após o acordo de preferências fixas assinado em 2002, Brasil e México abriram negociações para uma área de livre comércio, mas sem resultados.
(3) Existe a proposta de uma área de livre comércio com a Índia.
(4) Sacu (South African Custom Union) possui como países-membros: África do Sul, Botsuana, Lesoto, Suazilândia e Namíbia.
(5) Em 2010 abertas negociações para um acordo de livre comércio.

Os Estados Unidos também realizam acordos com países de reduzido peso em sua pauta de comércio.[8] No entanto, os acordos eram ou são motivados pelos interesses de setores e do governo estadunidense de assegurarem

---

8. Ver nota de rodapé 3 com os acordos já assinados pelos Estados Unidos.

o maior número de adesões às regras, em especial nos direitos de propriedade intelectual, serviços e compras governamentais que atendam à promoção dos interesses econômicos do país — OMC *plus* dos Estados Unidos. Alguns acordos, como o de Israel, assinado em 1985, tiveram como principal motivação o interesse político relacionado aos conflitos na região do Oriente Médio (Bhagwati, 2008).

Acordos são assinados entre governos de estados soberanos e, por definição, refletem opções/estratégias políticas. Em março de 1990, após a assinatura da Ata de Buenos Aires, que deu origem às negociações para o Tratado de Assunção, que criou o Mercosul, em 1991, o governo dos Estados Unidos lançou a Iniciativa para as Américas. Esta consistia na proposta de assinatura de acordos quadro bilaterais com os Estados Unidos para a eventual realização de acordos de livre comércio que abrangiam o comércio de serviços, questões de investimentos e propriedade intelectual. Todos os países das Américas — exceto Cuba, que não foi incluída na proposta — assinaram os acordos quadro.[9] Os governos do Brasil e da Argentina consideraram que a assinatura bilateral iria sinalizar o fracasso antecipado do Mercosul, que ainda não havia sido criado, mas ao mesmo tempo havia o receio de perdas de mercados na região latina e nos EUA se os países do Mercosul ficassem fora das negociações. A solução foi a assinatura do Acordo Quatro + Um, um gesto político para marcar a importância que os países-membros conferiam ao projeto de criação do mercado comum.

A vasta agenda de acordos do Brasil da primeira década dos anos 2000 está inserida na ênfase conferida à cooperação Sul-Sul e na busca por alianças que permitissem ao país exercer um papel de maior relevância nos debates sobre as negociações multilaterais econômicas e políticas (Soares Lima, 2008). O Dialogo Ibas (Índia, Brasil e África do Sul) lançado em 2003, de cooperação econômica e política, é um exemplo. Nada a opor. O que se ressalta, porém, é que na agenda de acordos comerciais preferenciais, se um dos objetivos era liderar posições nas negociações multilaterais, os acordos foram limitados e de reduzido alcance. Nenhum desses incorporou propostas que poderiam ser alternativas às soluções dos EUA na agenda de temas OMC *plus*. Isso não ocorreu nem no âmbito dos novos acordos com os países da América do Sul,

---

9. Acordos quadro é o nome atribuído às propostas assinadas por dois países onde se comprometem a futuras negociações comerciais e onde já podem expressar seus principais interesses e restrições.

nem no Mercosul, que seria um "laboratório" para a criação de novos padrões de regulações, do ponto de vista dos interesses da região.

O lançamento da Rodada Doha, em 2001, teria sido a razão para o Brasil delegar ao sistema multilateral as negociações sobre barreiras não tarifárias (subsídios, normas fitossanitárias, entre outras), regras sobre investimentos e serviços. No entanto, se essa opção embasou a mudança na proposta de negociação da Alca, não é suficiente para explicar a timidez no escopo das negociações com os países do Sul, se esses estavam na prioridade da política externa do país.[10]

No quadro dos acordos comerciais falta destacar, por último, o acordo de livre comércio Mercosul-União Europeia, anunciado em 1999. A realização desse acordo acrescentaria ao redor de 20 pontos percentuais ao comércio preferencial do Brasil. A proposta era de um acordo abrangente, em termos da cobertura do comércio de mercadorias, e com a inclusão de alguns dos novos temas, como serviços e compras governamentais. As ofertas na área agrícola pelo lado europeu, as limitações na oferta nos novos temas e de abertura nos setores industrias levaram à estagnação das negociações em 2004. Em 2011 foram retomadas, mas até meados de 2013 ainda não haviam sido concluídas.

Qual o papel dos acordos comerciais no dinamismo das exportações brasileiras ao longo dos anos 2000?

As exportações brasileiras cresceram acima das exportações mundiais em todos os anos do período de 2002-11 (gráfico 1). Em alguns anos, as diferenças foram acima de 10 pontos percentuais. Em 2004, a variação das exportações brasileiras em relação ao ano anterior foi de 32,1%; no mundo foi de 21,5%. O mesmo ocorreu em 2010, quando as exportações brasileiras registraram aumento de 32% na comparação com 2009 e as mundiais, de 21,7%. A diferença em relação ao mundo é explicada pela evolução dos preços (gráfico 2), pois, em termos de variação no volume exportado, o crescimento brasileiro foi sistematicamente menor do que o mundial desde 2006 (gráfico 3). O crescimento médio anual dos preços das exportações brasileiras foi de 11,3% e do

---

10. O Mercosul passou a defender que as negociações da Alca deveriam se reduzir aos temas tradicionais de acesso a mercados, a partir de 2003. Nos Estados Unidos, por sua vez, as restrições impostas pelo Congresso ao mandato do Executivo para negociar a Alca, em especial, no setor agrícola, regras ambientais e de investigações sobre *dumping* e subsídios, levaram a que o governo estadunidense passasse a priorizar os acordos bilaterais (Pereira, 2006).

volume exportado de 5,4%, entre 2002-11. No ano de 2012, tanto os preços como a quantidade exportada pelo Brasil caíram.

O aumento nos preços dos produtos exportados levou a ganhos nos termos de troca; em especial, após a crise de 2008 (gráfico 4). Entre 2001 e 2008, os termos de troca aumentaram 10,3% e, entre 2008-11, 22%. Em 2012, houve queda, mas o índice ainda foi 15% acima do resultado de 2008.

Gráfico 1
Variação anual (%) no valor das exportações brasileiras

Fonte: Secex/MDIC.

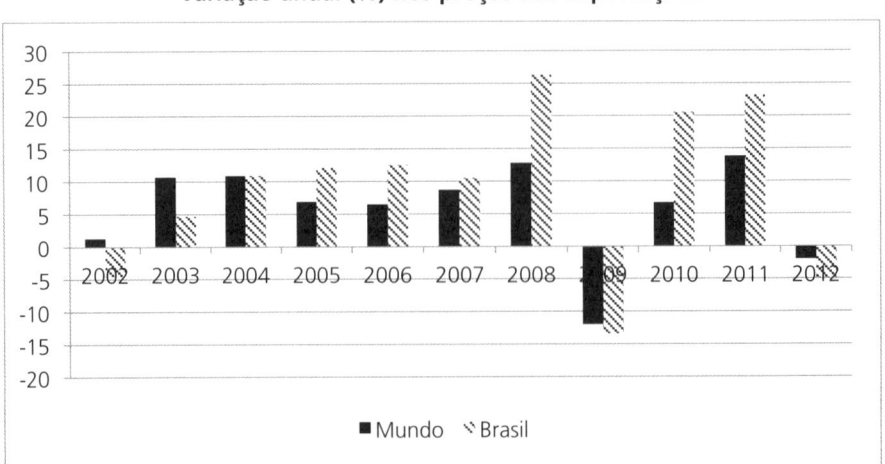

Gráfico 2
Variação anual (%) nos preços das exportações

Fonte: Funcex.

Gráfico 3
Variação anual (%) no volume das exportações

■ Mundo ＼ Brasil

Fonte: Funcex.

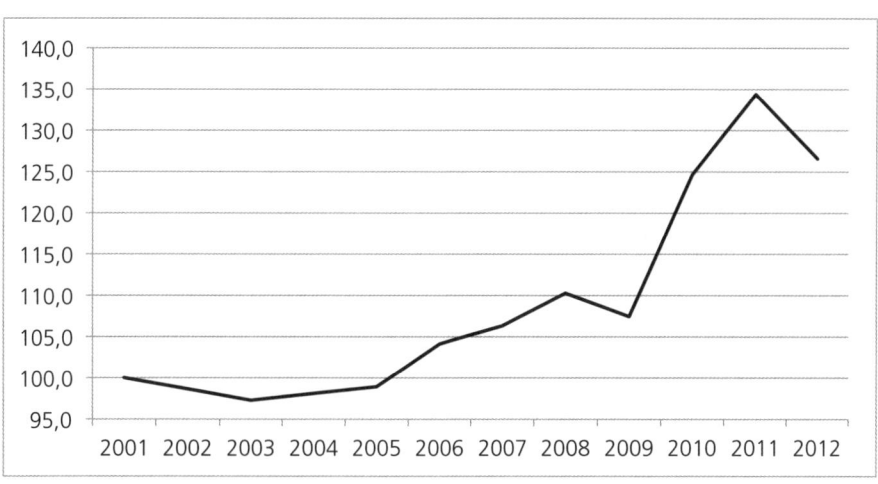

Gráfico 4
Índice dos termos de troca

Fonte: Funcex.

O desempenho das exportações brasileiras veio acompanhado da mudança na composição da pauta em direção aos produtos básicos (gráfico 5). O elevado crescimento econômico da China, em relação ao observado nos principais mercados de exportações do Brasil, no período 2002-08, acentuado no pós-crise, seria um dos principais fatores para explicar as mudanças nessa composição. Segundo o Fundo Monetário Internacional (2013), o crescimento médio anual do produto interno bruto chinês, medido pelo poder de paridade de compra, foi de 14,2% entre 2002-08 e de 11% entre 2008-12. Para esses mesmos períodos, o resultado foi de 5% e 2,4% nos Estados Unidos e de 5,1% e 1,3% na União Europeia e de 11,4% e 6,7% na Argentina.[11]

A China, porém, não sustentou sozinha o crescimento das exportações do Brasil, apesar da sua crescente importância. Entre 2002-05, a principal contribuição para o aumento das exportações brasileiras veio da América do Sul, 24%, conforme mostra o gráfico 6.[12] No período 2005-08, a União Europeia, seguida da América do Sul, responderam por 46% da variação do valor exportado pelo país. No pós-crise, porém, a contribuição da China, que vinha crescendo, alcançou 48%, um efeito associado aos impactos diferenciados da crise nos mercados mundiais.

Gráfico 5
Estrutura das exportações — participação (%) no total

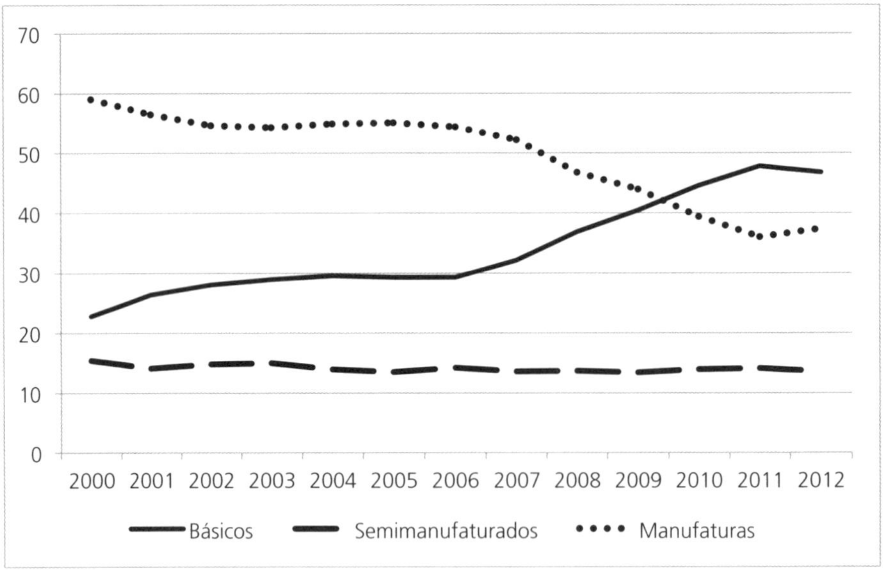

Fonte: Secex/MDIC.

---

11. Apesar do elevado crescimento na Argentina, o produto chinês é quase 18 vezes maior do que o argentino (dado para 2012).
12. A contribuição é medida pela participação na variação em valor das exportações destinada a um país/região na variação total das exportações para um período qualquer.

Gráfico 6
Contribuição (%) para o aumento das exportações

[Gráfico de barras com os seguintes valores:
2002-05: China 7,4; União Europeia 19,8; Estados Unidos 23,7; América do Sul 12,3; Am. Latina, exclui A. Sul 5,0
2005-08: China 12,2; União Europeia 24,5; Estados Unidos 21,6; América do Sul 6,1; Am. Latina, exclui A. Sul 0,9
2008-11: China 47,8; União Europeia 11,3; Estados Unidos -2,8; América do Sul 11,9; Am. Latina, exclui A. Sul -1,1
2011-12: China 22,9; União Europeia 30,2; Estados Unidos -6,7; América do Sul 3,8; Am. Latina, exclui A. Sul -11,2]

Fonte: Secex/MDIC.

Observa-se que a maior mudança na estrutura dos mercados de destino das exportações brasileiras foi a ascensão da China e a queda dos Estados Unidos. Enquanto a participação da China passou de 4% para 17%, entre 2002 e 2012, a dos Estados Unidos caiu de 25% para 11%, no mesmo período. Para a América do Sul e a União Europeia as participações não registram alterações acentuadas (gráfico 7).

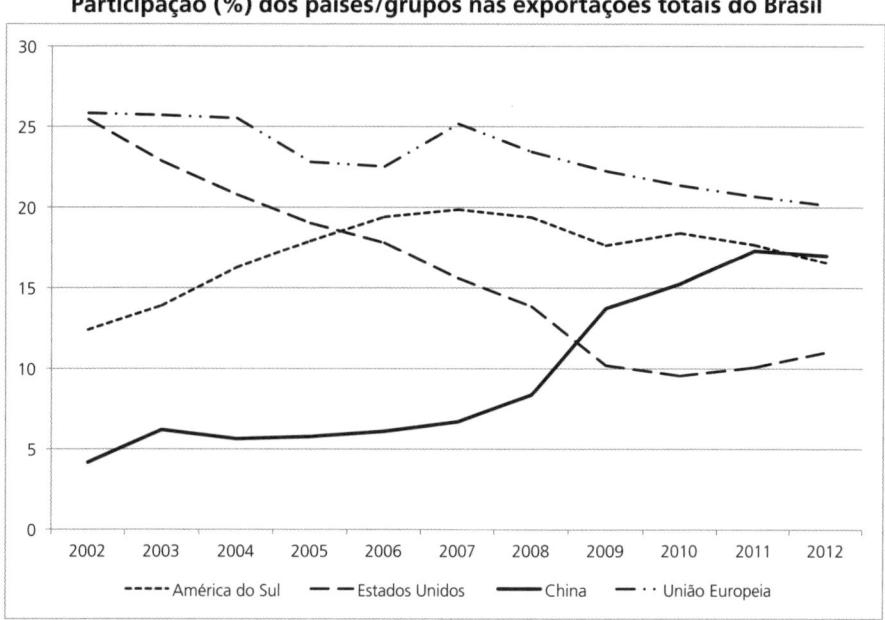

Gráfico 7
Participação (%) dos países/grupos nas exportações totais do Brasil

Fonte: Secex/MDIC.

151

No caso das exportações de manufaturas, os três principais mercados de destino são a América do Sul, os Estados Unidos e a União Europeia. Os três explicaram ao redor de 70% do total das vendas externas brasileiras no período de 2002 a 2012. Nota-se, porém, que, dentro desse grupo, os Estados Unidos registraram perda de participação no período analisado (35% para 15%), compensada pelo aumento da América do Sul (20% para 37%). Outro destaque foi a ultrapassagem da Ásia em relação ao mercado latino, exclusive América do Sul, a partir de 2009 (gráfico 8).

Gráfico 8
Participação (%) no total das exportações brasileiras de manufaturas

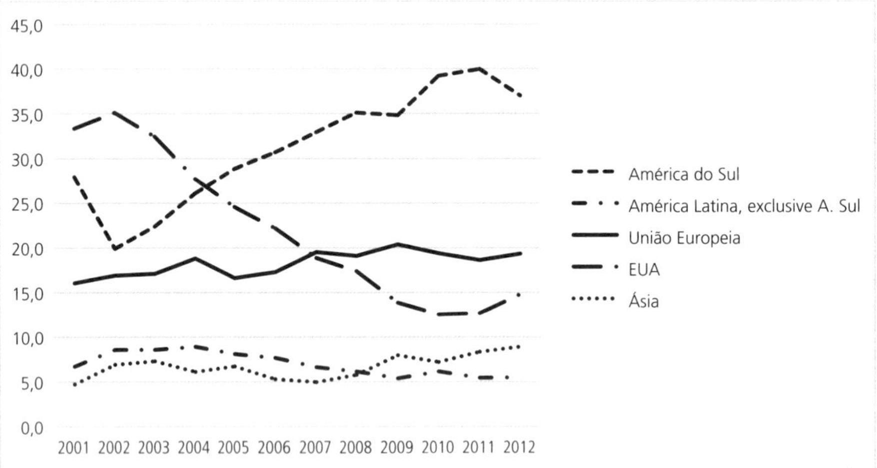

Fonte: Secex/MDIC.

Logo, para recuperar a participação das manufaturas nas exportações totais brasileiras é preciso continuar garantindo o crescimento nos mercados latinos, em especial o sul-americano, e retomar o dinamismo no mercado estadunidense, além de melhorar o desempenho na Ásia. Antes da crise, as exportações das manufaturas brasileiras cresceram a uma média anual de 14% (entre 2002 e 2008). Nesse mesmo período, o aumento foi de 22% para a América do Sul, 21% para a União Europeia e 5,6% para os Estados Unidos.

Podemos relacionar os acordos com o desempenho das exportações?

De forma geral, o dinamismo das exportações brasileiras na primeira década dos anos 2000, como já mencionado, está associado principalmente ao desempenho das *commodities* e guarda pouca relação com os acordos. No entanto, quando se analisa o comportamento das manufaturas, surgem duas hipóteses. Uma, que os acordos na América do Sul, em especial o Mercosul, podem ter contribuído para o comportamento favorável das exportações; e, nos Estados Unidos, a ausência de acordos teria prejudicado a expansão das exportações de manufaturas. No entanto, quando se observa o mercado da União Europeia, onde não há acordos e a participação das manufaturas foi estável, a hipótese sobre o efeito das preferências via acordos comerciais não se aplica.

O efeito China nas exportações brasileiras em terceiros mercados traz novos aspectos para esse debate. A tabela 2 mostra o resultado de um exercício com um modelo de *constant market share* que analisa as perdas de mercados das exportações brasileiras em produtos coincidentes com os da China em mercados selecionados.[13]

Assim, o valor total das perdas nas exportações brasileiras atribuídas à China nos produtos coincidentes Brasil e China importados pela América do Sul foi de US$ 2,4 bilhões entre os anos de 2008 e 2011. Esse valor representa 35,6% do total das perdas brasileiras nos produtos coincidentes. Observa-se que, em termos de participação, as perdas atribuídas à China são mais elevadas nos países em que a China possui acordos de livre comércio, como o Chile, Colômbia e Peru. Nos Estados Unidos, as perdas se concentraram no início da década e sugerem que a diversificação da pauta chinesa para os Estados Unidos, junto com o deslocamento das exportações brasileiras em função da concorrência, reduziu a pauta de produtos coincidentes, o que é comprovado pela análise dos dados. Na União Europeia, a baixa concorrência com a China não pode ser identificada com competitividade dos produtos brasileiros. Nesse mercado, a concorrência dos produtos brasileiros pode estar concentrada com outros países da União Europeia com perfis similares ao do Brasil, como os do Leste Europeu.

---

13. Esse exercício integra um estudo realizado para o Ipea no âmbito do programa Ipea/PNPDN nº 75/2010. O modelo estima qual é a perda atribuída à China nas exportações brasileiras de produtos coincidentes (produtos que o Brasil e a China exportam para o mercado analisado) nos mercados analisados.

Logo, mesmo tendo acordos com países sul-americanos, o Brasil perdeu mercado. Não é suficiente ter acesso preferencial a mercados se o país não tiver uma oferta competitiva — o que remete ao novo quadro de acordos comerciais, que não devem ser interpretados somente como instrumentos de acesso a mercados para os bens finais. Os acordos, com sua ampla agenda de regulações, são instrumentos que propiciam especializações nas cadeias produtivas e, supõem, portanto, intensificação do comércio intrassetorial e industrial. Nesse caso, é interessante ressaltar que, entre os três principais mercados de destino das exportações brasileiras, os índices de comércio intrassetorial do Brasil cresceram na Argentina, ficaram estáveis nos Estados Unidos e são quase nulos com a China (tabela 2).

Tabela 2
As perdas das exportações brasileiras em produtos coincidentes com a China em mercados selecionados

Países/Mercados	Part. das perdas totais nas export. para o mercado (%)	Valor das perdas atribuídas à China	Part. da China nas perdas totais
América do Sul			
2002/03-2005/06*	9,9	572	24,0
2005/06-2008	17,6	2.289	34,2
2005/06-2009	20,1	1.815	34,3
2008-2010	11,4	1.164	29,7
2008-2011	16,1	2.404	35,6
Argentina			
2002/03-2005/06	7,0	221	28,3
2005/06-2008	10,3	866	46,8
2005/06-2009	12,2	511	35,5
2008-2010	8,1	294	20,7
2008-2011	11,8	599	23,2
Chile			
2002/03-2005/06	12,1	98	20,3
2005/06-2008	25,3	416	31,2
2005/06-2009	28,0	267	33,5
2008-2010	16,5	333	43,4
2008-2011	18,9	512	43,6
Colômbia			
2002/03-2005/06	11,5	47	24,2
2005/06-2008	33,9	156	19,9
2005/06-2009	23,8	108	21,2
2008-2010	15,4	136	37,6
2008-2011	29,2	482	60,5

(continua)

(continuação)

Países/Mercados	Part. das perdas totais nas export. para o mercado (%)	Valor das perdas atribuídas à China	Part. da China nas perdas totais
Peru			
2002/03-2005/06	11,5	54	34,7
2005/06-2008	29,0	186	26,6
2005/06-2009	36,2	205	33,7
2008-2010	18,0	163	41,6
2008-2011	26,2	219	34,3
Estados Unidos			
2002/03-2005/06	14,1	1.792	48,0
2005/06-2008	16,4	1.321	25,7
2005/06-2009	22,0	1.178	26,6
2008-2010	11,4	689	25,0
2008-2011	10,4	906	27,7
União Europeia			
2002/03-2005/06	6,7	243	10,9
2005/06-2008	10,8	732	12,7
2005/06-2009	11,6	545	12,6
2008-2010	1,1	64	13,5
2008-2011	1,9	141	14,5

Fonte: Sistema WITS. Elaboração da autora.
*2003-03 se refere à média do biênio.

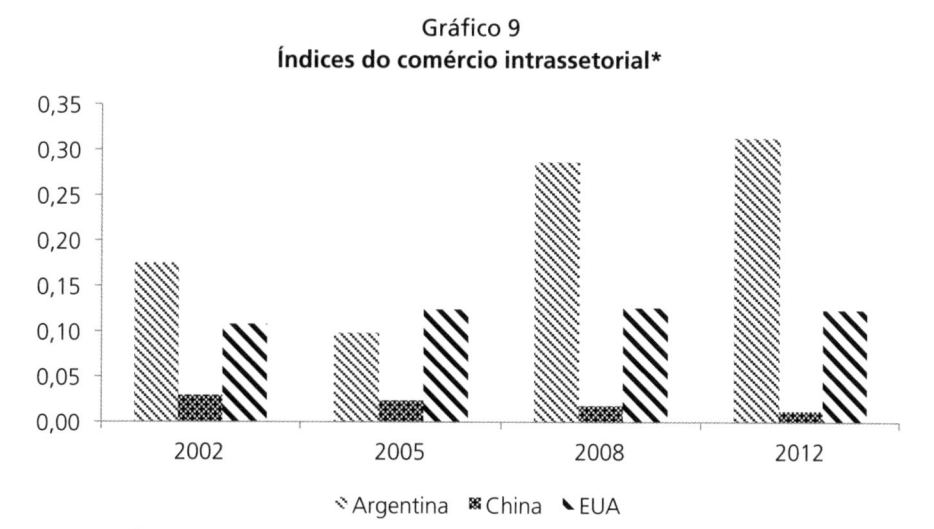

Gráfico 9
Índices do comércio intrassetorial*

⇘ Argentina   ▓ China   ⬉ EUA

Fonte: Elaboração da autora.
* Índices de Grubel-Lloyd.

Quais são as principais questões trazidas pelos novos acordos para a agenda de comércio do Brasil?

Uma das principais diretrizes da política industrial no Brasil é do adensamento das cadeias produtivas locais, a partir da exigência de conteúdo local nos investimentos (Cebri, 2012).[14] Embora seja uma prática conflitante com as regras de investimento da OMC, é utilizada por vários países. No caso brasileiro, a crítica é a generalização do uso desse instrumento. Além disso, conforme ressaltado por Araujo Jr. (2013), as elevadas tarifas de importação incidentes sobre bens intermediários oneram o produto final e retiram competitividade dos produtos brasileiros.

As duas questões antes citadas (conteúdo local e elevadas tarifas) não requerem a realização de acordos comerciais da nova geração e nem obrigam uma reflexão sobre em que cadeias globais as indústrias brasileiras podem se inserir. O tema é a demanda por uma nova rodada de liberalização comercial no país, além de uma reformulação da política de conteúdo local. No entanto, a Aliança do Pacífico (junho de 2012), formada pelo Chile, Peru, Colômbia e México, traz algumas questões para a agenda de acordos comerciais do Brasil.

O risco de desvio de comércio seria, em princípio, pequeno. Todos os quatro países possuem acordos de livre comércio entre si e com o Brasil.[15] O comércio entre os países não é elevado. Para o México, o mercado da Aliança representou 2,6% das suas exportações, em 2011, para a Colômbia (7,6%), Peru (7,6%) e Chile (5,8%).[16] Os países explicaram 5,6% das exportações e igual proporção das importações do Brasil no biênio 2011-12 (tabela 1). Logo, mesmo que haja perda de mercados para o Brasil, o efeito não é elevado. No entanto, como a análise das perdas de exportações brasileiras nesses mercado mostrou (tabela 2), as perdas brasileiras surgem na presença de concorrentes com produtos manufaturados (caso da China). Nesse caso, ao longo dos próximos anos, as exportações brasileiras para os mercados dos países sul-americanos da Aliança do Pacífico poderão ser desviadas pela concorrência mexicana, principalmente no setor automotivo. Vale lembrar também que a

---

14. Exigência de conteúdo local significa o uso de componentes produzidos no mercado doméstico na fabricação de algum produto e/ou exploração de recursos (caso do petróleo).
15. O Brasil só não tem acordo de livre comércio com o México, conforme descrito na tabela 1.
16. Dados do Sistema Wits.

Aliança do Pacífico é um "acordo da nova geração", onde temas das barreiras não tarifárias estão presentes.

O risco de desvio de investimento é difícil de prever. O produto interno bruto medido pelo poder de paridade de compra dos quatro países foi 23% maior do que o do Brasil, no ano de 2011. A população total é 6% maior do que a do Brasil e a corrente de comércio (exportações mais importações) foi de US$ 1 trilhão e a do Brasil de US$ 493 bilhões, no ano de 2011. Logo, o potencial do mercado da Aliança para o Pacífico é maior, mas a distância física entre o México e seus parceiros onera a formação de cadeias produtivas regionais. De qualquer forma, uma interpretação para a Aliança seria a construção de uma plataforma para investimentos chineses na região latina e, nesse caso, os países que já possuem acordos com a China (exceto o México) estariam em melhor posição do que o Brasil. Além de que, como já analisamos, as exportações do Brasil já são impactadas com os acordos da China com esses países.

As consequências econômicas do acordo para o Brasil irão depender mais, do nosso ponto de vista, das condições domésticas da economia e das diretrizes da política econômica. Se o ambiente de negócios do Brasil for favorável (o tema da elevada carga tributária e procedimentos burocráticos) e a economia retomar um ciclo de expansão, é pouco provável que se verifique desvios de investimentos.

A Aliança do Pacífico, porém, traz indagações sobre o projeto da integração sul-americana e o papel do Brasil. Esse tema ganha especial relevância num momento em que a consolidação da união aduaneira do Mercosul parece ser uma meta cada vez mais distante.[17] Logo, o que se questiona é a capacidade de liderança do Mercosul no projeto de integração sul-americana.

A principal indagação suscitada pelo debate sobre o novo regionalismo, porém, se refere ao tema das cadeias produtivas regionais e ao formato dos acordos negociados pelo Brasil. Voltamos a ressaltar uma questão já esboçada na primeira seção. Durante o debate sobre a constituição da Área de Livre Comércio das Américas, entre 1994 e 2001, era amplamente discutida a criação de um padrão "Mercosul" para ser contraposto ao "padrão Nafta" (Pereira,

---

17. A plena união aduaneira deveria entrar em vigor no ano de 2006. Desde 1999, porém, exceções aos compromissos acordados para a conformação da união foram sendo postergadas. Em adição, foram criadas novas exceções ao livre comércio intrarregional e à tarifa externa comum (MDIC, 2013).

2001).[18] A credibilidade do Mercosul como "bloco coeso" supunha a criação de normas, assim como no Nafta, sobre temas como compras governamentais, serviços, propriedade intelectual, entre outros. Esse ímpeto, porém, foi interrompido com a crise argentina, que levou à estagnação das negociações do Mercosul entre 1999-2000 e 2002. Depois, como mencionado, os impasses nas negociações da Alca levaram ao término das negociações em 2005, retirando o estímulo da Alca para a agenda Mercosul.

Consequentemente, as negociações sobre marcos regulatórios de investimentos, serviços, compras governamentais e outras questões que estão presentes nos acordos de livre comércio da nova geração estão ausentes ou mostram um baixo grau de compromisso no Mercosul. Os acordos assinados pelo Mercosul — logo, o Brasil — são restritos ao comércio de mercadorias.

Segundo Baumann (2010), a complementaridade produtiva é que permite a consolidação de uma "integração de fato" na região asiática, o que não ocorre na América do Sul. Na Ásia, a realização de acordos que promovem uma integração "mais profunda" cria um ambiente propício para a formação de cadeias produtivas regionais que consolidam o projeto de integração. O Brasil não é a China ou o Japão, que possa isoladamente assegurar os investimentos para a formação das cadeias produtivas. Nesse caso, seria o ambiente favorável com regras acordadas pelos países sul-americanos que atrairia os investimentos voltados para projetos regionais. Esse objetivo parece distante no momento.

E como avaliar o efeito dos mega-acordos (TPP e TTPI) na agenda brasileira?

Um se refere à análise dos possíveis impactos nos fluxos de comércio e investimento direto estrangeiro no Brasil. Aqui, como anteriormente analisado, o enfoque tradicional de mensuração dos desvios e criação de comércio não é suficiente. Caso esses acordos cheguem a um desfecho positivo, será criado um ambiente de facilitação do comércio entre os países que integram esses acordos que poderá impactar no cálculo das vantagens comparativas dos produtos brasileiros. Em especial os agrícolas, no caso do TTPI, onde são no-

---

18. Nafta: North America Free Trade Agreement. Tratado de Livre Comércio da América do Norte entre os Estados Unidos, México e Canadá, em vigor desde 1994.

tórias as diferenças de interpretações de normas fitossanitárias, uso de transgênicos e regulações afins no comércio agrícola. Logo, o risco não se resume aos produtos industriais.[19] No caso do TPP, a inclusão do Japão e da Coreia do Sul, além dos EUA, pode levar a dois cenários. Um, de confronto com a China na região, pouco provável; outro, de alguma solução que comporte as demandas chinesas.

4. Conclusões

O anúncio de amplos acordos regionais como o TPP, o Acordo Transatlântico e a Aliança do Pacífico ensejou o debate sobre o "isolamento do Brasil" da nova onda do regionalismo associado à formação das cadeias produtivas globais e regionais. Este artigo argumenta que iniciativas como a TPP e o Acordo Transatlântico estão associadas a movimentos liderados pelos EUA para conformação de regras que atendam aos interesses de expansão das suas empresas multinacionais, além de procurarem criar um marco que poderá eventualmente ser multilateralizado — e, dessa forma, disciplinar as políticas comerciais e industriais da China, em especial. Logo, a primeira questão que se coloca para o Brasil é se se deseja introduzir mudanças nas diretrizes das suas políticas domésticas que sejam favoráveis a um possível adensamento da participação do país nas cadeias globais, independentemente da realização de acordos.

A Aliança do Pacífico traz à tona o tema do projeto de integração sul-americana. Aqui o capítulo destacou a opção pela agenda temática minimalista nos acordos comerciais do Brasil. Repensar o Mercosul, seja como união aduaneira ou uma área de livre comércio, exige considerar questões que vão além do comércio de mercadorias. Recuperar um dos objetivos do Tratado de Assunção, que era a "inserção competitiva" dos países-membros, implica pensar nos compromissos que sejam favoráveis para a formação das cadeias produtivas regionais e na participação nas cadeias globais. Nesse caso, o primeiro passo é a reforma da tarifa externa comum, que ainda espelha as preferências protecionistas do Brasil.

---

19. Como referência histórica, basta lembrar o uso de hormônios na carne bovina nos Estados Unidos, que impediu a entrada desse produto por mais de 15 anos no mercado europeu (OMC, 2011).

Iniciamos o capítulo citando as três razões para a proliferação dos novos acordos regionais: fracasso de Doha; cadeias produtivas; e interesses domésticos. Terminamos com a lembrança do debate do final dos anos 1980 e como os novos condicionantes devem ser analisados nas diretrizes da política de comércio exterior do país.

No final dos anos 1980, crescia no país e na região latina o consenso sobre o esgotamento do modelo de substituição de importações. A Rodada Uruguai reforçou as demandas pela liberalização comercial. O país, junto com seus parceiros do Cone Sul (exceto Chile), respondeu a esse novo cenário com o projeto de integração do Mercosul, que consolidaria o compromisso com a abertura e promoveria a formulação de políticas na região favorável à "inserção competitiva da região". Os objetivos foram cumpridos (o segundo, em menor grau) até meados da segunda metade da década de 1990. As crises externas (México, Ásia, Rússia) e as domésticas distanciaram os países do projeto de integração como um dos instrumentos dos seus planos de desenvolvimento econômico.

Na primeira década do século XXI, o Brasil foi beneficiado pelo *boom* de preços das *commodities*. Nesse contexto, o tema dos acordos comerciais como instrumentos no crescimento econômico e/ou nas diretrizes das políticas de comércio exterior ficou subordinado, sob certo aspecto, aos objetivos da política externa. Essa privilegia a agenda de ascensão do Brasil como interlocutor dos países do Sul e/ou nações emergentes nos organismos multilaterais econômicos e políticos. A agenda de acordos comerciais cresceu e se diversificou geograficamente, mas não houve preocupação em incorporar as novas temáticas trazidas pelas mudanças na organização da produção mundial: as cadeias produtivas globais e regionais. As diretrizes da política de comércio exterior não foram mudadas nem com o quadro que já era esboçado desde meados dos anos 2000, de dificuldades crescentes para um desfecho que atendesse aos objetivos da Rodada Doha.

No final dos anos 2000, o debate sobre a "primarização da pauta de exportações", junto com a valorização da moeda nacional, reacendeu a discussão sobre as estratégias de política industrial no Brasil. Enquanto no contexto internacional continuava a ganhar proeminência a relação entre a formação das cadeias produtivas de valor e estratégias que assegurassem a participação dos países em desenvolvimento nos elos de maior valor adicionado das cadeias globais/regionais, no Brasil a opção da política privilegiou a formação das cadeias produtivas domésticas. Nesse contexto, nem o tema das cadeias produtivas regionais como forma de consolidação de um projeto de integração sul-americana teve destaque.

Diferentemente do final dos anos 1980 e início dos 1990, quando a política de comércio exterior procurou uma resposta que conciliasse os interesses domésticos (o projeto de ganhos de competitividade/produtividade a partir da integração sul-americana e o reconhecimento do esgotamento do modelo de substituição de importações) com os condicionantes externos (demanda por liberalização comercial de mercadorias e serviços, além de compromissos com novos marcos regulatórios, como os direitos de propriedade intelectual), o cenário atual sugere trajetórias divergentes.

A nova onda de regionalismo é uma das possíveis respostas aos condicionantes atuais do comércio mundial (Doha e preservação/ganhos/formas de inserção nos elos das cadeias produtivas globais/regionais), mas que deve ser avaliada à luz dos interesses domésticos de cada país.

Nosso argumento é que não existe uma resposta única, mas nenhuma pode ignorar os atuais condicionantes do comércio mundial. Políticas que privilegiem a concepção autárquica das cadeias produtivas, se já eram difíceis de serem visualizadas nos anos 1980, são ainda mais difíceis agora, quando o progresso tecnológico acelera a obsolescência dos métodos de produção.

Em suma, a principal questão que os novos acordos trazem não é, num primeiro momento, se o país deve ou não aderir a essa nova onda de regionalismo. E, sim, o reconhecimento de que as diretrizes da política de comércio exterior estão relegando o país a uma posição de distanciamento das tendências do comércio mundial que tornam difícil a proposta de uma agenda doméstica compatível com o projeto de inserção "competitiva do país". Em suma, a promoção de uma rodada de liberalização comercial é o primeiro passo para que se construa a agenda de acordos comerciais que o país queira privilegiar. Voltamos ao debate do final dos anos 1980...

Referências

ALCARO, R.; ALESSANDRI, E. A deeper and wider Atlantic. *Documenti IAI 13/01*, Feb., Rome, Instituto Affari Intrenazionali, 2013.

ARAUJO JR., J. T. Fragmentação da produção e competitividade internacional: o caso brasileiro. *Breves Cindes*, Rio de Janeiro, n. 73, abr. 2013.

BALDWIN, R. (2012). WTO 2.0: Global governance of supply-chain trade. *CEPR Policy Insight*, n. 64, dec. 2012. Disponível em: <www.cepr.org>.

BARBOSA, R. O Brasil fora das cadeias produtivas globais. *O Estado de S. Paulo*, 26 fev. 2013.

BAUMANN, R. *Regional trade and growth in Asia and Latin America*: the importance of productive complementarity. Documento do Escritório da Cepal, Brasília, 2010. LC/BRS/R238.

BERGSTEN, F. *US trade policy and the Doha Round*: an alternative view. 2011. Disonível em: <www.voxeu.org/article/ us-trade- policy- and – doha-round>.

BHAGWATI, J. The demands to reduce domestic diversity among trading nations. In: BHAGWATI, J.; HUDEC, R. E. (Ed.). *Fair trade and harmonization*. Vol. 1, Economic analysis. Cambridge, Massachusetts: The MIT Press, 1996. p. 9-40.

____. *Termites in the trading system how preferential agreements undermine free trade*. A council on foreign relations book. Nova York: Oxford University Press, 2008.

BONOMO, D. O acordo transatlântico e o Brasil. *O Estado de S. Paulo*, 14 fev. 2013.

CEBRI. *Desenvolvimento da indústria doméstica em contexto de crise internacional*: avaliando estratégias. Cebri, Rio de Janeiro, dez. 2012. Disponível em: <www.cebri.org.br>.

FUNDO MONETÁRIO INTERNACIONAL. *Word economic outlook database*. 2013. Disponível em: <www.img.org>.

LAWRENCE, R. Z. Perspectivas del sistema de comercio mundial e implicaciones para los países en desarrollo. *Pensamiento Iberoamericano*, 20, v. especial, p. 53-78, 1991.

LEITÃO, M. Recuo no Mercosul. *O Globo*, Rio de Janeiro, 18 maio 2013.

LESTER, S. *How much global trade governance should there be?* 2012. Disponível em: <www.voxeu.org/article/how-much-global-trade-governance-should-there-be>.

MDIC. Departamento de Negociações Internacionais. 2013. Disponível em: <www.mdic.gov.br>.

MESSERLIN, P. *Keeping the WTO busy while the Doha Round is stuck*. 2012. Disponível em: <www.voxeu.org/article/keeping-wto busy while-doha-round-stuck>.

OMC. *Regional trade agreements database*. 2013. Disponível em: <www.wto.org>.

____. The WTO and preferential trade agreements. *World trade report*. 2011. Disponível em: <www.wto.org>.

OMC. *World trade report 2012*: trade and public policies: a closer look at non-tariff measures in the 21st century. 2012.

PEREIRA, L. V. *A crise da regulação no comércio internacional*: o novo protecionismo-antecedentes e respostas. Tese (doutorado) — Instituto de Economia, Universidade Federal do Rio de Janeiro, Rio de Janeiro, 1998.

____. A nova onda de regionalismo: uma reflexão sobre a agenda brasileira. *Revista Mural Internacional*, ano IV, n. 1, p. 2-7, jan./jun. 2013. Disponível em: <www.e-publicações.uerj.br>.

____. Brazil trade liberalization program in coping with trade reforms. In: FERNANDEZ DE CORDOBA, Santiago; LAIRD, Sam (Ed.). *A developing-country perspective on the WTO industrial tariff negotiations*. Palgrave MacMillan, 2006.

____. Mercosul y Alca; principales temas de debate. *Contribuicones*, Konrad-Adenauer, Centro Interdisciplinario de Estudios sobre el Desarrolo CIEDLA, ano XVIII, v. 72, n. 4, p. 69-88, out./dez. 2001.

SISTEMA WITS. Disponível em: <http://wits.worldbank.org/wits/>.

SOARES DE LIMA, M. R. O Brasil e as relações Sul-Sul. *Dossiê Cebri, Desafios da Política Externa Brasileira*, ed. especial, Rio de Janeiro, ano 7, v. 1, 2008.

VEIGA, P. M.; RIOS, S. M. P. (2011). A política externa no Governo Dilma Rousseff: os seis primeiros meses. *Breves Cindes*, n. 53, jul. 2011. Disponível em: <www.cindesbrasil.org>.

WIGNARAJA, G. (2013). *Evaluating Asia's mega-regional RTA*: the regional comprehensive economic partnership. 2013. Disponível em: <www.voxeu.org/article/mega-regionalism-asia>.

WTO. *The future of trade*: the challenges of convergence. 2013. Disponível em: <www.wto.org/english/thewto_e/dg_e/dft_panel_e/future_of_trade_report_e.pdf>.

6

Inserção nas cadeias globais de valor e fragmentação da produção na indústria de transformação brasileira: uma nota*

*Mauricio Canêdo Pinheiro***

1. Introdução

É lugar-comum afirmar que a economia brasileira é uma das mais fechadas do mundo. Uma evidência disso é que a inserção brasileira no comércio internacional é bastante inferior à importância da economia do país em termos globais, como medida pelo PIB, por exemplo. Este fechamento tem implicações negativas importantes. Por um lado, quando se fala de bens de consumo finais, se vê uma redução no bem-estar das famílias brasileiras. Por outro lado, quando se fala de insumos intermediários, os efeitos negativos se manifestam na perda de competitividade da indústria doméstica.

Note-se que os referidos efeitos negativos são reforçados à luz do recente movimento internacional na direção da fragmentação dos processos produtivos e do surgimento de cadeias globais de valor, em que diferentes estágios da produção industrial são espalhados por diferentes países (Arndt e Kierskowski, 2001; Flôres Jr., 2009; Baldwin, 2012; Johnson e Noguera, 2012a, 2012b; OECD, 2013; Timmer et al., 2013). Se antes destes movimentos já era uma

---

* O autor agradece a Guilherme de Alencar Ramos e a Henrique Brasiliense de Castro Pires pelo auxílio na organização e manipulação da base de dados. Agradecimentos também aos comentários de Regis Bonelli, Armando Castelar Pinheiro e Julia Cavalcante Fontes. Obviamente, os erros remanescentes são de responsabilidade do autor e as opiniões expressas não refletem as posições institucionais da Fundação Getulio Vargas ou do Instituto Brasileiro de Economia.

** Pesquisador do Instituto Brasileiro de Economia da Fundação Getulio Vargas (FGV/IBRE).

desvantagem competitiva ter acesso restrito a insumos intermediários, agora essa desvantagem só tende a aumentar.

Um corolário dessa constatação é que políticas industriais que implicam proteção excessiva e por tempo indeterminado de setores da economia brasileira tendem a perder ainda mais apelo, por se situarem na contramão das tendências operando em escala global. Ao não ter acesso a insumos importados mais baratos ou de melhor qualidade, a indústria de transformação brasileira perde competitividade, que, por sua vez, é traduzida em redução na sua já pequena inserção internacional.

Com esse pano de fundo, o objetivo deste capítulo é não apenas documentar essa realidade, mas explorar alguns aspectos específicos sobre esse tema, que, pela ausência de dados, ainda não haviam sido adequadamente abordados pela literatura — pelo menos não para o caso específico do Brasil.[1]

Para explorar essa questão, este capítulo conta com quatro seções, além desta introdução. A seção 2 descreve brevemente a base de dados usada, bem como documenta o fechamento da economia brasileira com relação aos bens industriais consumidos pelas famílias. Também são discutidas algumas implicações com relação ao bem-estar dos consumidores e à competitividade da indústria doméstica, em especial aos incentivos para investimento em inovação. A seção 3 explora o mesmo tema dos pontos de vista dos insumos intermediários e do investimento em máquinas e equipamentos. Já a seção 4 aborda a inserção internacional da indústria de transformação brasileira nas cadeias produtivas de outros países. Por fim, na seção 5 são feitas breves considerações finais.

2. Quão fechada é a economia brasileira do ponto de vista do consumidor?

Para documentar o fato de que, do ponto de vista do consumo de bens finais, a economia brasileira é relativamente mais fechada do que as demais, usa-se uma base de dados recentemente tornada pública: a *World Input-Output Database* (*WIOD*). Trata-se de uma série de matrizes insumo-produto mundiais, englobando 40 países e 35 setores (14 deles da indústria de transformação) no

---

1. Para uma abordagem similar usando uma base de dados alternativa, ver Araujo Jr. (2013).

período entre 1995 e 2009. O uso dessas matrizes permite mapear os fluxos de comércio entre os países de forma mais detalhada. Por exemplo, é possível identificar exatamente o valor da produção da indústria metalúrgica brasileira que foi usado como insumo intermediário pela indústria química da Bélgica, ou que foi consumido pelas famílias do Canadá. Informações adicionais que constam da base de dados também permitem o cálculo da produtividade do trabalho para cada país e setor. Algumas estatísticas apresentadas ao longo desse capítulo já poderiam ser calculadas a partir das contas nacionais de cada país. A vantagem da *WIOD* é que, dado o trabalho de harmonização e compatibilização das informações, é possível fazer comparações internacionais mais confiáveis.[2]

Dito isso, cabe salientar novamente que o foco deste capítulo recairá sobre a indústria de transformação, bem como sobre os desdobramentos para o desenho da política industrial brasileira. Nesse sentido, a figura 1 indica que, ao contrário da maioria dos outros países, a participação das importações no consumo de bens industriais das famílias brasileiras reduziu-se entre 1995 e 2009. Além disso, nota-se que em 2009 essa participação era, no caso brasileiro, menor do que a observada em todos os países da amostra.[3]

A implicação mais óbvia dessa constatação é que, ao ter acesso restrito (ou a preços mais caros) a determinados bens industriais, o bem-estar das famílias brasileiras é, certamente, reduzido.[4]

Entretanto, por conta de falhas de mercado (externalidades, principalmente), pode ser justificável o uso de ferramentas de política industrial que implicam alguma proteção do mercado doméstico, desde que essa proteção seja moderada e que se reduza ao longo do tempo. Trata-se de prescrição confirmada

---

2. Para mais detalhes sobre o conteúdo e a metodologia para construção da *WIOD*, ver Timmer (2012). A Organização para a Cooperação e Desenvolvimento Econômico (OCDE) e a Organização Mundial do Comércio (OMC) divulgaram base de dados semelhante, porém com cobertura menos ampla com relação aos setores (apenas 18) e anos. Para mais detalhes, ver OECD (2013).
3. Como reflexo da crise internacional, a penetração das importações no consumo das famílias brasileiras caiu de 2008 para 2009. No entanto, o mesmo movimento foi observado na maioria dos países. Desse modo, as conclusões não se alteram substancialmente. O mesmo pode ser dito para o investimento e consumo intermediário.
4. O exemplo dos computadores é emblemático a esse respeito. Evidências indicam que a restrição do acesso a computadores importados implicou defasagem de preço ou desempenho de pelo menos três anos nos equipamentos produzidos (e usados) no Brasil com relação ao padrão internacional e gerou perdas de bem-estar da ordem de 20% do gasto dos consumidores (Luzio e Greenstein, 1995).

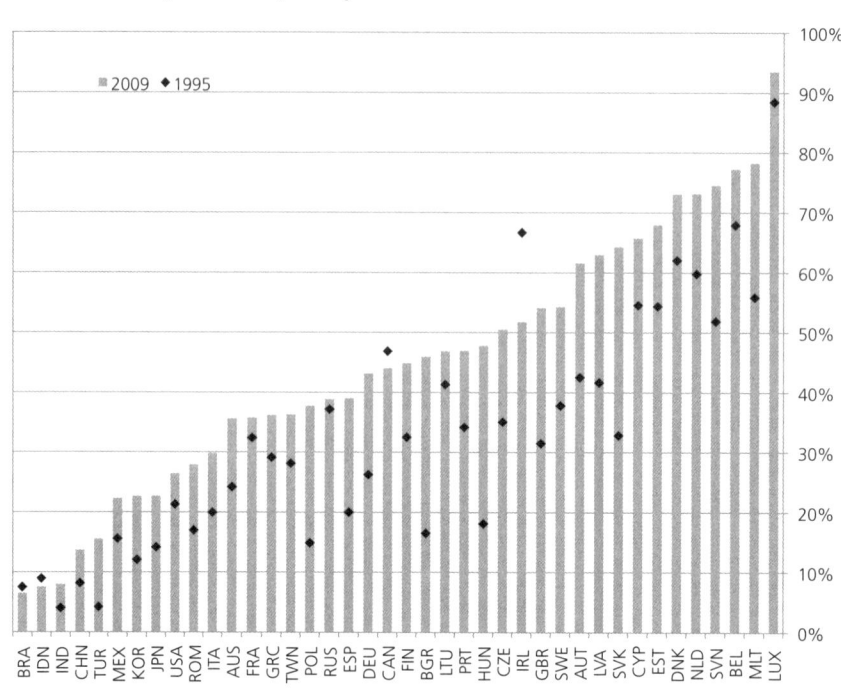

Figura 1
Penetração das importações no consumo de bens industriais

Fonte: Cálculos do autor a partir de *WIOD* (Timmer, 2012).

tanto pela teoria econômica quanto pela evidência empírica.[5] Em linhas gerais, as perdas de curto prazo dos consumidores seriam mais do que compensadas pelo ganho associado às externalidades mencionadas anteriormente.

Definitivamente, não foi isso que ocorreu no período analisado, pelo menos no que diz respeito aos bens industriais consumidos pelas famílias brasileiras. E note-se que sequer há evidências de que as perdas dos consumidores estejam se traduzindo em ganho de competitividade para as empresas brasileiras.

Pelo contrário, a proteção excessiva e por tempo indeterminado reduz os incentivos para investimento em pesquisa e desenvolvimento e inovação. Assim, a política industrial tem que ser tal que a indústria doméstica seja exposta gradativamente à competição internacional (Miyagiwa e Ohno, 1999). As evidências empíricas confirmam este entendimento, indicando que uma das principais alavancas do investimento em inovação é a pressão competi-

---

5. Ver Canêdo-Pinheiro (2013a) para referências e discussão sobre esse tema.

tiva exercida pelos concorrentes (sejam eles domésticos ou de outros países) (Aghion e Griffith, 2005). Desse modo, não é por acaso que as empresas brasileiras investem tão pouco em inovação.[6]

3. Fragmentação da produção na indústria de transformação brasileira

Outro aspecto do isolamento da economia brasileira é a baixa penetração de insumos importados. A figura 2 indica que, na maioria dos países, a penetração de insumos importados no consumo intermediário da indústria de transformação aumentou entre 1995 e 2009. Trata-se do processo de fragmentação da produção industrial mencionada anteriormente.[7]

No entanto, no caso da economia brasileira esse aumento foi pequeno, incapaz de reverter o fato de que a indústria do país é muito isolada do mercado externo. Comparada com outros países, usa-se muito pouco insumo importado no processo produtivo. A título de ilustração, em 2009 menos de 10% do consumo intermediário da indústria de transformação brasileira era proveniente de outros países.

A figura 2 também deixa claro que há muita variabilidade entre os países. Países pequenos, boa parte deles da Europa, tendem a usar mais intensivamente insumos importados do que países grandes ou ricos em recursos naturais, como Brasil, Estados Unidos, Austrália, China e Rússia. O mesmo pode ser dito de países mais próximos geograficamente de países desenvolvidos. O contraponto entre México e Brasil ilustra esse argumento.

Entretanto, mesmo levando-se em consideração esses fatores, é difícil não concluir que, se comparada com a maioria dos demais países da amostra, a indústria de transformação brasileira é muito fechada com relação à compra de insumos importados. Além disso, esse panorama pouco se modificou no período analisado.[8]

---

6. Obviamente esta não é a única causa do baixo investimento das empresas domésticas em inovação. Para uma discussão mais aprofundada sobre o tema, ver Canêdo-Pinheiro (2013b).
7. Trata-se da mesma medida de fragmentação usada em Timmer e colaboradores (2013). Alguns autores usam uma medida alternativa: conteúdo estrangeiro das exportações. Para um exemplo com ênfase no caso brasileiro, ver Araujo Jr. (2013).
8. Idealmente, seria desejável algum tipo de controle mais rigoroso para as diferenças de atributos entre os países. No entanto, este capítulo é apenas uma primeira abordagem do tema. Futuramente pretende-se dar um tratamento estatístico mais rigoroso a essa questão.

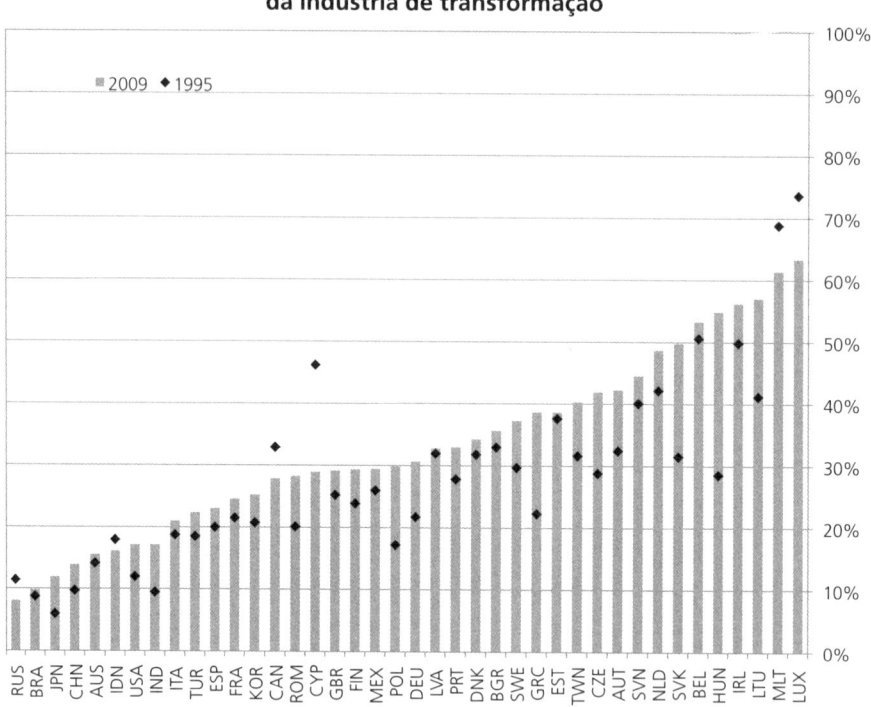

Figura 2
Participação dos insumos importados no consumo intermediário da indústria de transformação

■ 2009 ♦ 1995

(Eixo X, da esquerda para a direita: RUS, BRA, JPN, CHN, AUS, IDN, USA, IND, ITA, TUR, ESP, FRA, KOR, CAN, ROM, CYP, GBR, FIN, MEX, POL, DEU, LVA, PRT, DNK, BGR, SWE, GRC, EST, TWN, CZE, AUT, SVN, NLD, SVK, BEL, HUN, IRL, LTU, MLT, LUX)

Fonte: Cálculos do autor a partir de *WIOD* (Timmer, 2012).

Mas existe a possibilidade de o relativo fechamento da economia brasileira ser resultado de um efeito composição. Existem setores industriais nos quais a proximidade com os fornecedores é mais importante do que em outros. Se a economia brasileira for relativamente mais especializada nesses setores, o aparente fechamento pode ser fruto das diferenças na estrutura setorial da indústria de transformação, e não do isolamento com relação às importações de insumo. Nesse caso, uma análise mais detalhada dos setores industriais pode ajudar a responder essa questão.

A esse respeito, os resultados apresentados na tabela 1 indicam que, de fato, a indústria de transformação brasileira é relativamente fechada para a importação de insumos. Na grande maioria dos setores, a penetração dos insumos importados no consumo intermediário se encontra entre as mais baixas da amostra, muito inferior à média dos demais países. Não se trata, portanto, de um fenômeno gerado pela estrutura setorial da economia do Brasil.

Tabela 1
Participação dos insumos importados no consumo intermediário da indústria de transformação (por setores)

	1995			2009		
	Brasil	Média	Mínimo	Brasil	Média	Mínimo
Alimentos, Bebidas e Fumo	3,7%	14,9%	3,7% (Brasil)	3,2%	18,4%	3,2% (Brasil)
Têxtil e Vestuário	8,7%	33,0%	4,8% (Índia)	9,4%	33,2%	6,0% (China)
Couro e Calçados	6,7%	25,2%	4,3% (Japão)	27,0%	5,9%	4,5% (Japão)
Madeira e Mobiliário	4,2%	21,5%	4,2% (Brasil)	5,4%	22,5%	5,4% (Brasil)
Papel e Gráfica	8,7%	26,3%	3,8% (Japão)	8,9%	26,5%	5,2% (Japão)
Refino de Petróleo e Energia Nuclear	16,2%	50,5%	3,1% (México)	13,3%	51,3%	2,0% (Rússia)
Química	10,6%	33,7%	5,1% (Japão)	11,9%	37,2%	8,4% (Japão)
Borracha e Plásticos	11,9%	35,1%	4,1% (Japão)	13,4%	37,1%	6,8% (Japão)
Minerais Não Metálicos	8,1%	23,5%	4,8% (China)	7,6%	23,0%	5,5% (Rússia)
Metalurgia	10,6%	33,0%	7,3% (Japão)	10,9%	35,4%	5,8% (Rússia)
Máquinas e Equipamentos	8,1%	32,4%	4,6% (Japão)	9,3%	35,2%	9,3% (Brasil)
Equipamentos Elétricos e Óticos	12,5%	38,4%	5,9% (Japão)	17,5%	41,4%	10,2% (Japão)
Equipamentos de Transporte	8,9%	34,5%	2,2% (Japão)	11,9%	37,7%	5,3% (Japão)
Outras Indústrias	6,8%	26,7%	5,2% (Japão)	7,7%	30,9%	6,0% (Japão)

Fonte: Cálculos do autor a partir de *WIOD* (Timmer, 2012).

Se no caso dos produtos finais o efeito negativo do fechamento da economia brasileira se manifesta como perda de bem-estar para os consumidores, no caso dos insumos intermediários o impacto negativo se manifesta como perda de competitividade. Ter acesso restrito a insumos intermediários importados implica uma desvantagem competitiva importante, especialmente em um ambiente em que empresas instaladas em outros países se valem da fragmentação produtiva como ferramenta para ganhar competitividade.

A figura 3 ilustra esse ponto. Ela relaciona a produtividade-hora do trabalho com a penetração das importações no consumo intermediário para os 40 países da amostra no ano de 2009. Por certo, não se esperaria uma relação positiva clara entre as duas variáveis. A produtividade do trabalho depende de muitos outros fatores relevantes — estoque de capital físico e humano, por exemplo — que não foram considerados na análise. No entanto, mesmo assim é possível observar uma relação positiva entre as variáveis em questão quando se separa os países em dois grupos: pouco produtivos (em preto) e muito produtivos (em cinza). Em outras palavras, mesmo um exercício estatístico bastante simples parece ser capaz de capturar a relação positiva entre as variáveis. Ressalte-se que não se trata de uma relação de causalidade, que somente poderia ser inferida a partir de um exercício estatístico mais cuidadoso.

Figura 3
Produtividade e penetração das importações no consumo intermediário (2009)

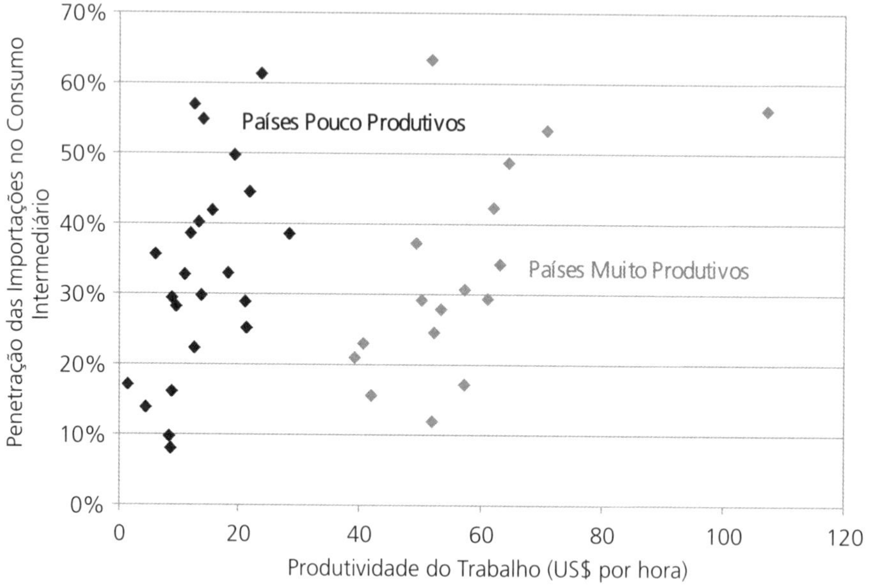

[Gráfico de dispersão: eixo Y — Penetração das Importações no Consumo Intermediário (0% a 70%); eixo X — Produtividade do Trabalho (US$ por hora), de 0 a 120. Indicações "Países Pouco Produtivos" e "Países Muito Produtivos".]

Fonte: Cálculos do autor a partir de *WIOD* (Timmer, 2012).

O efeito negativo desse tipo de política ganha mais relevo à luz da evidência de que a importação de insumos — em especial, bens de capital — é um importante canal pelo qual empresas de setores em desenvolvimento absorvem tecnologia. A importância desse aspecto no desenvolvimento dos países do Leste Asiático — normalmente apontados como sucessos de política industrial — é enfatizada por vários autores (Pack, 2001).

Sem contar que a imposição de barreiras à importação de bens de capital tende a aumentar o preço relativo do investimento, o que tem de fato ocorrido no Brasil ao longo dos anos (Bonelli e Bacha, 2013). Definitivamente não se trata de uma boa estratégia em face das baixas taxas de investimento observadas em âmbito doméstico.

Nesse ponto, vale uma breve comparação entre as experiências brasileira e a desses países. A partir do final da década de 1970, a política industrial brasileira caracterizou-se por uma série de barreiras à adoção de novas tecnologias, ao contrário dos países do Leste Asiático, que criaram mecanismos para facilitar esta atividade. Tome-se o exemplo da Coreia do Sul. O foco da política industrial naquele país foi mantido em atingir competitividade internacional em determinados setores. Se fosse possível atingir esse objetivo com algum encadeamento da economia doméstica na direção dos insumos, melhor. Se não, nenhum tipo de barreira à importação dos insumos era imposta. Pelo contrário, muitas vezes a importação de determinados insumos recebia incentivos. Não por acaso, a relevância das importações, sobretudo de bens de capital, para o aumento da produtividade da indústria sul-coreana é ressaltada por diversos autores (Rodrik, 1995; Noland e Pack, 2003).[9]

Essa abordagem contrasta com a experiência brasileira. No início do processo de substituição de importações, a importação de bens de capital e insumos intermediários foi facilitada. Entretanto, a política industrial foi gradativamente caminhando para um fechamento cada vez maior da economia, com um desestímulo crescente à importação de insumos intermediários em favor da produção doméstica, esta última fortemente protegida.

Para ilustrar esse ponto, a figura 4 apresenta a participação das importações no investimento em bens industriais para cada país da amostra nos anos de 1995 e 2009. E os resultados são semelhantes aos encontrados para o consumo intermediário. A despeito do aumento no período analisado, a penetração das importações no investimento brasileiro em bens industriais é relativamente pequena.

Trata-se, em parte, de herança de políticas industriais voltadas para o fomento da indústria doméstica em virtualmente todos os elos da cadeia produtiva e do modelo de substituição (não competitiva) de importações.[10] No entanto, após interregno de alguns anos, esse tipo de política tem sido retomado gradativamente no período recente. A sua face mais visível são políticas de requerimento mínimo de conteúdo local em vários setores, margens de preferência em compras públicas para produtos nacionais e aumento dos desembolsos do BNDES (que, muitas vezes, têm como contrapartida a obrigação de compra de equipamentos e produtos nacionais).

---

9. Existem também evidências relacionando a importação de máquinas e equipamentos ao crescimento de países em desenvolvimento em geral (ver, por exemplo, Mazumdar, 2001).
10. Obviamente, existem diversos outros fatores que colaboram para gerar esse resultado. Alguns deles serão tratados na seção de conclusão deste capítulo.

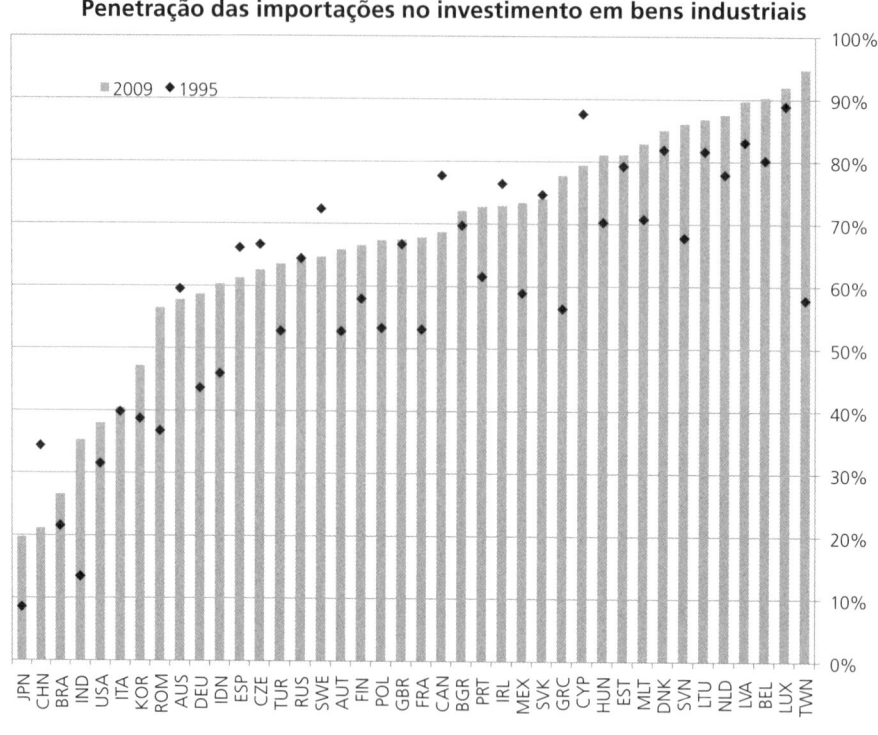

Figura 4
Penetração das importações no investimento em bens industriais

[Gráfico de barras com legenda: ■ 2009 ♦ 1995. Eixo horizontal com países: JPN, CHN, BRA, IND, USA, ITA, KOR, ROM, AUS, DEU, IDN, ESP, CZE, TUR, RUS, SWE, AUT, FIN, POL, GBR, FRA, CAN, BGR, PRT, IRL, MEX, SVK, GRC, CYP, HUN, EST, MLT, DNK, SVN, LTU, NLD, LVA, BEL, LUX, TWN. Eixo vertical de 0% a 100%.]

Fonte: Cálculos do autor a partir de *WIOD* (Timmer, 2012).

4. Inserção da indústria de transformação brasileira nas cadeias globais de valor

Por um lado a indústria de transformação brasileira é muito fechada para a importação de bens industriais consumidos pelas famílias, insumos intermediários e bens de capital. Por outro lado, também não consegue espaço em mercados de outros países.

Nesse sentido, um indicador sintético desse último tipo de inserção internacional é o índice de vantagem comparativa revelada (IVCR), que é a razão entre a participação das exportações de um determinado setor no total exportado pelo país e a mesma participação em termos mundiais. A tabela 2 indica que, dos 14 setores industriais contemplados pela base de dados, oito apresentaram índices superiores ou muito próximos da unidade em 2009: (*i*) Alimentos, Bebidas e Fumo; (*ii*) Couro e Calçados; (*iii*) Madeira e Mobiliário; (*iv*) Papel e Gráfica; (*v*) Refino de Petróleo e Energia Nuclear; (*vi*) Minerais Não Metálicos; (*vii*) Metalurgia; (*viii*) Equipamentos de Transporte.[11] Desses, apenas o último não apresentava o índice superior à unidade também em 1995.

Tabela 2
Índice de vantagem comparativa revelada na indústria
de transformação brasileira (por setores)

	Insumos Intermediários + Demanda Final		Somente Demanda Final		Somente Insumos Intermediários	
	1995	2009	1995	2009	1995	2009
Alimentos, Bebidas e Fumo	3,1	3,6	2,6	3,6	6,7	5,1
Têxtil e Vestuário	0,5	0,2	0,6	0,1	0,6	0,6
Couro e Calçados	3,5	1,8	4,4	1,4	4,4	4,6
Madeira e Mobiliário	1,8	1,6	0,2	0,2	1,6	1,6
Papel e Gráfica	1,6	1,6	0,1	0,1	1,6	1,7
Refino de Petróleo e Energia Nuclear	0,9	1,2	1,3	1,7	0,7	1,0
Química	0,7	0,6	0,4	0,4	0,7	0,6
Borracha e Plásticos	0,7	0,7	0,6	0,2	0,7	0,7
Minerais Não Metálicos	1,0	1,0	1,0	0,3	0,9	1,0
Metalurgia	1,8	1,3	0,3	0,2	1,6	1,3
Máquinas e Equipamentos	0,6	0,6	1,0	0,7	0,6	0,5
Equipamentos Elétricos e Óticos	0,3	0,2	0,3	0,3	0,2	0,2
Equipamentos de Transporte	0,8	1,0	0,5	1,4	1,2	0,7
Outras Indústrias	0,5	0,3	0,9	0,4	0,4	0,1

Fonte: Cálculos do autor a partir de *WIOD* (Timmer, 2012).

Ademais, nota-se que, para vários setores, o índice de vantagem comparativa revelada é muito diferente quando calculado para bens finais e para insumos intermediários. Desse modo, embora o objetivo deste capítulo não seja analisar o desempenho de cada setor em profundidade, vale a pena alguns breves comentários a esse respeito.

Nos setores de Alimentos, Bebidas e Fumo, por exemplo, quando se levam em consideração somente os insumos intermediários, a vantagem compa-

---
11. Os resultados são similares aos encontrados em Araujo Jr. (2013), que usa uma base de dados distinta.

rativa revelada do Brasil se revela alta, embora declinante entre 1995 e 2009. Por outro lado, o mesmo indicador, calculado somente para a demanda final, aumentou no período analisado. Esse comportamento indica que, nesse setor, o Brasil está perdendo vantagem comparativa em produtos usados como insumos intermediários e ganhando em produtos destinados ao consumidor final, geralmente com maior valor adicionado. No setor Couro e Calçados está ocorrendo justamente o contrário. Por sua vez, em setores como Madeira e Mobiliário, Papel e Gráfica e Metalurgia tem-se que a vantagem comparativa revelada também se manifesta somente nos insumos intermediários.

À luz da seção anterior, também cumpre salientar o desempenho dos setores produtores de bens de capital: Máquinas e Equipamentos, Equipamentos Elétricos e Óticos e Equipamentos de Transporte. O Brasil definitivamente não possui vantagem comparativa revelada nos dois primeiros (e nada indica que possa tê-lo no médio prazo). No entanto, depois de aumentos na década de 1990, observa-se uma tendência de redução da penetração das importações na formação bruta de capital (fig. 5). Interessante que tendência muito semelhante é observada na China. Entretanto, ao contrário do Brasil, a China vem experimentando aumentos expressivos de competitividade na produção de bens de capital.[12]

Por fim, cabe analisar com mais detalhes o comportamento do setor de Equipamentos de Transporte. Trata-se de um setor no qual a fragmentação produtiva tem se mostrado especialmente importante como instrumento para alcançar competitividade (Araujo Jr., 2013). A figura 6 indica que há uma relação positiva entre a competitividade do setor na exportação de bens finais e a penetração das importações no consumo intermediário. Em outras palavras, trata-se de mais uma evidência anedótica de que o acesso a insumos intermediários importados tem efeitos positivos na competitividade das empresas.

5. Conclusões

Este capítulo documentou mais uma vez que o Brasil é um país muito fechado ao comércio internacional. Mais ainda, que esse isolamento não se restringe

---

12. Em 2009, a China já exibia vantagem comparativa revelada em Máquinas e Equipamentos e Equipamentos Elétricos e Óticos. Em Equipamentos de Transporte, embora não apresente vantagem comparativa revelada, o ICVR triplicou no período analisado.

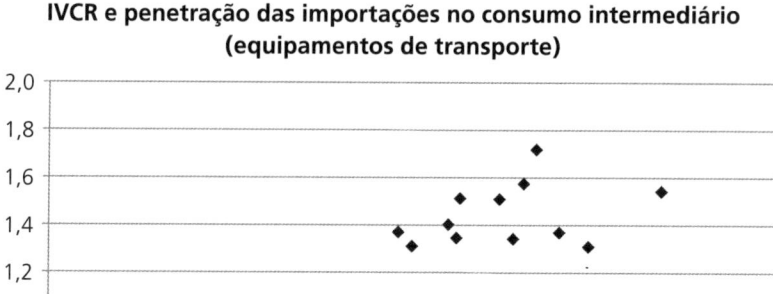

Figura 5
**Penetração das importações no investimento em bens industriais
(Brasil × China)**

Fonte: Cálculos do autor a partir de WIOD (Timmer, 2012).

Figura 6
**IVCR e penetração das importações no consumo intermediário
(equipamentos de transporte)**

Fonte: Cálculos do autor a partir de WIOD (Timmer, 2012).

aos bens industriais consumidos pelas famílias — com a redução do excedente do consumidor resultante —, mas também alcança os insumos intermediários. Neste caso, os efeitos negativos se manifestam em termos de perda de competitividade, em particular nos setores industriais nos quais a fragmentação produtiva é ferramenta importante de competitividade.

Adicionalmente, também se verifica o mesmo padrão no que diz respeito à compra de máquinas e equipamentos. Novamente, os efeitos negativos tendem a se manifestar na competitividade dos setores, principalmente quando se leva em consideração que a compra de máquinas e equipamentos importados foi parte importante da estratégia de crescimento de países apontados como sucesso de política industrial.

O isolamento da economia brasileira é, em parte, resultado de escolhas de política feitas no passado. Entretanto, chama atenção o recente e gradativo aumento de políticas industriais que tendem a aprofundar esse modelo de desenvolvimento autárquico, no qual insumos intermediários são fortemente protegidos da competição internacional.

A esse respeito, a comparação da experiência de diversos países permite concluir que política industrial não é condição suficiente para garantir convergência para o nível de renda dos países mais ricos. Pelos mais diversos motivos, praticamente todos os países do mundo fizeram algum tipo de política industrial. Alguns conseguiram crescer de forma sustentada e hoje são países desenvolvidos, mas a maioria deles não alcançou os resultados almejados, inclusive o Brasil.

Nesse sentido, a diferença entre sucesso e fracasso está no modo como são construídos os incentivos para as empresas e setores contemplados pela política industrial. Proteção excessiva por tempo indeterminado, ausência de metas e regras de saída, barreiras para importação de insumos — características típicas da experiência brasileira — parecem ser uma receita certa para o fracasso. Países que evitaram esses erros conseguiram mudar a estrutura de sua economia e crescer de forma sustentada.

No entanto, mudanças de rumo na política industrial tendem a enfrentar forte mobilização de grupos organizados. Conforme salientado por outros autores (Araujo Jr., 2013), a abertura da economia, mesmo que gradual, tende a exacerbar a sensação de desindustrialização, na medida em que implicará um aumento da penetração de insumos intermediários.

Além disso, embora tenha se dado ênfase aos desdobramentos do isolamento da economia brasileira em termos de políticas industriais (seletivas), deve-se considerar que certas políticas horizontais são condições necessárias para que sejam alcançados níveis mais altos de renda. De fato, não se conhece país que tenha obtido sucesso sem, por exemplo, provisão satisfatória de infraestrutura, investimentos significativos em capital humano e ambiente macroeconômico adequado (Canêdo-Pinheiro, 2013a).

Nesse contexto, convém salientar que a distância (geográfica ou em termos de custos de transporte) é fator importante para explicar a fragmentação do processo produtivo e os ganhos de competitividade dele resultantes (Johnson e Noguera, 2012a). Assim, também é importante reduzir o custo de transporte e logística do Brasil, fator tão relevante quanto as barreiras tarifárias para explicar o isolamento da nossa economia dos fluxos internacionais de comércio (Pagés, 2010).

Referências

AGHION, P.; GRIFFITH, R. *Competition and growth*. Reconciling theory and evidence. Cambridge, Londres: MIT Press, 2005.

ARAUJO JR., J. T. Fragmentação da produção e competitividade internacional: o caso brasileiro. *Breves Cindes*, n. 73, 2013.

ARNDT, S. W.; KIERSKOWSKI, H. (Ed.). *Fragmentation*: new production patterns in the world economy. Oxford: Oxford University Press, 2001.

BALDWIN, R. Global supply chains: why they emerged, why they matter, and where they are going. *CTEI Working Paper*, n. 2012-13, 2012.

BONELLI, R.; BACHA, E. Crescimento brasileiro revisitado. In: VELOSO, F. et al. (Org.). *Desenvolvimento econômico*: uma perspectiva brasileira. Rio de Janeiro: Elsevier, 2013. p. 236-262.

CANÊDO-PINHEIRO, M. Experiências comparadas de política industrial no pós-guerra: lições para o Brasil. In: VELOSO, F. et al. (Org.). *Desenvolvimento econômico*: uma perspectiva brasileira. Rio de Janeiro: Elsevier, 2013a. p. 381-404.

_____. Innovation in Brazil: overview, diagnosis and policy suggestions. In: VELOSO, F. A. A.; PEREIRA, L. V.; BINGWEN, Z. (Org.). *Surmounting the middle income trap*: the main issues for Brazil. Pequim: Economic & Management Publisinhg House, 2013b. p. 47-68.

FLÔRES JR., R. G. Mitos e mal-entendidos sobre a fragmentação. *Boletim Regional, Urbano e Ambiental*, n. 3, p. 93-100, 2009.

JOHNSON, R. C.; NOGUERA, G. Fragmentation and trade in value added over four decades. *NBER Working Paper*, n. 18186, 2012a.

____; ____. Accounting for intermediates: production sharing and trade in value added. *Journal of International Economics*, v. 86, p. 224-236, 2012b.

LUZIO, E.; GREENSTEIN, S. Measuring the performance of a protected infant industry: the case of Brazilian microcomputers. *Review of Economics and Statistics*, v. 77, p. 622-633, 1995.

MAZUMDAR, J. Imported machinery and growth in LDCs. *Journal of Development Economics*, v. 65, p. 209-224, 2001.

MIYAGIWA, K.; OHNO, Y. Credibility of protection and incentives to innovate. *International Economic Review*, v. 40, p. 143-163, 1999.

NOLAND, M.; PACK, H. *Industrial policy in an era of globalization*: lessons from Asia. Washington: Institute for International Economics, 2003.

OECD. *Interconnected economies*: benefiting from global value chains. OECD Publishing, 2013.

PACK, H. The role of foreign technology acquisition in Taiwanese growth. *Industrial and Corporate Change*, v. 10, p. 713-733. 2001.

PAGÉS, C. (Ed.). *The age of productivity*: transforming economies form the bottom up. Nova York: Palgrave MacMillan, 2010.

RODRIK, D. Getting interventions right: how South Korea and Taiwan grew rich. *Economic Policy*, v. 10, p. 55-97, 1995.

TIMMER, M. (Ed.) *The World Input-Output Database (WIOD)*: contents, sources and methods. Versão 0.9. 2012. Disponível em: <www.wiod.org/publications/source_docs/WIOD_sources.pdf>.

____ et al. Fragmentation, incomes and jobs. An analysis of European competitiveness. *GGDC Research Memorandum*, n. 130, 2013.

7

O fraco desempenho da indústria é culpa da crise?

Regis Bonelli
Armando Castelar Pinheiro
*Luiza Niemeyer**

1. Introdução

Tsunami ou marolinha? Passados cinco anos desde que a crise financeira internacional atingiu a economia brasileira, ainda não parece haver um consenso sobre o quanto ela afetou o desempenho econômico do país. Em especial, o discurso oficial oscila entre argumentar que o impacto foi pequeno, pois o Brasil estava preparado, e apontar que seu efeito deflacionário seria forte o bastante para justificar o redobrado expansionismo fiscal e o grande e rápido corte na taxa básica de juros realizado a partir de agosto de 2011.

Os números do PIB também ajudam pouco para criar um consenso sobre o tema: a economia desacelerou fortemente no último trimestre de 2008 e no primeiro de 2009, mas depois se recuperou com força e rapidez, a ponto de expandir 7,5% em 2010. A partir daí, porém, o país passou a registrar um desempenho cronicamente deficiente, que não parece estar próximo do fim.

Algo semelhante pode ser dito da indústria brasileira, que se contraiu e depois reagiu com força entre o final de 2008 e 2010. Ao contrário do que aconteceu com a economia como um todo, porém, a indústria brasileira não se recuperou integralmente do tombo tomado com a crise. De fato, um aspecto notável, e preocupante, da economia brasileira é a quase estagnação da indústria de transformação a partir de 2011. Como ilustra o gráfico 1, a evo-

---

* Pesquisadores do Instituto Brasileiro de Economia da Fundação Getulio Vargas (FGV/IBRE). Os autores agradecem o apoio de Julia Fontes e a assistência de pesquisa de Daniel Duque.

lução da produção física (dessazonalizada) da indústria de transformação — e também da indústria geral — parece ter sofrido uma inflexão com a crise, que interrompeu a expansão em curso desde o início da década passada. Assim, em julho de 2013, a produção de manufaturas ficou 3,1% abaixo da atingida cinco anos antes.

Gráfico 1
Produção da indústria de transformação
(jan. 1991 a jul. 2013, série dessazonalizada, média 2002 = 100)

Fonte: IBGE, PIM-PF.

Mas será que essa estagnação está associada exclusivamente à crise? Será que não se deve também creditar à política econômica, em especial no que concerne à competitividade da indústria nacional, alguma responsabilidade pelo fraco desempenho industrial dos últimos cinco anos?

Há ainda pouca discussão informada, e muitas dúvidas, sobre essas questões. Observa-se, porém, que as respostas apresentadas até o momento em geral consideram a indústria de transformação como um único setor e focam explicações que independem da dinâmica específica dos diversos subsetores, tais como a apreciação cambial, a falta de infraestrutura ou a alta no custo unitário do trabalho. Ao se focar o agregado perde-se a oportunidade de examinar possíveis contrastes entre os desempenhos setoriais, que podem ajudar a informar as causas da recente estagnação industrial, assim como a avaliar suas perspectivas.

Com essas observações em mente, o objetivo deste trabalho é oferecer uma descrição analítica do desempenho industrial brasileiro no decênio 2003-13. O foco é no período pós-crise, mas em várias ocasiões é preciso ampliar o horizonte de análise.

Em especial, se busca examinar a evolução da produção setorial e por atividades, de forma a avaliar em que medida as explicações usualmente apontadas para explicar a "desindustrialização" recente são consistentes com as diferenças de desempenho entre setores; por exemplo, se os setores que crescem menos tiveram maior penetração das importações ou são mais intensivos em trabalho.

O texto está organizado em cinco seções, incluindo esta introdução. A seção 2 apresenta uma breve descrição do desempenho industrial brasileiro nas duas últimas décadas, para contextualizar a discussão e avaliar quão incomum é, ou não, a estagnação observada no último lustro. A seção 3 compara o desempenho das atividades da indústria de transformação antes e depois da crise, avaliando quão disseminada é a estagnação por atividades no interior da indústria e o papel do comércio internacional na perda de dinamismo. A seção 4 decompõe a variação da demanda e da oferta de produtos industriais, por atividade, em demanda doméstica e exportações, de um lado, e produção nacional e importações, de outro. Analisa-se depois se os padrões observados ajudam a explicar o desempenho setorial da produção. Uma última seção resume as principais conclusões.

2. A indústria de transformação e as crises externas das duas últimas décadas

Como indica o gráfico 1, a evolução da produção física brasileira de bens manufaturados nos últimos 22 anos foi tudo, menos suave. Impactada por uma série de choques domésticos e crises externas, a produção industrial alternou anos de estagnação, ou mesmo queda, com períodos de forte expansão.

As fases de aceleração do crescimento que transparecem do gráfico 1 estão resumidas na tabela 1. De forma algo crua, podemos identificar nesse gráfico e na tabela vários períodos com características bem distintas.

Um primeiro episódio de expansão acelerada começou em meio à recessão do governo Collor e prosseguiu até a crise do México, em dezembro de 1994. Ao todo, esse episódio durou 36 meses, tendo registrado a maior taxa média de expansão anualizada de todo o período aqui analisado: 10,5% ao ano. Para este resultado contribuiu o Plano Real, lançado em meados de 1994. À guisa de comparação, entre os últimos trimestres de 1991 e 1994, o PIB teve expansão média anualizada de 6,1%. Processa-se, portanto, um ganho importante da indústria de transformação na economia, quando produção e PIB são medidos a preços constantes.

Tabela 1
Crescimento nas fases de recuperação da indústria desde 1991 (%)

Período da recuperação	(Nº meses)	Taxa média mensal (%)	Taxa anualizada (%)
Dez. 1991 – Dez. 1994	(36)	0,839	10,5
Ago. 1995 – Out. 1997	(26)	0,606	7,5
Dez. 1998 – Dez. 2000	(24)	0,662	8,2
Jun. 2003 – Jun. 2008	(60)	0,503	6,2
Dez. 2008 – Mar. 2011	(27)	0,835	10,5

Fonte: IBGE, PIM-PF; elaboração dos autores.

Junto à crise do México, no final de 1994, vieram as dificuldades no financiamento do Balanço de Pagamentos, que levaram as autoridades brasileiras a frear a economia, em especial com forte alta dos juros básicos no início de 1995. Porém mais do que um episódio isolado, a crise da desvalorização do peso mexicano marcou o início de um longo período de crises externas sequenciais. Ainda assim, entre a crise do México e a asiática (1997), a indústria cresceu expressivos 7,5%, em termos anualizados, nos 26 meses entre agosto de 1995 e outubro de 1997.

Em seguida à crise asiática veio a russa (1998). Mas, já no fim desse ano, nos 24 meses entre dezembro de 1998 e o mesmo mês de 2000, a indústria cresceu 8,2% ao ano. Sobreveio então a crise argentina (2001). Além disso, em 2000 a bolha das empresas de internet estourou; em 2001, houve o racionamento de energia elétrica no Brasil e a desaceleração americana, com o ataque às Torres Gêmeas; e, em 2002, ocorreu uma crise de financiamento externo provocada pela perspectiva de ascensão ao poder do Partido dos Trabalhadores.

Tudo isso aconteceu em meio à consolidação do Plano Real, desafio que restringiu os graus de liberdade da equipe econômica em responder a choques.

Vimos que no período que se estende do início de 1995 ao segundo semestre de 2003 a produção da indústria de transformação oscilou consideravelmente, em ciclos curtos, mas sem romper de forma sustentada o pico de produção alcançado em dezembro de 1994. Assim, entre o último trimestre de 1994 e o terceiro de 2003, a produção de manufaturas registrou expansão média anual de 0,1% quando medida pelas Contas Nacionais trimestrais. No mesmo período, o PIB aumentou em média 1,5% ao ano. Ou seja, a indústria de transformação perdeu peso na economia.

O quarto episódio de crescimento da produção manufatureira foi mais longo do que todos os anteriores aqui comentados e começou em meados de 2003, conforme foi ficando claro que o governo Lula manteria o tripé macroeconômico herdado do governo FHC. A expansão ganhou força com a alta do preço das *commodities*, a partir de 2004. Como resultado, a produção física da indústria expandiu-se à média anual de 6,2% ente junho de 2003 e junho de 2008.

Em termos do valor adicionado, para comparação com o PIB trimestral, a produção de manufaturas cresceu em média 5,4% ao ano do terceiro trimestre de 2003 ao mesmo trimestre de 2008. Ainda que esse tenha sido um desempenho notável, a produção manufatureira cresceu (apenas) *pari passu* com o PIB, que no mesmo período teve expansão média de 5,2% ao ano. Ou seja, a indústria de transformação essencialmente nem ganhou nem perdeu importância na economia.

Outra curta fase de crescimento, a última experimentada até o presente, teve lugar nos 27 meses que separam dezembro de 2008 e março de 2011, quando a produção física da indústria aumentou 10,5% quando os dados mensais são anualizados. Inicialmente baseada na recuperação da forte queda de produção registrada entre setembro e dezembro de 2008, a retomada industrial teve forte impacto sobre o crescimento econômico do período.

Finalmente, temos o período de estagnação que veio na esteira da quebra do banco Lehman Brothers. Comparando-se o segundo trimestre de 2013 com o terceiro de 2008, por exemplo, observa-se que a produção manufatureira caiu nesses quase cinco anos à taxa média de 0,2% ao ano quando aferida pela métrica das contas trimestrais. No mesmo período, o PIB teve expansão média anual de 2,4%.

Assim, ainda que até o momento a estagnação pós-crise da indústria de transformação tenha sido mais curta do que a que seguiu à crise do México, seu desempenho relativo foi pior, com uma perda mais significativa de peso na economia. De fato, a diferença entre as taxas de variação do PIB e da produção manufatureira no período mais recente é quase o dobro da observada no episódio anterior de estagnação.

A decomposição das últimas duas décadas nesses episódios ajuda a ver que a estagnação pós-crise da indústria de transformação, apesar de longa, não é tão atípica quanto poderia parecer à primeira vista. Nosso interesse maior é, porém, entender o que explica o desempenho relativo tão ruim da indústria de transformação no período pós-crise. Em especial, por que o desempenho relativo da indústria de transformação é tão assimétrico antes e depois da quebra da Lehman Brothers, como indica o gráfico 2.

Vale registrar ainda que a evolução do período imediatamente pré-crise é menos benéfica para a indústria de transformação do que podem sugerir as altas taxas de expansão no quinquênio 2004-08. Como ilustra o desempenho relativo do setor em 1992-94, em geral, quando a economia cresce em ritmo acelerado, a produção de manufaturados se expande em ritmo superior ao

Gráfico 2
Índices do Valor Adicionado — indústria de transformação e VA Total (eixo da esquerda) e sua diferença percentual (eixo da direita) por trimestres — 2000-13 (2º trim.)

Fonte: IBGE, Contas Nacionais Trimestrais; elaboração dos autores.

do PIB. Para mostrar que isso não foi um resultado apenas de se estar comparando produção de um lado e valor adicionado (PIB) de outro, no gráfico 2, construído com dados das Contas Nacionais Trimestrais dessazonalizados, apresentamos a evolução dos PIB a preços básicos da indústria de transformação e da economia como um todo de 2000 a meados de 2013. Os resultados aí mostrados confirmam a observação anterior.

De fato, o gráfico 2 sugere que há uma quebra no desempenho relativo, descontinuidade essa que é mais nítida a partir do segundo trimestre de 2008. Ficam aí evidentes tanto o fato de que os dois agregados — PIB total e PIB da indústria de transformação — tiveram altas semelhantes no pré-crise, como o de que a estagnação da indústria de transformação contrasta com o desempenho mais satisfatório do PIB a partir daquela data. Isso é claramente visualizado na linha pontilhada lida no eixo da direita do gráfico, que indica que até o final de 2008 a média das diferenças percentuais entre as duas séries era de cerca de 10%. Já a média dos trimestres posteriores é de 24%.

Por quê? O que terá mudado em relação às fases de crescimento anteriores? A seção seguinte começa a explorar essa questão a partir do comportamento das atividades que compõem a indústria de transformação.

3. Desempenho setorial: unidade na diversidade

As tabelas 2 e 3 permitem uma avaliação de médio prazo das mudanças no interior da indústria geral, destacando as atividades que ganharam ou perderam participação entre 2003 e 2013.[1] O período foi subdividido em dois, para comparar a evolução antes e depois da crise mundial. No primeiro subperíodo (2003-08), a indústria geral cresceu 4,4% ao ano, em média. No segundo, essa taxa caiu para 0,5% ao ano.

Nas duas tabelas, separamos as 24 atividades industriais em três grupos, que denominamos de líderes, não líderes e retardatárias. As líderes são aquelas cuja contribuição para o aumento da produção total supera sua participação inicial na indústria. São, portanto, as que "puxam" o crescimento. As não

---

1. Os dados básicos estão a preços constantes de 2011 e se referem ao Valor Bruto da Produção (VBP), usando-se como base a PIA 2011 e os índices de produção física da PIM-PF. Para 2013 adotou-se, preliminarmente, a taxa de crescimento do primeiro semestre em relação ao primeiro semestre de 2012 como uma aproximação da taxa anual.

Tabela 2
Fontes de crescimento da produção industrial por atividades, 2003-08

	(1) % do aumento VBP	(2) % VBP em 2003	(1)/(2)	% crescimento 2003-08 a.a
Líderes	**70%**	**29,3%**	**2,4**	**9,4%**
Fabr. equip. informática, prod. eletrôn. e ópticos	10%	1,5%	7,0	21,7%
Fabr. outros equip. de transp., exc. veíc. automotores	4%	1,0%	3,9	14,0%
Fabric. de veíc. automotores, reboques e carrocerias	25%	8,1%	3,1	11,8%
Fabricação de máquinas e equipamentos	8%	4,0%	2,0	8,3%
Fabric. de máq., aparelhos e mat. elétricos	6%	3,1%	2,0	8,2%
Fabric. de produtos farmoquímicos e farmacêuticos	2%	1,3%	1,6	6,7%
Indústrias extrativas	8%	5,1%	1,5	6,3%
Fabricação de bebidas	3%	2,3%	1,1	5,0%
Fabricação de produtos de minerais não metálicos	3%	3,0%	1,1	4,7%
Não Líderes	**32%**	**65,2%**	**0,5**	**2,3%**
Fabricação de móveis	1%	1,0%	1,0	4,3%
Fabricação de celulose, papel e produtos de papel	2%	2,8%	0,9	3,8%
Fabric. de prod. de borracha e de material plástico	3%	3,9%	0,7	3,3%
Fabric. prod. metal, exc. máq. e equipamentos	2%	3,0%	0,7	3,3%
Fabricação de produtos diversos	0%	0,7%	0,7	3,1%
Metalurgia	5%	7,8%	0,6	2,8%
Impressão e reprodução de gravações	0%	0,7%	0,5	2,3%
Fabricação de produtos têxteis	1%	2,4%	0,5	2,2%
Fabricação de produtos alimentícios	9%	20,5%	0,4	1,9%
Fab. coque, prod. deriv. petróleo, biocombust.	4%	11,1%	0,4	1,8%
Fabricação de produtos químicos	4%	10,7%	0,4	1,8%
Fabricação de produtos do fumo	0%	0,6%	0,2	0,9%
Retardatárias	**-2%**	**5,4%**	**-0,4**	**-1,9%**
Confecção de artigos do vestuário e acessórios	0%	2,0%	0,0	-0,2%
Prep. couros, art. couro, de viagem, calçados	-1%	2,2%	-0,5	-2,6%
Fabricação de produtos de madeira	-1%	1,2%	-0,7	-3,5%
Total e Média	**100%**	**100,0%**	**1,0**	**4,4%**

Fonte: PIA 2011 e PIM-PF (IBGE). Elaboração dos autores; ver texto.

líderes são as que, embora apresentando crescimento positivo no subperíodo, deram contribuição para o aumento da produção inferior ao seu peso inicial. As retardatárias são aquelas cuja produção teve crescimento médio negativo entre os anos extremos dos intervalos considerados.

Nas duas tabelas, a primeira coluna registra a proporção do aumento da produção industrial devida a cada atividade em cada subperíodo. A segunda indica seu peso na produção total no começo do período. A terceira, dada pelo quociente entre os valores das colunas anteriores, mede a expansão relativa da atividade (se maior do que a unidade, puxa a média para cima; se menor, para baixo). Finalmente, a quarta coluna mostra o crescimento anual médio da produção física naquele intervalo de tempo.

Vê-se na tabela 2 que, no subperíodo 2003-08, as atividades líderes cresceram 9,4% a.a. (contra 4,4% do total da indústria). Elas respondiam por 29% da produção industrial em 2003 e foram responsáveis por 70% do aumento dessa produção entre 2003 e 2008. Das nove atividades nesse grupo, sobressaem, ordenando-se pela contribuição relativa para o aumento da produção (coluna 3), cinco atividades de produção de bens de capital e de consumo duráveis: fabricação de equipamentos de informática, produtos eletrônicos e ópticos; fabricação de outros equipamentos de transporte, exclusive veículos automotores; fabricação de veículos automotores, reboques e carrocerias; fabricação de máquinas e equipamentos; e fabricação de máquinas, aparelhos e materiais elétricos. As quatro atividades líderes restantes constituem um conjunto mais heterogêneo, que engloba da extrativa mineral aos produtos farmacêuticos, bebidas e materiais de construção.

No mesmo período, as não líderes, que formam um grupo mais numeroso de 12 atividades, cresceram 2,3% a.a. Elas detinham 65% do valor da produção em 2003, mas responderam por apenas 32% do aumento de produção entre 2003 e 2008. Situam-se nessa categoria principalmente os bens intermediários e os de consumo não duráveis e semiduráveis. Dois grupos principais merecem destaque:

(a) Algumas atividades focadas principalmente na fabricação de produtos intermediários, como fabricação de celulose e papel, borracha e metalurgia, que tiveram desempenho satisfatório;

(b) Outras atividades, voltadas para a fabricação de bens não duráveis, semiduráveis e intermediários, cujo desempenho, apesar de positivo, foi fraco. Estão nesse grupo os têxteis, alimentos, fumo, combustíveis (coque, derivados

Tabela 3
Fontes de crescimento da produção industrial por atividades, 2008-13

	(1) % aumento do VBP	(2) % VBP em 2008	(1)/(2)	% crescimento 2008-13 a.a
Líderes	**206%**	**50,2%**	**4,1**	**2,1%**
Fabr. outros equip.transp., exc. veíc. automotores	18%	1,6%	11,0	5,2%
Fabricação de bebidas	17%	2,4%	7,4	3,6%
Fabricação de móveis	6%	1,0%	6,0	3,0%
Fabric. coque, deriv. petróleo, biocombustíveis	55%	9,8%	5,6	2,8%
Fabric. de produtos farmoquímicos e farmacêuticos	6%	1,5%	4,2	2,1%
Fabric. de veíc. automotores, reboques e carrocerias	47%	11,4%	4,1	2,0%
Fabricação de produtos químicos	29%	9,4%	3,1	1,6%
Fabricação de prod. de minerais não metálicos	9%	3,0%	2,9	1,4%
Fabricação de produtos de madeira	2%	0,8%	2,8	1,4%
Fabric. de celulose, papel e produtos de papel	6%	2,7%	2,2	1,1%
Fabric. de prod. de borracha e de material plástico	7%	3,7%	2,0	1,0%
Fabric. prod. metal, exc. máq. e equipamentos	3%	2,8%	1,2	0,6%
Não Líderes	**13%**	**23,0%**	**0,5**	**0,3%**
Fabricação de máquinas e equipamentos	4%	4,7%	0,9	0,5%
Fabricação de produtos alimentícios	8%	18,2%	0,4	0,2%
Retardatárias	**-118%**	**26,9%**	**-4,4**	**-2,4%**
Indústrias extrativas	-3%	5,5%	-0,6	-0,3%
Fabricação de produtos diversos	-3%	0,7%	-4,0	-2,2%
Metalurgia	-30%	7,2%	-4,2	-2,3%
Prep. couros, art. couro, de viagem, calçados	-7%	1,6%	-4,5	-2,5%
Impressão e reprodução de gravações	-3%	0,7%	-4,9	-2,7%
Fabr. equip. informática, eletrônicos e ópticos	-17%	3,2%	-5,3	-2,9%
Fabric. de máq., aparelhos e mat. elétricos	-22%	3,8%	-5,7	-3,2%
Fabricação de produtos do fumo	-3%	0,5%	-6,2	-3,5%
Confecção de artigos do vestuário e acessórios	-11%	1,6%	-6,7	-3,8%
Fabricação de produtos têxteis	-19%	2,1%	-9,0	-5,2%
Total e Média	**100%**	**100,0%**	**1,0**	**0,5%**

Fonte: PIA 2011 e PIM-PF (IBGE). Elaboração dos autores; ver texto.

de petróleo e biocombustíveis) e químicos. Uma surpresa positiva é a inclusão nesse grupo da indústria do mobiliário, com crescimento médio forte e quase igual à média da indústria.

Já as retardatárias, com crescimento médio negativo em 1,9% a.a., são um grupo crítico, como se verá em seguida, mas com participação relativamente modesta na matriz industrial (5% do VBP em 2003). São atividades fortemente atingidas pelo aumento da participação de produtos importados no suprimento da demanda interna.[2] As atividades voltadas para a fabricação de bens semiduráveis (artigos do vestuário e calçados e outros produtos de couro) e de produtos de madeira tiveram um desempenho especialmente ruim.

Passando para o subperíodo do pós-crise, transparece da tabela 3 que a diferença de desempenho entre os três grupos nos quais subdividimos as atividades industriais — cujas composições não são exatamente as mesmas nos dois subperíodos — ficou menos pronunciada. Por outro lado, como mais setores migraram para os grupos extremos, o desempenho médio tornou-se menos representativo do que aconteceu com as diversas atividades da indústria individualmente. Em outras palavras, a variância de desempenhos aumentou. Aumentaram, portanto, os pesos tanto dos setores que puxaram a produção industrial para cima, como daqueles que ajudaram a mantê-la estagnada.

Sem esquecer que o desempenho da indústria foi muito mais fraco no período pós-crise, observa-se que o grupo de líderes é maior do que antes e ganhou considerável importância relativa — embora com crescimento médio menor do que antes: 2,1% a.a. São agora 12 atividades nesse grupo, que detinham 50% da produção em 2008 e responderam pela totalidade (de fato, por mais do que a totalidade) do aumento de produção registrado entre esse ano e 2013: 206%. Cinco dessas 12 atividades já estavam nesse grupo no subperíodo anterior, indicando que lideraram o crescimento em toda a década: fabricação de outros equipamentos de transporte, exclusive veículos automotores; fabricação de veículos automotores, reboques e carrocerias; farmoquímicos e farmacêuticos; bebidas; e fabricação de produtos de minerais não metálicos.

As não líderes são, nesse subperíodo, um grupo com apenas duas atividades. Em ambas, o crescimento foi bem modesto, mas positivo: o grupo detinha 23% do VBP em 2008 e respondeu por 13% do aumento até 2013. O destaque, pelo seu peso na estrutura industrial, é a indústria de alimentos.

---

2. Ver seção Em Foco, *Boletim Macro IBRE*, fev. 2012.

A de fabricação de máquinas e equipamentos teve crescimento marginalmente inferior ao total industrial, podendo ser situada na fronteira com as líderes. Aliás, estava entre as líderes no subperíodo anterior.

As retardatárias formam agora um grupo mais numeroso, com 10 atividades, que detinham 27% do valor da produção em 2008. A metalurgia, as extrativas, máquinas e aparelhos elétricos e equipamento de informática são as principais atividades no grupo. Essas duas últimas, aliás, passaram de uma posição de liderança do crescimento no subperíodo anterior para o grupo das retardatárias em 2008-13. A perda de dinamismo dessas atividades se explica principalmente pelo aumento do coeficiente de penetração das importações, como veremos. Observe-se que duas indústrias desse grupo já figuravam entre as retardatárias no subperíodo anterior: confecção de artigos do vestuário e acessórios; e preparação de couros, fabricação de artefatos de couro, artigos de viagem, e calçados. Ambas foram bastante afetadas pela alta das importações. A elas juntou-se a indústria têxtil.

O gráfico 3 resume os resultados anteriores, ao mostrar, no lado direito do eixo horizontal, o desempenho das atividades líderes no período 2003-08 e, no lado esquerdo, o das não líderes e retardatárias no mesmo subperíodo. A parte de cima do eixo vertical mostra o desempenho das líderes no subperíodo 2008-13, e a parte inferior, o das não líderes e retardatárias no mesmo subperíodo. As indústrias no primeiro quadrante são as que puxaram o crescimento em ambos os subperíodos. As do terceiro quadrante estão na situação oposta. E as dos quadrantes dois e quatro foram líderes em um subperíodo, mas não no outro. Quanto mais afastados da origem, mais intensos os efeitos relativos sobre o crescimento (ou decréscimo) de produção.

Vê-se claramente que apenas cinco indústrias lideraram o crescimento em ambas as fases, como mencionado: outros equipamentos de transporte; veículos automotores; farmoquímicos e farmacêuticos; minerais não metálicos (materiais de construção); e bebidas. No extremo oposto encontra-se um numeroso grupo de não líderes e retardatárias que inclui com destaque: têxteis; vestuário e acessórios; couros e calçados; e produtos de fumo.

Possivelmente, a principal conclusão que se tira dessa análise é a de que a perda de dinamismo industrial, na medida em que vá além de fatores cíclicos, é um problema localizado em algumas atividades. Especialmente as do terceiro quadrante.

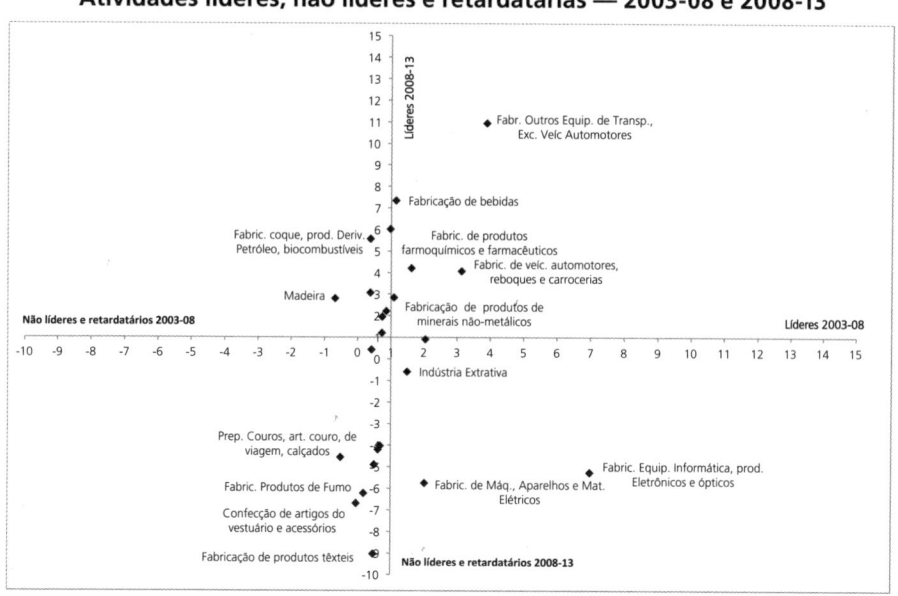

Gráfico 3
Atividades líderes, não líderes e retardatárias — 2003-08 e 2008-13

[Gráfico de dispersão com eixo vertical "Líderes 2008-13" (-10 a 15) e eixo horizontal com "Não líderes e retardatários 2003-08" (à esquerda) e "Líderes 2003-08" (à direita), variando de -10 a 15. Pontos plotados:
- Fabr. Outros Equip. de Transp., Exc. Veíc Automotores (~6, 11)
- Fabricação de bebidas (~0, 7)
- Fabric. coque, prod. Deriv. Petróleo, biocombustíveis (~-2, 6)
- Fabric. de produtos farmoquímicos e farmacêuticos (~3, 5)
- Fabric. de veíc. automotores, reboques e carrocerias (~6, 4)
- Madeira (~-2, 3)
- Fabricação de produtos de minerais não-metálicos (~2, 2)
- Indústria Extrativa (~3, -1)
- Prep. Couros, art. couro, de viagem, calçados (~-4, -3)
- Fabric. Equip. Informática, prod. Eletrônicos e ópticos (~10, -5)
- Fabric. Produtos de Fumo (~-4, -6)
- Fabric. de Máq., Aparelhos e Mat. Elétricos (~3, -6)
- Confecção de artigos do vestuário e acessórios (~-4, -7)
- Fabricação de produtos têxteis (~-4, -9)]

Fonte: Elaboração dos autores, tabelas 2 e 3 (ver texto).

Outro aspecto que se destaca nas tabelas anteriores, e que não deve ser negligenciado, é que todas as atividades — com exceção apenas de combustíveis (coque, derivados de petróleo e biocombustíveis) e produtos de madeira — apresentaram desaceleração na taxa de crescimento entre os dois subperíodos. À primeira vista, essa evidência parece confirmar a importância da crise como responsável pelo fraco desempenho do setor nos últimos anos. Em outras palavras, aquela que parecia ser uma "marolinha" em um primeiro momento teria, por fim, se revelado um tsunami.

Entretanto, uma análise mais cautelosa revela que a crise, ainda que tenha afetado a demanda mundial e, por conseguinte, a demanda por produtos brasileiros, interna e externamente, não necessariamente foi a única responsável pela estagnação da produção doméstica em várias das atividades industriais. A tabela 4 mostra a fatia do mercado nacional atendida pela produção interna[3] e o crescimento das exportações nos dois subperíodos analisados.[4]

---

3. Definida como a razão entre o valor da produção nacional destinada ao mercado doméstico (isto é, líquido das exportações) sobre o consumo aparente; ou, equivalentemente, 1 menos o coeficiente de penetração das importações.
4. Os resultados da tabela relativos a 2013 cobrem apenas o primeiro semestre.

Tabela 4
Participações do mercado interno e crescimento das exportações (%)

	Fatia do mercado interno			Crescimento das exportações	
	2003	2008	2013	2003-08	2008-13
Extrativa mineral total	52%	39%	48%	217%	66,9%
Produtos alimentícios	96%	97%	96%	52%	49%
Bebidas	96%	96%	96%	10%	74%
Produtos do fumo	98%	98%	98%	56%	31%
Produtos têxteis	91%	85%	79%	2%	56%
Confecção de artigos do vestuário e acessórios	97%	95%	89%	-47%	-19%
Couros, artefatos de couro, artigos para viagem e calçados	95%	93%	91%	-15%	0%
Produtos de madeira	97%	98%	98%	-21%	-22%
Celulose, papel e produtos de papel	94%	92%	92%	22%	32%
Impressão e reprodução de gravações	94%	96%	96%	-21%	-7%
Derivados do petróleo, biocombustíveis e coque	89%	85%	80%	132%	11%
Produtos químicos	78%	74%	71%	33%	33%
Produtos farmoquímicos, farmacêuticos	72%	71%	61%	93%	67%
Produtos de borracha e de material plástico	91%	88%	86%	45%	15%
Produtos de minerais não metálicos	95%	95%	93%	9%	2%
Metalurgia	90%	86%	82%	61%	0%
Produtos de metal, exceto máquinas e equipamentos	91%	91%	87%	83%	18%
Equipamentos de informática, produtos eletrônicos e ópticos	56%	55%	49%	-9%	-40%
Máquinas, aparelhos e materiais elétricos	71%	79%	72%	82%	-7%
Máquinas e equipamentos	65%	67%	63%	59%	10%
Veículos automotores, reboques e carrocerias	87%	85%	79%	35%	4%
Outros equipamentos de transporte, exceto veículos automotores	65%	59%	65%	117%	24%
Móveis	98%	97%	95%	-14%	-19%
Indústrias diversas	80%	72%	63%	27%	20%
Indústria Transformação total	85%	83%	80%	43%	19%

Fonte: CNI/Funcex; elaboração dos autores.

Pode-se notar que, com meia dúzia de exceções,[5] todas as atividades perderam fatia de mercado no período pós-crise. Essa constatação indica que houve, nos últimos anos, um processo de substituição inversa de importações, com aumento do coeficiente de penetração de importações em várias atividades. Esta perda de espaço no mercado interno revela, portanto, um problema

---

5. Extrativa mineral; bebidas; fumo; madeira; impressão e reprodução; e outros equipamentos de transporte.

de competitividade que, ainda que tenha sido revelado no pós-crise, não necessariamente foi causado por ela.

Para algumas indústrias é possível notar ainda, com auxílio das tabelas 2 e 3, que as dificuldades de expansão precediam a crise, pois elas vinham perdendo participação no produto industrial total. As participações das três atividades consideradas como retardatárias no período 2003-08, por exemplo, já haviam caído ao longo desse período (vestuário; couro e calçados; e produtos de madeira). Como mencionado, os produtos de madeira chegaram a experimentar uma leve recuperação no segundo subperíodo, pós-crise, tendo sido elevados ao grupo das líderes; mas ainda assim sofreram desaceleração nas exportações.

Além disso, produtos alimentícios; têxteis; celulose e papel; produtos químicos; de borracha; de metal, exceto máquinas e equipamentos; móveis; e diversos, todos "não líderes" naquele intervalo de tempo, ainda que tenham ganhado importância relativa no segundo subperíodo, tornando-se líderes, ainda apresentaram desaceleração e perda de mercado. Isso evidencia que não ficaram imunes à crise, nem resolveram os problemas de competitividade. Esse resultado indica que a aparente recuperação desse grupo deve-se menos a méritos próprios, do que ao tombo mais forte de seus pares.

Bebidas é um caso interessante, pois, apesar da desaceleração na produção, não experimentou nem redução de fatia de mercado, nem desaceleração das exportações. Essa combinação não é um paradoxo e pode ser compreendida pela queda no consumo aparente (soma de produção e importações, deduzidas as exportações) entre 2008 e 2013. Essa queda foi sentida pela indústria de fumo — que, entretanto, também sofreu desaceleração nas exportações. Se essas reduções se devem à crise ou a outros fatores é uma questão relevante, mas que não chega a ser respondida neste trabalho.

Por eliminação, restam, portanto, apenas três atividades que parecem poder se isentar de outras "responsabilidades" e culpar a crise por abalar seu desempenho pelo canal da demanda: extrativa mineral; impressão e reprodução; e outros equipamentos de transporte. Cabe ressaltar que o uso do verbo "parecer" não foi acidental. Afinal, essa análise se baseia em evidências sugestivas e não tem por objetivo desencorajar investigações mais detalhadas.

Por fim, os combustíveis parecem ser os únicos produtos que conseguiram ficar imunes ao choque global. Entretanto, ainda que essa atividade tenha logrado acelerar seu crescimento no período, é interessante notar que também neste caso a produção doméstica perdeu parcela de mercado desde 2003, com a demanda interna crescendo a um ritmo mais intenso do que a produção, o que permite que as importações ocupem o espaço deixado.

A tabela 5 resume a discussão. Do exercício, conclui-se que atribuir à crise toda a responsabilidade pelo fraco desempenho da indústria brasileira seria, no mínimo, ingênuo. Mesmo que os efeitos causados pela redução da demanda global sejam inquestionáveis, há também diversas evidências de baixa competitividade na maioria das atividades industriais. Portanto, ser a crise tsunami ou marolinha não parece ser a questão mais relevante quando o assunto é a recuperação da indústria nacional.

4. Determinantes do desempenho industrial

A análise da seção anterior sugeriu que o mau desempenho de alguns setores retardatários pode estar associado a um aumento da penetração das importações, que, como se sabe, aumentou na última década. Nesta seção procuramos avançar nessa questão, analisando a relação entre os movimentos das importações e da produção total (VP) de cada atividade, antes e depois da crise. Isso é feito decompondo-se a variação da produção entre os efeitos da variação do consumo aparente doméstico, das exportações e, com sinal negativo, das importações. Altas no consumo aparente e nas exportações estimulam aumentos da produção. Já a expansão das importações reduz o estímulo à elevação da produção, pois significa que a demanda é atendida por produtos fabricados fora do país. Mas pode ser também que a ampliação das importações ocorra com a produção em alta, refletindo, por exemplo, que não há capacidade doméstica para suprir todo aumento da demanda.[6]

Os resultados desse exercício são apresentados na tabela 6. Nela consideramos separadamente, de um lado, os componentes da demanda — exportações e consumo aparente — e, de outro, os da oferta — importações e produção interna. Olhando-se inicialmente a indústria de transformação como um todo, conclui-se que as exportações e o consumo doméstico mantiveram participações estáveis na expansão da demanda, antes e depois da

---

[6]. Ao contrário da análise das seções anteriores, nesta utilizamos variações nominais de produção, exportações e importações para fazer a decomposição. A variação do consumo aparente é obtida por resíduo.

Tabela 5
Resumo dos efeitos da crise sobre o desempenho das atividades industriais

	Desacelerou depois da crise?	Já crescia abaixo da média antes da crise?	Perdeu fatia de mercado interno de 2008 a 2013?	As exportações desaceleraram entre os subperíodos?	O consumo interno desacelerou entre os subperíodos?	Conclusão
Extrativa mineral total	✓	✗	✗	✓	✓	Efeito crise: queda de demanda
Produtos alimentícios	✓	✓	✓	✓	✓	Crise + competitividade
Bebidas	✓	✗	✗	✗	✓	Efeito crise? consumo interno que desacelerou
Produtos do fumo	✓	✓	✗	✓	✓	Consumo interno cai + competitividade
Produtos têxteis	✓	✓	✓	✗	✓	Efeito crise: substituição no mercado interno
Confecção de artigos do vestuário e acessórios	✓	✓	✓	✓	✓	Crise + competitividade
Couros, artefatos de couro, artigos para viagem e calçados	✓	✓	✓	✗	✗	Crise + competitividade
Produtos de madeira	✗	✓	✗	✓	✓	Problema de competitividade pré-crise
Celulose, papel e produtos de papel	✓	✓	✓	✗	✓	Efeito crise: substituição no mercado interno
Impressão e reprodução de gravações	✓	✓	✗	✓	✓	Efeito crise: queda de demanda
Derivados do petróleo biocombustíveis e coque	✗	✓	✓	✓	✓	Problema de competitividade pré-crise
Produtos químicos	✓	✓	✓	✓	✓	Crise + competitividade
Produtos farmoquímicos farmacêuticos	✓	✗	✓	✓	✓	Crise + competitividade
Produtos de borracha e de material plástico	✓	✓	✓	✓	✗	Crise + competitividade

(continua)

(continuação)

	Desacelerou depois da crise?	Já crescia abaixo da média antes da crise?	Perdeu fatia de mercado interno de 2008 a 2013?	As exportações desaceleraram entre os subperíodos?	O consumo interno desacelerou entre os subperíodos?	Conclusão
Produtos de minerais não metálicos	✓	✗	✓	✓	✓	Crise + competitividade
Metalurgia	✓	✓	✓	✓	✓	Consumo interno cai + competitividade
Procutos de metal, exceto máquinas e equipamentos	✓	✓	✓	✓	✓	Crise + competitividade
Equipamentos de informática, produtos eletrônicos e ópticos	✓	✗	✓	✓		Crise + competitividade
Maquinas, aparelhos e materiais elétricos	✓	✗	✓	✓	✓	Crise + competitividade
Máquinas e equipamentos	✓	✗	✓	✓	✓	Crise + competitividade
Veículos automotores, reboques e carrocerias	✓	✗	✓	✓	✓	Crise + competitividade
Outros equipamentos de transporte, exceto veículos automotores	✓	✗	✗	✓	✓	Efeito crise: queda de demanda
Móveis	✓	✓	✓	✓	✓	Crise + competitividade
Indústrias diversas	✓	✓	✓	✓	✓	Crise + competitividade
Indústria Transformação total	✓	✗	✓	✓	✓	Crise + competitividade

Fonte: Elaboração dos autores; ver texto.
Nota: Os dados de 2013 referem-se ao acumulado em 12 meses até o primeiro semestre.

Tabela 6
Participação das variações no consumo aparente, exportações, importações e produção no crescimento da demanda (CA + X) e da oferta (M + VP) totais* (%)

	Participação no Crescimento do Produto Total da Atividade							
	2003-08				2008-13			
	ΔCA	ΔX	ΔM	ΔVP	ΔCA	ΔX	ΔM	ΔVP
Extrativa mineral total	48%	52%	35%	65%	36%	64%	8%	92%
Produtos alimentícios	80%	20%	2%	98%	81%	19%	3%	97%
Bebidas	100%	0%	4%	96%	99%	1%	3%	97%
Produtos do fumo	57%	43%	1%	99%	-247%	347%	-4%	104%
Produtos têxteis	99%	1%	26%	74%	73%	27%	39%	61%
Confecção de artigos do vestuário e acessórios	103%	-3%	7%	93%	101%	-1%	23%	77%
Couros, artefatos de couro, artigos para viagem e calçados	148%	-48%	26%	74%	100%	0%	13%	87%
Produtos de madeira	131%	-31%	3%	97%	124%	-24%	1%	99%
Celulose, papel e produtos de papel	85%	15%	11%	89%	74%	26%	6%	94%
Impressão e reprodução de gravações	101%	-1%	2%	98%	100%	0%	4%	96%
Derivados do petróleo biocombustíveis e coque	91%	9%	17%	83%	97%	3%	35%	65%
Produtos químicos	95%	5%	31%	69%	91%	9%	32%	68%
Produtos farmoquímicos farmacêuticos	93%	7%	29%	71%	90%	10%	61%	39%
Produtos de borracha e de material plástico	92%	8%	16%	84%	97%	3%	18%	82%
Produtos de minerais não metálicos	98%	2%	5%	95%	100%	0%	10%	90%
Metalurgia**	83%	17%	13%	87%	99%	1%	-15%	115%
Produtos de metal, exceto máquinas e equipamentos	95%	5%	8%	92%	94%	6%	31%	69%
Equipamentos de informática, produtos eletrônicos e ópticos**	101%	-1%	47%	53%	121%	-21%	107%	-7%
Máquinas, aparelhos e materiais elétricos	88%	12%	11%	89%	103%	-3%	46%	54%
Máquinas e equipamentos	89%	11%	27%	73%	96%	4%	44%	56%
Veículos automotores, reboques e carrocerias	93%	7%	14%	86%	98%	2%	40%	60%
Outros equipamentos de transporte, exceto veículos automotores	67%	33%	30%	70%	72%	28%	13%	87%
Móveis	104%	-4%	5%	95%	103%	-3%	6%	94%
Indústrias diversas	94%	6%	34%	66%	95%	5%	53%	47%
Indústria Transformação total	90%	10%	17%	83%	91%	9%	25%	75%

Fonte: Elaboração dos autores; ver texto.
* ΔCA + ΔX = ΔM + ΔVP = 100
** Entre 2008 e 2013, houve queda no produto total.
Nota: Os dados de 2013 referem-se ao acumulado em 12 meses até o segundo trimestre.

crise. Já pelo lado da oferta, constata-se que aumentou a importância das importações em suprir o aumento de demanda.

O leitor atento notará que a indústria extrativa, cujo desempenho é geralmente associado ao do mercado externo, de fato teve mais da metade do aumento de demanda no decênio 2003-13 oriundo das exportações. O que é mais significativo, porém, é que a importância das exportações como fonte de demanda cresceu após a crise, em que pese o crescimento mais lento da economia mundial.

Também merece destaque a participação relativamente alta das importações no total da oferta da extrativa mineral. Nota-se, porém, que no período pós-crise esse setor passou por um processo de substituição de importações na margem, com a participação das compras externas no suprimento do mercado caindo nove pontos percentuais. Ainda assim, o quadro pintado tampouco pode ser excessivamente otimista, uma vez que recordemos as conclusões da seção 3, que mostrou a desaceleração do setor após a crise, decorrente de uma desaceleração tanto da demanda interna quanto das exportações.

Na abertura por atividades da indústria de transformação, vê-se que:
- De forma geral, no todo do decênio em estudo, em poucos setores as exportações responderam por uma parcela relevante da expansão da demanda: produtos alimentícios; fumo; papel e celulose; e outros equipamentos de transporte. No primeiro subperíodo, as exportações também contribuíram significativamente para expandir a demanda de metalurgia; máquinas e equipamentos; e máquinas, aparelhos e material elétrico. Nestes últimos, porém, as exportações perderam relevância, na margem, no segundo subperíodo. Por outro lado, para têxteis as exportações foram importante fonte de demanda no segundo subperíodo, mas não no primeiro. Os produtos têxteis foram um dos poucos setores onde as exportações não desaceleraram de um subperíodo para outro — embora essas sejam uma parcela relativamente pequena da demanda total do setor (17% em 2013).
- No extremo oposto estão setores em que as exportações caíram: couros e calçados; madeira; e equipamentos de informática, com quedas significativas nas exportações no total do decênio.
- Para estes últimos e os demais setores não listados acima, o aumento do consumo aparente respondeu em geral por 90% ou mais do aumento de demanda.

Esta última constatação reforça o ponto de que o mercado doméstico é, de longe, a principal fonte de demanda por bens manufaturados produzidos pela indústria nacional. Em vários setores, porém, o produtor nacional já encontra uma presença significativa de concorrentes estrangeiros, via importações. Em relação à forma que estas contribuíram para elevar a oferta doméstica, pode-se separar os setores da indústria de transformações em três grupos:

1. No primeiro grupo as importações responderam por um quarto ou mais da ampliação da oferta nos dois subperíodos, 2003-08 e 2008-13. Estiveram nesse grupo: produtos têxteis; produtos químicos; produtos farmoquímicos e farmacêuticos; equipamentos de informática, eletrônicos e óticos; máquinas e equipamentos; e indústrias diversas.
2. Em um segundo grupo, mais reduzido, a participação das importações na ampliação da oferta superou 25% em um subperíodo, mas não no outro. Estão nesse grupo, no primeiro período, couros e calçados e outros equipamentos de transporte. Já os presentes apenas no segundo subperíodo foram: derivados de petróleo, biocombustíveis e coque; produtos de metal, exceto máquinas e equipamentos; e veículos automotores.
3. No terceiro grupo, que compreende metade dos setores, as importações deram uma contribuição relativamente modesta para a expansão da oferta.

No todo, os fabricantes nacionais de produtos farmacêuticos-farmoquímicos e de máquinas e materiais elétricos foram os que mais perderam fatia de mercado para as importações (M) pós-2008. No caso dos fármacos, os fabricantes nacionais perderam 10 pontos percentuais (p.p.) na sua participação no mercado interno, entre 2008 e 2013, saindo de aproximadamente 71% para 61%. Já em máquinas e materiais elétricos, a participação dos produtores nacionais passou de 79% para 72%, praticamente anulando todo o ganho obtido no subperíodo anterior. Além disso, em ambos esses setores, tanto o consumo aparente (CA) quanto as exportações (X) desaceleraram de um subperíodo para outro, e para máquinas e materiais elétricos houve queda das exportações depois da crise, aumentando a importância do mercado doméstico em seu desempenho.

Na atividade "outras indústrias", o fabricante local também sofreu uma perda importante de participação no decênio 2003-13, com o coeficiente de penetração de importações quase dobrando, saindo de 21,5% em 2003 para

37% em 2013. Outros setores que também viram o coeficiente de importações praticamente dobrar nos 10 anos até 2013 foram o têxtil, em que esse coeficiente foi de 9,3% em 2003 para 20,6% em 2013; os combustíveis (de 10,7% para 19,8%); a metalurgia (de 10% para 18,2%); e couros e calçados (de menor magnitude, saindo de 4,5% para 9%). Em todos esses casos, o avanço se deu de forma razoavelmente linear, não podendo ser atribuído à crise, como mencionado anteriormente (seção 3 e tabela 4).

Um setor que se destaca é o de produtos de metalurgia, cujo valor de produção decresceu no quinquênio pós-crise, uma queda causada tanto pela redução das exportações quanto do consumo interno, a um ponto tal que o percentual da produção exportada apresentou pouca variação no período. De fato, no período pós-crise, a demanda (oferta) total da metalurgia caiu, tal a intensidade na contração da produção.

Outra atividade que apresentou queda no valor de produção após a crise é a dos equipamentos de informática, que também esbarrou em sérias dificuldades para aumentar suas exportações de 2003 para 2013. Isso evidencia problemas antigos de competitividade, que colocam em xeque os benefícios das medidas de proteção do setor. A atividade é também aquela com maior coeficiente de penetração das importações desde 2003, e, após a crise, as importações passaram a responder por mais da metade do mercado interno, tendo sido responsáveis por mais de 100% do crescimento da oferta no período (107%).

Outro setor que se viu bem afetado pelas importações, particularmente após a crise, foi o de veículos automotores. Sendo uma atividade voltada quase que inteiramente ao mercado nacional (nos dois subperíodos o consumo aparente respondeu por mais de 90% do crescimento da demanda do setor), sua produção sentiu o impacto da intensificação das importações. Por fim, em máquinas e equipamentos e produtos de metal os produtores nacionais também enfrentaram maior competição das importações com a crise, perdendo 4 p.p. de fatia de mercado em ambos os setores.

Cabe ainda destacar (i) a grande queda do consumo aparente para produtos de fumo após 2008, acompanhada por uma expansão das exportações e uma contração das importações, e (ii) a recuperação, em termos de importância no mercado interno, dos outros equipamentos de transporte, também no período pós-crise. Para essa atividade, a fatia de mercado do produtor doméstico, que havia caído para 59% em 2008, retornou ao patamar de 65% em 2013, o mesmo que vigorava em 2003.

Uma última questão é em que grau o aumento da penetração das importações contribuiu para a estagnação da indústria de transformação no segundo subperíodo. A tabela 6, como se vê, foi ordenada de acordo com os quadrantes da figura 3. Na tabela 7 apresentamos os valores médios, por quadrante, de cada componente da decomposição discutida acima. Apenas no segundo subperíodo excluímos os dados para metalurgia e fumo, dada a atipicidade do comportamento dessas duas atividades nesses anos. As seguintes observações são dignas de nota:

- Os setores nos quadrantes 1 e 2 foram líderes no primeiro subperíodo. Vê-se que em ambos a participação das importações no total da oferta supera a observada nos setores não líderes e retardatários. Isso indica que a alta das importações complementou a produção doméstica, em lugar de substituí-la, em 2003-08.
- Por outro lado, em 2003-08 os setores líderes destacam-se pela maior importância das exportações, relativamente aos não líderes e retardatários, como fonte de demanda.
- Esses dois fatos estilizados são reforçados pela constatação de que no primeiro subperíodo há uma correlação positiva e relativamente alta entre aumento da produção e as participações das exportações (0,32) e das importações (0,53) no aumento da oferta e da demanda, respectivamente.
- Os setores que saíram de líderes para não líderes ou retardatários — quadrante 2 — tiveram 42% do aumento da demanda, e quase metade da alta do consumo aparente, atendidos pelas importações no segundo subperíodo. Considerando que os setores nesse quadrante já tinham apresentado a maior participação das importações no aumento de oferta no primeiro subperíodo, é razoável especular que, uma vez os canais de distribuição implantados em 2003-08, eles deslocaram parte da produção doméstica quando a demanda por produtos manufaturados começou a crescer mais lentamente após a crise.
- É interessante, por outro lado, que os setores no quadrante 2 continuaram apresentando uma participação acima da média das exportações no aumento da demanda.
- De fato, há uma inversão de sinal das correlações entre variação da produção e participação das exportações (-0,24) e das importações (-0,17) no aumento da demanda e da oferta, respectivamente. Estes

resultados sugerem que, na explicação de por que a indústria estagnou, a maior dificuldade de os setores manufatureiros exportarem pode ter sido tão importante quanto o aumento das importações na oferta doméstica.[7]

Tabela 7
Síntese dos resultados de decomposição

Quadrantes	2003-08				2008-13			
	ΔCA	ΔX	ΔM	ΔVP	ΔCA	ΔX	ΔM	ΔVP
1	90%	10%	16%	84%	92%	8%	25%	75%
2	82%	18%	26%	74%	86%	14%	42%	58%
3*	96%	4%	14%	86%	96%	4%	19%	81%
4	101%	-1%	13%	87%	101%	-1%	21%	80%

Fonte: Tabela 6.
(*) No período 2008-13 não inclui fumo e metalurgia.

5. Conclusão

Em 1991-2012, a produção da indústria de transformação cresceu em média 2% ao ano. Foi um desempenho fraco, não apenas em termos absolutos, mas em relação à expansão média do PIB, de 3,1% ao ano. Mas a média dá um retrato bastante parcial do que aconteceu com a indústria manufatureira nesse período, que alternou fases de forte expansão (1991-94 e 2003-08) com outras de virtual estagnação (1994-2003 e 2008-13).[8] Foram essas últimas fases que comprometeram o desempenho manufatureiro do país.

Os dois subperíodos de estagnação identificados coincidiram com os momentos em que o país foi mais intensamente afetado por crises e choques, externos e domésticos. Parece razoável admitir que as turbulências daí resultantes expliquem em parte o fraco desempenho da indústria de transformação. Mas, como analisado neste capítulo, essa parece ser uma explicação parcial, sendo também importante a perda de competitividade do setor. Em especial, a queda de competitividade parece estar por trás do aumento da penetração das importações ocorrido particularmente após a quebra do banco Lehman

---

7. Vale ressaltar que a desaceleração das exportações, por si só, não pode ser considerada evidência de perda de competitividade, uma vez que pode refletir apenas queda da demanda mundial motivada pela crise ou por um aumento de medidas protecionistas em outros países, ambos aspectos sobre os quais as empresas nacionais têm menos poder para atuar.
8. Que incluem subperíodos de dinamismo, como vimos na seção 2.

Brothers, em 2008, quando a crise se aprofundou. A maior dificuldade de alguns setores exportarem também afetou o desempenho industrial.

Assim, enquanto é razoável esperar que o efeito contracionista de uma crise afete todos os setores mais ou menos homogeneamente, se a causa do aumento das importações é a baixa competitividade do produtor doméstico, o impacto deverá ser diferenciado entre setores. Foi com essa inspiração que analisamos como se comportaram os diversos setores industriais antes e depois da crise. Dessa análise, podemos tirar duas lições principais.

A primeira é que, apesar de os estudos a nível mais agregado terem inegável mérito, ao estudar mais detalhadamente as atividades que compõem a indústria observamos que, após o início da crise em 2008, as importações não foram uma ameaça para um número considerável de atividades, inclusive algumas com grande peso no valor bruto da produção industrial (produtos alimentícios e químicos, por exemplo). Entretanto, em praticamente todos os setores registrou-se uma desaceleração da demanda, tanto externa quanto doméstica. O quanto deste arrefecimento pode ser explicado pela crise ou por outros fatores é uma questão que deixamos como sugestão para investigação.

A segunda é que um número relativamente grande de setores enfrentou aumento da competição das importações, com o produtor doméstico perdendo fatia de mercado. Isso foi especialmente verdade para os setores que saíram de uma posição de liderança do crescimento em 2003-08 para a posição de não líderes ou retardatários em 2008-13. Essa evidência, associada à constatação de desaceleração, ou mesmo queda das exportações (vestuário, madeira, impressão e reprodução, equipamentos de informática, máquinas e materiais elétricos, e móveis), sugere que a maioria das indústrias brasileiras padece de baixa competitividade. Este argumento não é novo, e reaparece com regularidade nos resultados do PIB que, como mostrado neste artigo, tem deixado a desejar.

Os desafios da competitividade são diversos. Alguns analistas culpam o nível da taxa de câmbio, cujo valor apreciado teria contribuído para prejudicar o desempenho da indústria. Ainda que esse argumento seja válido, não se podem negligenciar diversos outros fatores que a cada dia se acumulam na lista de desafios a serem enfrentados para que o Brasil possa retomar o tão esperado desenvolvimento sustentado: ausência de ganhos de produtividade devido ao baixo nível de investimentos na indústria, em capital humano, em inovações, à carente infraestrutura, ao excesso de proteção a setores ineficientes e ao débil ambiente de negócios.

Deve-se ainda anotar a crescente presença da China, não só no mercado brasileiro de manufaturas, mas também competindo em terceiros mercados com os produtos industriais exportados pelo Brasil. Os destaques aqui são os mercados da América Latina e dos EUA, em que os produtos chineses têm deslocado a manufatura brasileira há algum tempo, mas, especialmente, depois da crise.

No todo, acreditamos que este estudo mostra a importância de analisar a importância desses diversos fatores, domésticos e externos, considerando separadamente os diversos setores. Como cremos que restou claro na análise aqui realizada, o desempenho setorial pode ser bastante variado, a ponto de às vezes a média não ser representativa da maioria deles.

Referências

BONELLI, R. et al. Desindustrialização no Brasil: fatos e interpretação. In: BACHA, E.; BOLLE, M. B. de (Org.). *O futuro da indústria no Brasil*: desindustrialização em debate. Rio de Janeiro: Civilização Brasileira, 2013. p. 45-79.

____; PESSOA, S. Desindustrialização no Brasil: fatos e versões. In: BACHA, E.; BOLLE, M.B. de (Org.). *Novos dilemas de política econômica*: ensaio em homenagem a Dionísio Dias Carneiro. Rio de Janeiro: LTC, 2011. p. 209-226.

____; PINHEIRO, A.C. Competitividade e desempenho industrial: mais que só o câmbio. In: FÓRUM NACIONAL, XXIV, 14-17 maio 2012, Rio de Janeiro.

PASTORE, A. C. et al. Por que a produção industrial não cresce desde 2010? In: BACHA, E.; BOLLE, M. B. de (Org.). *O futuro da indústria no Brasil*: desindustrialização em debate. Rio de Janeiro: Civilização Brasileira, 2013. p. 121-155.

PARNES, B.; HARTUNG, G. Uma nota sobre a desaceleração recente da indústria brasileira. In: BACHA, E.; BOLLE, M. B. de (Org.). *O futuro da indústria no Brasil*: desindustrialização em debate. Rio de Janeiro: Civilização Brasileira, 2013. p. 156-172.

8

Produto potencial brasileiro: impactos da produtividade, da demografia e da jornada de trabalho

*Fernando de Holanda Barbosa Filho**

1. Introdução

Os resultados do PIB brasileiro nos últimos anos foram pouco alentadores, com seguidas frustrações em relação às perspectivas de crescimento da economia. Ao mesmo tempo, a inflação mostrou resiliência, mantendo-se elevada. Essa combinação de baixo crescimento econômico e elevado nível de inflação coloca em questão qual a atual taxa potencial de crescimento da economia brasileira. É improvável que esta ainda se situe entre 4% e 4,5% ao ano.[1]

Este trabalho visa contribuir para esse debate e mostrar que a taxa de crescimento do produto potencial brasileiro diminuiu no período recente. Dois fatores são enfatizados: a produtividade e a oferta de trabalho. O capítulo mostra que a queda da produtividade registrada recentemente é fator importante para explicar o baixo desempenho do PIB.

A transição demográfica está em estágio avançado no Brasil. A taxa de crescimento da população ocupada deve voltar a superar a taxa de crescimento da População em Idade Ativa (PIA) nos próximos 10 anos. Ao mesmo tempo, a taxa de crescimento da força de trabalho no país deve se reduzir nos próximos anos devido ao menor crescimento populacional e da PIA.[2] Esse menor crescimento fará com que o emprego não possa contribuir no futuro para a

---
* Pesquisador do Instituto Brasileiro de Economia da Fundação Getulio Vargas (FGV/IBRE).
1. Barroso (2007) estima o produto potencial natural da economia brasileira em 4,3% ao ano. Barbosa Filho (2011) estima que o produto potencial estaria mais próximo de 3,5% do que dos 4,5% devido à redução da PTF.
2. Um exercício nessa direção consta do artigo de Bonelli e Fontes, neste volume.

elevação do produto potencial como ocorreu anteriormente. Até o governo Lula, parte do menor crescimento populacional foi compensada pela redução da taxa de desemprego e isso elevou a importância do fator trabalho para o crescimento no período.

O menor crescimento populacional, associado a uma taxa de desemprego mais baixa, reduzirá o ritmo da expansão da mão de obra no futuro, implicando maior dificuldade para um crescimento mais robusto do PIB. Nesse cenário, ganha importância o fato de que a jornada de trabalho média da economia brasileira está caindo ao longo do tempo. Em um cenário de menor expansão do número de trabalhadores (margem extensiva), a redução da jornada média de trabalho (margem intensiva) amplificará o efeito negativo do fim do bônus demográfico sobre o produto.

Este capítulo está organizado em cinco seções, incluindo a introdução. Os dados utilizados são apresentados na segunda seção. A terceira mostra a redução da jornada de trabalho no Brasil e avalia o impacto da maior participação feminina no mercado de trabalho sobre a jornada. Na seção quatro aborda-se a metodologia para o cômputo da produtividade e o crescimento do produto potencial no Brasil. Essa seção mostra ainda a contribuição de cada um dos fatores de produção para o crescimento do PIB entre 2001 e 2012 e sugere que a elevação da produtividade será cada vez mais importante nos próximos anos.[3] Adicionalmente, a seção projeta cenários para o crescimento do produto potencial brasileiro. A conclusão é apresentada na quinta seção.

2. Descrição dos dados

As bases de dados deste trabalho são diversas, com a maior parte das séries sendo obtida do Instituto Brasileiro de Geografia e Estatística (IBGE). As séries relacionadas ao pessoal ocupado e ao número de horas trabalhadas são originadas de duas pesquisas conduzidas pelo Instituto Brasileiro de Geografia e Estatística (IBGE): a Pesquisa Mensal de Empregos (PME) e a Pesquisa Nacional por Amostra de Domicílios (Pnad), para o período entre 2001 e 2012.

A Pnad, conduzida pelo IBGE desde 1967, é uma pesquisa anual que cobre todo o território nacional trazendo informações diversas sobre carac-

---

3. Novamente, em linha com os resultados de Bonelli e Fontes em artigo nesta coletânea.

terísticas demográficas e socioeconômicas da população e características dos domicílios. A Pnad vem sofrendo uma série de aprimoramentos e revisões ao longo dos anos.

Na revisão implementada em 1992, as principais mudanças ocorreram em torno do tema trabalho. A definição de população ocupada foi ampliada. Nessa mudança, o conceito de ocupação passou a abranger o trabalho na produção para o próprio consumo exercido em atividade do ramo agrícola e o trabalho na construção para o próprio uso. Além disso, a Pnad incorporou o trabalho não remunerado, independentemente do número de horas que era exercido. Em 2004, a Pnad sofreu outra mudança metodológica importante que foi a inclusão de áreas rurais do norte do Brasil.

Em ambos os casos, as mudanças de 1992 e de 2004, é preciso fazer ajustes para que as Pnads possam ser comparadas ao longo do tempo. O ajuste requer que o cálculo do pessoal ocupado e do total de horas trabalhadas, a partir de 1992, exclua os grupos incluídos nas novas metodologias para garantir comparabilidade com as séries anteriores. O mesmo ocorre com os dados a partir de 2004 que devem excluir as observações de áreas rurais da região Norte do Brasil.

A Pesquisa Mensal de Emprego (PME), também do IBGE, é outra fonte de dados importante e que inclui dados do mercado de trabalho de frequência mensal. O presente trabalho se baseia em Barbosa Filho e Pessôa (2013), que realizam os ajustes acima mencionados na Pnad e incorporam a variação mensal de dados de forma a obter médias anuais das variáveis relevantes que consideram o ciclo de negócios intra-anual para o Brasil.[4]

Para o cálculo da produtividade do trabalho e da produtividade total dos fatores utilizamos as séries de PIB, Formação Bruta de Capital Fixo, deflator implícito do PIB e da Formação Bruta de Capital Fixo do IBGE entre 1982 e 2012 disponíveis no site do Ipeadata,[5] deflacionados todos os valores para o ano de 2012. Por último, utilizamos a série do Nível de Utilização da Capacidade Instalada (Nuci) da Fundação Getulio Vargas (FGV) para o mesmo período para corrigir o capital pela sua utilização.

A série de horas trabalhadas utilizada neste trabalho é a construída por Barbosa Filho e Pessôa (2013). Nesse trabalho, os autores partem do pressu-

---

4. Ver a tabela A, no apêndice, que mostra as séries de pessoal ocupado, horas trabalhadas e jornada de trabalho de Barbosa Filho e Pessôa (2013).
5. Disponível em: <www.antigofgvdados.fgv.br/>.

posto de que o número obtido com base na Pnad é fidedigno para a economia brasileira. No entanto, os dados da Pnad referem-se somente ao mês de setembro. Desta forma, com o propósito de gerar uma série anual mais representativa do ciclo de negócios de determinado ano, os autores incluem a frequência mensal da PME na Pnad. O procedimento faz com que os erros de expandir a série da Pnad com base na PME sejam distribuídos entre setembro do ano atual e do anterior, de sorte que o número de setembro seja igual ao reportado na Pnad.[6] Os dados anuais são obtidos com base na média dos meses de cada ano.

3. Resultados: a jornada de trabalho no Brasil

A jornada média de trabalho vem se reduzindo no Brasil a mais de duas décadas. Entre 1982 e 2011, a jornada média caiu de 45,6 horas por semana para 41,0 horas, representando uma queda de 10,3% durante os 29 anos, ou uma diminuição de 0,4% ao ano. Barbosa Filho e Pessôa (2013) mostram que a redução foi mais rápida entre 1982 e 1992, teve o ritmo reduzido entre 1992 e 2001 e voltou a acentuar o ritmo de queda entre 2001 e 2011. A figura 1 mostra a queda da jornada de trabalho ao longo das últimas três décadas no Brasil.[7]

A diminuição do número de horas trabalhadas por semana se acentua no período imediatamente posterior à Constituição de 1988, se eleva no período pós-estabilização e se reduz de forma sistemática a partir de meados dos anos 1990.

Nesse mesmo período a participação da mão de obra feminina aumentou, com as mulheres elevando a sua participação no mercado de trabalho de 32% em 1982 para 42% em 2011, conforme pode ser visto na tabela 1. Essa tabela mostra que a elevação da participação feminina no mercado de trabalho foi fruto de uma maior elevação do número de mulheres ocupadas e não fruto de uma redução do pessoal ocupado masculino na economia. Os dados mostram ainda que este é um processo gradativo e ainda em andamento no mercado de trabalho doméstico, com a participação feminina sendo cada vez mais importante para a economia.

---

6. Para mais detalhes acerca da metodologia de construção das séries mensais, ver Barbosa Filho e Pessôa (2009) e Barbosa Filho e Pessôa (2013).
7. O ano de 2012 não foi incluído na análise devido aos dados da Pnad do respectivo ano ainda não terem sido divulgados e a seção realizar uma decomposição baseada na mesma.

Figura 1
Evolução da jornada de trabalho no Brasil

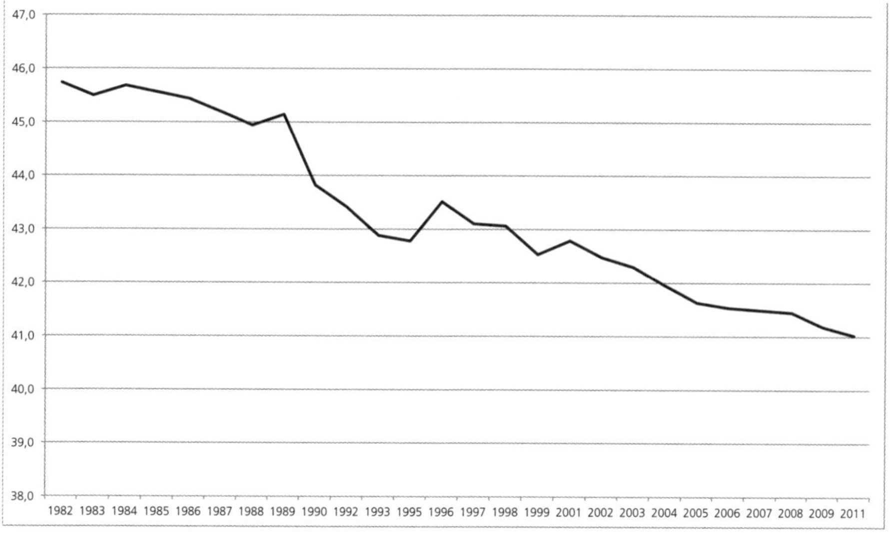

Fonte: Elaboração própria com dados da Pnad.

No entanto, o aumento da participação feminina ocorreu em ritmo mais elevado ao longo da década de 1980, quando o contingente feminino cresceu 4,1% ao ano, enquanto a participação masculina cresceu somente 1,9%. Na década de 1990, o aumento do emprego de mulheres foi de 3,7% a.a., ao passo que o de homens foi de apenas 1,7% a.a. Na última década, o diferencial de expansão se reduziu ainda mais, com a expansão feminina sendo somente 0,8 ponto percentual superior ao crescimento de 1,8% dos homens.

Tabela 1
Participação no mercado de trabalho

	Homens		Mulheres	
	#	%	#	%
1982	32.436.178	68%	15.418.218	32%
1983	32.373.821	67%	15.969.627	33%
1984	33.580.425	67%	16.533.358	33%
1985	35.767.642	67%	17.922.722	33%
1986	36.668.654	66%	18.652.300	34%
1987	37.499.385	65%	19.827.776	35%

(continua)

(continuação)

	Homens		Mulheres	
	#	%	#	%
1988	38.163.313	65%	20.487.677	35%
1989	39.223.533	65%	21.319.920	35%
1990	38.492.131	65%	21.143.604	35%
1992	39.388.847	63%	23.142.321	37%
1993	39.902.896	63%	23.640.744	37%
1995	41.211.977	62%	25.433.063	38%
1996	40.724.999	62%	24.804.853	38%
1997	41.483.836	62%	25.255.209	38%
1998	41.728.954	62%	25.625.852	38%
1999	43.143.240	61%	27.248.276	39%
2001	44.712.377	60%	29.210.224	40%
2002	45.652.149	60%	30.482.824	40%
2003	46.182.312	60%	31.130.593	40%
2004	48.391.839	59%	33.173.018	41%
2005	49.451.239	59%	34.126.753	41%
2006	50.155.972	59%	35.262.021	41%
2007	51.107.214	59%	35.875.192	41%
2008	52.482.415	59%	37.074.481	41%
2009	52.516.114	58%	37.719.560	42%
2011	53.539.354	58%	38.041.948	42%

Fonte: Elaboração própria com dados da Pnad.

O aumento gradativo das mulheres ocupadas na economia parece similar à redução ocorrida na jornada média de trabalho,[8] a qual pode ser fruto de um aumento da participação das mulheres no mercado de trabalho e não uma menor oferta de horas trabalhadas por parte do trabalhador.

A tabela 2, entretanto, reduz a possibilidade disso ser fruto exclusivamente da maior participação das mulheres no mercado de trabalho, visto que a queda na jornada ocorre tanto para homens como para mulheres. A distância entre as horas semanais trabalhadas por homens e mulheres se reduziu entre 1982 e 1991. A jornada feminina era 7,9 horas inferior à masculina em 1982; em 2011, era 5,4 horas menor do que a de homens.

---

8. Os dados não incluem o trabalho doméstico.

A tabela 2 mostra ainda que a jornada de trabalho masculina tem caído em ritmo mais rápido do que a feminina. Enquanto a jornada de trabalho masculina caiu, em média, 0,4% ao ano, a feminina se reduziu 0,2% ao ano entre 1982 e 2011.

Tabela 2
Jornada de trabalho

	Homens	Mulheres	Total
1982	48,3	40,4	45,7
1983	47,9	40,6	45,5
1984	48,2	40,6	45,7
1985	48,1	40,5	45,6
1986	47,9	40,6	45,4
1987	47,8	40,2	45,2
1988	47,7	39,8	44,9
1989	47,7	40,4	45,1
1990	46,4	39,1	43,8
1992	46,3	38,5	43,4
1993	45,8	37,9	42,9
1995	45,7	38,0	42,8
1996	46,3	39,0	43,5
1997	46,0	38,4	43,1
1998	45,9	38,5	43,1
1999	45,3	38,1	42,5
2001	45,6	38,4	42,8
2002	45,4	38,0	42,5
2003	45,2	37,9	42,3
2004	44,8	37,8	41,9
2005	44,5	37,5	41,6
2006	44,3	37,6	41,5
2007	44,2	37,7	41,5
2008	44,0	37,8	41,4
2009	43,8	37,5	41,2
2011	43,3	37,9	41,0

Fonte: Elaboração própria com dados da Pnad.

A tabela 3 decompõe a redução da jornada de trabalho em dois efeitos distintos: o efeito nível e o efeito composição. O efeito nível mostra o impacto da redução da jornada de trabalho para homens e mulheres. O efeito composição mostra o impacto do aumento da participação relativa das mulheres no pessoal ocupado total sobre a jornada de trabalho. Os resultados mostram que redução da jornada de trabalho explica 87% da diminuição das horas semanais trabalhadas no período entre 1982 e 2011. A mudança de composição somente foi importante entre 1992 e 2001, quando explica 30% dessa queda. No período recente, o efeito composição explica somente 7%, enquanto o efeito nível explica 93%.

Tabela 3
Decomposição da redução da jornada de trabalho

	Efeito Nível	Efeito Composição	Total
1982-2011	-4,1	-0,6	-4,7
	87%	13%	
1982-1992	-2,0	-0,4	-2,3
	84%	16%	
1992-2001	-0,4	-0,2	-0,6
	70%	30%	
2001-2011	-1,6	-0,1	-1,8
	93%	7%	

Fonte: Elaboração própria com dados da Pnad.

4. Evolução da produtividade e do produto potencial no Brasil

A seção anterior mostrou que a jornada média de trabalho no Brasil caiu ao longo das últimas décadas. Com isso, o total de horas trabalhadas cresce menos do que o total de pessoal ocupado.

Além da importância da jornada de trabalho nos cálculos de produtividade, outro aspecto importante que deve ser considerado é o ciclo econômico intra-anual que afeta a oferta de trabalho ao longo do ano. Nesse aspecto, este capítulo segue Barbosa Filho e Pessôa (2013), que geram uma série de horas trabalhadas ajustada pelo ciclo econômico anual e que calcula a produtividade do trabalho e o total dos fatores entre os anos de 2001 e 2011[9].

---

9. Para mais detalhes, ver Barbosa Filho e Pessôa (2013).

4.1 Produtividade do trabalho

A produtividade do trabalho (PT) pode ser calculada de duas formas distintas:

i) com base no total de horas trabalhadas (HT): $PTTH_t = \dfrac{PIB_t}{HT_t}$, ou

ii) com base no pessoal ocupado (PO): $PTPO_t = \dfrac{PIB_t}{PO_t}$.

Em período de estabilidade da jornada de trabalho, a variação das duas séries é idêntica. No entanto, em períodos em que a jornada média de trabalho varia, a produtividade do trabalho é medida de forma mais precisa com base nas horas totais trabalhadas.

Com isso, a decomposição do nível do produto (PIB_t) pode ser realizada conforme a equação abaixo:

$$PIB_t = \frac{PIB_t}{HT_t} \times \frac{HT_t}{PO_t} \times PO_t = PTHT_t \times JT_t \times PO_t \quad (1)$$

Ou seja, PIB_t depende da produtividade hora do trabalhador ($PTHT_t$), da jornada média de trabalho (JT_t) e do total de pessoal ocupado (PO_t). Com isso, variação do PIB pode ser decomposta em variação da produtividade/hora do trabalho, variação da margem intensiva do trabalho e variação da margem extensiva do trabalho, conforme a equação abaixo:

$$\Delta\%Y = \Delta\%PTHT + \Delta\%JT + \Delta\%PO, \quad (2)$$

em que $\Delta\%PTHT$ é a variação da produtividade/hora do trabalho ao ano, $\Delta\%JT$ é a variação da jornada de trabalho ao ano e $\Delta\%PO$ é a variação do pessoal.

4.2 Produtividade total dos fatores

Neste artigo, a função de produção é dada pela especificação Cobb-Douglas:

$$Y_t = A_t(u_t K_t)^\alpha (L_t)^{1-\alpha} \quad (3)$$

em que Y_t é o produto agregado, A_t é a produtividade total dos fatores (PTF), $u_t K_t$ é o total de serviços produtivos do capital utilizado na produção; u_t é o índice de utilização da capacidade instalada (Nuci), K_t é o estoque de capital físico disponível na economia, e L_t é o fator trabalho que pode ser representado pelo número total de horas trabalhadas ou pelo total de pessoal ocupado; é a elasticidade do produto em relação ao capital, a qual é igual à participação do capital na renda em equilíbrio competitivo. Com base em Gomes, Pessôa e Veloso (2003), tomamos como hipótese = 0,4.

O estoque de capital físico é calculado com base no método do inventário perpétuo, dado por:

$$K_{t+1} = (1-\delta)K_t + I_t \qquad (4)$$

em que K_t é o nível de capital inicial, K_{t+1} é o nível de capital do período seguinte, é a taxa de depreciação e I_t é o investimento. Seguindo, novamente, Gomes, Pessôa e Veloso (2003), adotamos como hipótese que a relação capital-produto (K/Y) em 1970 era igual a 2,36 e que = 3,5% a.a. Os dados de investimento (I_t) foram obtidos da série de Formação Bruta de Capital Fixo a preços constantes do Sistema de Contas Nacionais (SCN) do IBGE.

A PTF é obtida a partir da equação (5):

$$A_t = \frac{Y_t}{(u_t K_t)^\alpha (L_t)^{1-\alpha}} \qquad (5)$$

Com base na equação (3), pode-se decompor o PIB para analisar a importância relativa de cada um dos fatores de produção na sua determinação. A evolução da decomposição do produto entre dois períodos pode ser feita da seguinte forma:

$$\Delta\%Y = \Delta\%A + \alpha\Delta\%(uK) + (1-\alpha)\Delta\%L \qquad (6)$$

em que %A é a variação da produtividade total dos fatores ao ano, %(uK) é a variação do capital utilizado na produção ao ano e %L é a variação do fator trabalho ao ano no período.

4.3 Produto potencial

O produto potencial da economia brasileira pode ser estimado de duas formas distintas. Uma, baseada em uma metodologia que utiliza a produtividade do trabalho; e outra, em uma metodologia que inclui a produtividade total dos fatores.

O cálculo do produto potencial com base na produtividade do trabalho projeta o PIB com base na evolução da produtividade, do pessoal ocupado e da jornada de trabalho, conforme:

$$\Delta\%\bar{Y} = \Delta\%PT + \Delta\%PO + \Delta\%JT \qquad (7)$$

em que $\Delta\%\bar{Y}$ é a variação do produto potencial, $\Delta\%PT$ é a variação da produtividade do trabalho, $\Delta\%PO$ é a variação do pessoal ocupado e $\Delta\%JT$ é a variação da jornada média de trabalho.

O cálculo do produto potencial brasileiro com base na evolução da produtividade total dos fatores (PTF) é baseado na função de produção representada pela equação (3) que utiliza como insumos de produção o capital físico e o trabalho. Com isso, o cálculo do produto potencial é baseado na equação abaixo:

$$\Delta\%\bar{Y} = \Delta\%PTF + \alpha \times \Delta\%K + (1-\alpha) \times [\Delta\%PO + \Delta\%JT] \qquad (8)$$

em que $\Delta\%\bar{Y}$ é a variação do produto potencial, $\Delta\%PTF$ é a variação da produtividade total dos fatores, é a participação do capital na renda, $\Delta\%PO$ é a variação do pessoal ocupado e $\Delta\%JT$ é a variação da jornada média de trabalho.

4.4 Resultados

4.4.1 Evolução da produtividade

PRODUTIVIDADE DO TRABALHO

A tabela 4 mostra a evolução da produtividade do trabalho na economia brasileira entre 2001 e 2012. Os dados mostram que, ao longo dos 12 anos de análise, a produtividade do trabalho, quando mensurada com base no pessoal ocupado (PTPO), é 4,3% menor do que quando medida com base nas horas trabalhadas (PTHT). Essa diferença decorre da redução da jornada de trabalho, que foi da ordem de 0,4% a.a. no período.

Os dados mostram ainda que a produtividade apresentou forte crescimento entre 2003 e 2008: a produtividade do trabalho cresceu a uma taxa anual de 2,2% ao ano quando baseada no pessoal ocupado e 2,8% ao ano quando calculada utilizando as horas trabalhadas. No entanto, no período entre 2009 e 2012, a evolução da produtividade se reduziu de forma importante: somente 1,5% ao ano com base no pessoal ocupado e 1,6% quando se consideram as horas trabalhadas.

Tabela 4
Produtividade do trabalho no Brasil

	PTPO	Variação (em %)	PTHT	Variação (em %)
2001	100,0		100,0	
2002	100,2	0,2	100,4	0,4
2003	98,9	-1,2	99,1	-1,3
2004	102,4	3,5	102,9	3,9
2005	102,5	0,1	103,6	0,7
2006	104,7	2,2	106,5	2,7
2007	108,6	3,8	110,6	3,9
2008	110,6	1,8	113,9	3,0
2009	109,4	-1,1	112,8	-1,0
2010	116,1	6,1	118,9	5,4
2011	118,6	2,2	121,9	2,5
2012	117,4	-1,0	121,7	-0,2

Fonte: Barbosa Filho e Pessôa (2013).

A análise entre 2010 e 2012 reforça a constatação da desaceleração do crescimento da produtividade do trabalho. No período, a produtividade cresceu respectivamente 0,6% e 1,2% ao ano, dependendo do uso do pessoal ocupado ou do total de horas trabalhadas. Nesse sentido, o período recente mostra que parte importante da redução do ritmo de crescimento do produto deve ser fruto da menor expansão da produtividade no Brasil.

A tabela 5 mostra a decomposição do crescimento do produto entre 2001 e 2012 (e subperíodos) conforme a equação (2). O PIB pode variar entre períodos devido à evolução da produtividade do trabalho, do crescimento da população ocupada e conforme a jornada de trabalho média do período. A tabela 5 mostra a importância relativa de cada um desses componentes entre 2001 e 2012.

A tabela 5 mostra que, entre 2001 e 2012, a produtividade/hora do trabalho contribuiu com uma expansão de 1,8% ao ano para o crescimento do PIB, enquanto o total de horas trabalhadas contribuiu com 1,7% ao ano (2% pela expansão do pessoal ocupado e -0,3% pela redução da jornada média de trabalho).

Tabela 5
Decomposição do crescimento do produto entre 2001 e 2012

	PIB	PTHT	PO	JT
2001-12	3,4	1,8	2,0	-0,3
		(52,0)	(57,5)	(-9,5)
2001-08	3,9	1,9	2,5	-0,4
		(47,9)	(63,1)	(-11,0)
2003-08	4,7	2,8	2,5	-0,6
		(59,3)	(52,6)	(-11,9)
2008-12	2,6	1,6	1,1	-0,1
		(62,7)	(42,8)	(-5,5)
2010-12	1,8	1,2	1,2	-0,6
		(64,8)	(67,3)	(-32,2)

Fonte: Barbosa Filho e Pessôa (2013).

Entre 2003 e 2008 ocorre o período de crescimento mais forte da produtividade, que cresce em média 2,8% ao ano e contribui com 59,3% do crescimento do período.[10] Destaca-se que entre 2001 e 2008 o crescimento

---

10. Estes resultados estão em linha com a literatura, como pode ser visto em Ellery e Teixeira (2013) e Bonelli e Bacha (2013), por exemplo.

do pessoal ocupado atinge 2,5% ao ano, com uma expansão máxima do total de horas trabalhadas de 2,1%. A redução do ritmo de crescimento após 2008 é acompanhada por desaceleração significativa da produtividade e da expansão do total de horas trabalhadas, que cai para 0,6% entre 2010 e 2012 devido à expansão lenta do pessoal ocupado (1,2% ao ano) e à forte redução de 0,6% da jornada de trabalho. Com isso, apesar de o crescimento da produtividade explicar mais de 60% do crescimento do produto, esse resultado decorre do baixo crescimento do PIB associado à menor expansão das horas trabalhadas.

Produtividade total dos fatores

A tabela 6 segue o mesmo tipo de análise para a evolução da produtividade total de fatores (PTF), sendo a PTF(PO) mensurada utilizando como fator trabalho o pessoal ocupado e a PTF(HT) calculada com base no total de horas trabalhadas. O pior desempenho da PTF em comparação com a produtividade do trabalho decorre de a última não incorporar o capital físico utilizado na produção no cálculo da produtividade.[11] Com isso, a evolução da PTF costuma ser inferior à da produtividade do trabalho, devido à incorporação dos investimentos em capital físico em seu cômputo.

A PTF mostra tendência parecida à da produtividade do trabalho. No período entre 2003 e 2008 ocorre importante elevação da PTF no Brasil. Antes da eclosão da crise mundial do final de 2008 e início de 2009, a PTF cresceu a uma taxa de 2% ao ano quando calculada com base na série de pessoal ocupado e 2,3% quando se utiliza a série de horas trabalhadas.

No período imediatamente posterior (2008-12) ao da crise, a taxa de crescimento da PTF cai para aproximadamente 0,8% ao ano, o que representa uma perda de produtividade superior a 1% para ambas as medidas de produtividade.

Entre 2010 e 2012, o desempenho da PTF é ainda mais medíocre do que o apresentado pela produtividade do trabalho. No período recente, a PTF apresenta crescimento zero, na melhor das hipóteses. Ou seja, após a crise de 2009, a PTF ficou estagnada, com o crescimento mais forte apresentado em

---

11. A PTF pode ser vista com uma média ponderada da produtividade do trabalho e da produtividade do capital.

Tabela 6
Produtividade total dos fatores no Brasil

	PTF(PO)	Variação (em %)	PTF(HT)	Variação (em %)
2001	100,0		100,0	
2002	100,9	0,9	101,1	1,1
2003	99,4	-1,4	99,6	-1,5
2004	102,1	2,7	102,4	2,9
2005	102,4	0,3	103,1	0,7
2006	104,7	2,2	105,7	2,5
2007	107,7	2,9	108,9	3,0
2008	109,7	1,9	111,7	2,6
2009	109,9	0,2	112,0	0,3
2010	113,4	3,2	115,1	2,8
2011	114,7	1,2	116,6	1,3
2012	112,7	-1,8	115,1	-1,3

Fonte: Barbosa Filho e Pessôa (2013).

2010 sendo fruto de condições excepcionais. Existia grande capacidade ociosa em virtude da crise do ano anterior e as políticas monetária e fiscal eram expansionistas devido à crise (políticas anticíclicas) e ao ciclo eleitoral. Após a eleição, a economia brasileira passou a apresentar expansão glacial de sua produtividade, com base em qualquer uma das medidas.

A tabela 7 faz a contabilidade do crescimento com base na equação (6) para o período entre 2001 e 2012. Assim como ocorreu na análise do crescimento do PIB reportada na tabela 5, utiliza-se o total de horas trabalhadas para o fator trabalho. Os resultados dessa tabela mostram que a PTF cresceu 1,3% a.a. entre 2001 e 2012. Os dados mostram ainda que, enquanto ocorre uma aceleração da taxa de crescimento entre 2001 e 2008, após 2008 há uma inversão nessa tendência com a desaceleração da evolução da produtividade até sua estagnação nos últimos dois anos.

A tabela 7 mostra que a PTF chega a explicar quase 50% do aumento do produto entre 2003 e 2008. Neste período, o crescimento do PIB atinge seu pico de 4,7% ao ano. A partir de 2008 observa-se que o capital mantém sua contribuição para o crescimento do produto (1,3% a.a.) enquanto a elevação das horas trabalhadas diminui no período. A redução da expansão do fator trabalho (mensurado pelo total de horas) associada à estagnação da PTF explicam o baixo resultado do PIB no período entre 2010 e 2012.

Tabela 7
Decomposição do crescimento do produto entre 2001 e 2012

	PIB	PTF	Capital	Trabalho
2001-12	3,4	1,3	1,2	1,0
		(37,3)	(33,9)	(28,8)
2001-08	3,9	1,6	1,1	1,2
		(40,6)	(28,1)	(31,3)
2003-08	4,7	2,3	1,3	1,1
		(49,0)	(26,6)	(24,4)
2008-12	2,6	0,8	1,3	0,6
		(28,9)	(48,8)	(22,4)
2010-12	1,8	0,0	1,4	0,4
		(1,0)	(77,9)	(21,1)

Fonte: Barbosa Filho e Pessôa (2013).

A forte redução da expansão do fator de trabalho após a crise de 2009 é um ponto de suma importância. O fator trabalho, que crescia cerca de 2% ao ano entre 2001 e 2008 (contribuindo com 1,2% para o crescimento do produto), passou a crescer cerca de 1% entre 2008 e 2012. Com isso, sua contribuição para o crescimento do produto se reduz em mais de 0,7 ponto percentual em um intervalo bastante curto.

Este resultado está atrelado ao baixo crescimento do PIB (que estimula contratação) e ao efeito demográfico. O efeito demográfico, associado à redução da jornada de trabalho, provocará uma redução da contribuição do fator do trabalho para a elevação do PIB.

4.4.2 Evolução do produto potencial

Para o cálculo do produto potencial é necessária uma estimativa da evolução dos fatores de produção e da produtividade. No caso de estimativa do produto potencial baseado na equação (7), necessita-se saber a evolução da produtividade do trabalho (com base nas horas trabalhadas), do pessoal ocupado e da jornada de trabalho ao longo do tempo. Já no caso de estimar o produto potencial com base na equação (8), necessita-se de projeções de crescimento de pessoal ocupado, jornada de trabalho, estoque de capital (que depende da taxa de investimento) e da produtividade total dos fatores (PTF).

FATOR TRABALHO

A evolução do fator trabalho nos últimos anos ocorreu em ritmo superior ao da expansão da população devido, principalmente, à redução da taxa de desemprego que ocorreu na economia brasileira. Mensurada pela PME, essa taxa saiu de mais de 13% em 2013 para uma taxa de 5,5% em 2012. Essa redução permitiu que a mão de obra crescesse em ritmo superior ao crescimento populacional e ao crescimento da população em idade ativa (PIA).

A tabela 8 mostra os dados de crescimento de pessoal ocupado (PO), horas totais trabalhadas (HT), população (POP), PIA, PIA entre 10 e 64 anos de idade (PIA 10-64) e PIA entre 15 e 64 anos de idade (PIA 15-64). As diferentes séries são mostradas, pois o crescimento populacional não é a melhor aproximação da oferta de trabalho, visto que inclui pessoas muito novas, devendo-se comparar os dados de pessoal ocupado e horas trabalhadas com a taxa de crescimento da PIA. No entanto, a definição de PIA parece um tanto ampla por incluir todas as pessoas acima de 10 anos de idade. Por isso, consideram-se dois cortes adicionais: o primeiro calcula a PIA com pessoas com idade entre 10 e 64 anos e o outro com pessoas entre 15 e 64 anos de idade, mais realista para a oferta de trabalho, na visão do autor.

A primeira parte da tabela 8 mostra a evolução das variáveis mencionadas nos últimos anos, enquanto a segunda parte mostra a projeção com base em estimativas do IBGE.[12] Os resultados indicam o maior crescimento do fator trabalho (em termos de pessoal ocupado (PO) ou de horas trabalhadas (HT)) na comparação com o crescimento populacional até 2008. Mesmo comparando-se com a PIA 15-64, o pessoal ocupado e as horas trabalhadas crescem mais no período entre 2001 e 2008, com a tendência sendo invertida nos últimos anos, após a crise de 2009.

O forte crescimento do pessoal ocupado e das horas trabalhadas até 2008 reforça o impacto da redução da taxa de desemprego, que ajudou a economia a assimilar trabalhadores em ritmo superior à oferta de trabalho.

A redução do crescimento da oferta de trabalho é outro efeito que também pode ser visto com base na tabela 8.[13] O crescimento populacional, que foi em

---

12. As projeções do IBGE foram obtidas do site: <http://downloads.ibge.gov.br/downloads_estatisticas.htm?caminho=Projecao_da_Populacao/Projecao_da_Populacao_2013/>. Acesso em: 29 ago. 2013.
13. Segundo as projeções do IBGE, o bônus demográfico, período em que a PIA cresce mais do que a população, deve acabar em 2023 para a PIA com indivíduos entre 15 e 64 anos e em

média de 1,1% ao ano entre 2001 e 2012, deverá ser de somente 0,9% ao ano no período 2012-15 e de 0,7% entre 2015 e 2020. Nesses mesmos períodos a PIA também sofrerá reduções expressivas, com seu crescimento se reduzindo de 1,6% ao ano entre 2001 e 2012 para 1% entre 2015 e 2020, para os indivíduos entre 15 e 64 anos de idade.

Tabela 8
Taxa de crescimento das horas trabalhadas, população e PIA

	PO	HT	POP	PIA	PIA 10-64	PIA 15-64
2001-12	2,0	1,6	1,1	1,5	1,4	1,6
2001-08	2,5	2,0	1,2	1,6	1,5	1,7
2003-08	2,5	1,9	1,2	1,6	1,4	1,7
2008-12	1,1	1,0	1,0	1,4	1,2	1,4
2010-12	1,2	0,6	0,9	1,4	1,2	1,3
Projeção Futura						
2012-15	-	-	0,9	1,3	1,0	1,2
2015-20	-	-	0,7	1,1	0,7	1,0

Fonte: Elaboração própria com dados do IBGE.

A segunda parte da tabela 8 oferece uma boa estimativa da evolução do pessoal ocupado nos próximos anos baseada nas projeções de população e PIA do IBGE. Como visto na segunda seção, a jornada de trabalho média caiu 0,4% ao ano desde 1982. Desta forma, uma boa previsão de expansão da oferta de trabalho entre 2012 e 2015 seria a taxa de crescimento da PIA (1,2% a.a.) descontada de 0,4 ponto percentual, cenário base para os próximos anos.

PRODUTIVIDADE DO TRABALHO

A projeção de expansão da produtividade foi realizada com base nas tabelas 4 e 5, que mostram o crescimento da produtividade/hora do trabalho. Os resultados indicam que esta cresceu, na melhor das hipóteses, 2,8% ao ano no período entre 2001 e 2008, mas que sua média se situou na casa dos 1,8% entre 2001 e 2012. Recentemente, observa-se forte redução do ritmo da alta

---

2017 para indivíduos entre 10 e 64 anos de idade.

da produtividade do trabalho, que aumentou somente 1,2% entre 2010 e 2012. Nesse sentido, o cenário base teria um crescimento da produtividade do trabalho de 1,8%, e dois alternativos com crescimento de 1,5% e de 2,1%.

Com base nessas hipóteses, a tabela 9 mostra a projeção do produto potencial para os próximos anos. O crescimento máximo do produto potencial seria de 3,3% em um cenário de crescimento da produtividade do trabalho de 2,1% ao ano e crescimento da oferta de trabalho de 1,2% ao ano. Os dados da tabela 9 sugerem um crescimento mais próximo dos 2,3% do que dos 3,3%, mostrando que o crescimento do produto potencial brasileiro é de fato mais lento do que se imaginava.[14]

Tabela 9
Taxas de crescimento do PIB potencial, segundo diferentes hipóteses

		Taxa de Crescimento do Trabalho		
		0,6	0,8	1,2
Taxa de Crescimento da Produtividade do Trabalho		Taxa de Crescimento do Produto Potencial		
	1,5	2,1	2,3	2,7
	1,8	2,4	2,6	3,0
	2,1	2,7	2,9	3,3

Fonte: Elaboração do autor.

A tabela 9 projeta que o crescimento do produto brasileiro nos próximos anos dependerá de forma crucial da expansão da produtividade do trabalho. No entanto, ganhos de produtividade do trabalho dependem de ganhos de PTF e de aumento do capital por trabalhador na economia.[15]

FATOR CAPITAL

A evolução do capital depende da taxa de investimento. Esta pode ser calculada com base nas séries de PIB, deflator implícito do PIB, formação bruta

---

14. A previsão do produto potencial brasileiro segundo a OCDE (2013) é de 3,7%, um tanto otimista na visão do autor.

15. A produtividade do trabalho pode ser escrita como o produto da produtividade total dos fatores (PTF) e do capital por trabalhador, conforme: $PT = \frac{Y}{L} = A\left(\frac{K}{L}\right)^{\alpha}$. Para mais detalhes da importância da produtividade, ver Bonelli e Fontes (2013).

do capital fixo e deflator da formação bruta de capital fixo, todas do IBGE. Deflacionando-se todas as séries para o ano base de 2012, pode-se obter a taxa de investimento entre 2001 e 2012.

Nesse quesito, o Brasil também não tem apresentado um desempenho alentador nos últimos anos. O investimento, a preços constantes, atingiu o máximo em 2011 com uma taxa de 19,1%. Na média do período 2001-12, ficou em apenas 16,3%, extremamente baixa. A média entre 2007 e 2012 foi pouco maior, com um investimento médio de 17,8% no período.

Desta forma, para o cálculo do produto potencial adotam-se três diferentes taxas de investimento: o cenário base, que possui uma taxa de investimento de 18%, e dois cenários alternativos, com taxas de investimento de 16% e de 20%. A partir da taxa de investimento, pode-se calcular a taxa de crescimento do capital através da diferença entre a razão da taxa de investimento pela relação capital produto e a taxa de depreciação.[16]

A tabela 10 mostra as estimativas de produto potencial da economia brasileira para os próximos anos utilizando três projeções para a taxa de investimento (16%, 18% e 20%), três taxas de crescimento do total de horas trabalhadas (0,6%, 0,8% e 1,2%) e três taxas de crescimento anual da produtividade total dos fatores (PTF, de 0,5%; 1% e 1,5%).

O primeiro painel da tabela 10 mostra o produto potencial, assumindo que o investimento no Brasil se mantenha em níveis baixos, como 16% ao ano. Nesse caso, o produto potencial brasileiro seria de 2,5% ao ano, caso exista um ganho de PTF de 1% ao ano, e uma expansão das horas trabalhadas de 0,8% ao ano. Caso ocorra um crescimento de 1,2% no total de horas trabalhadas, o crescimento atingiria 2,8% ao ano. No entanto, um investimento de 16% parece baixo mesmo para o padrão brasileiro.

O segundo painel mostra o "cenário base" na opinião do autor. A taxa de investimento de 18% ao ano parece razoável para o país em um horizonte de tempo médio. Com esta taxa de investimento, um crescimento da PTF de 1% ao ano e uma expansão das horas trabalhadas de 0,8%, o produto potencial brasileiro seria de 2,9%. Em um cenário mais adverso de expansão da PTF, como ocorrido nos últimos dois anos, o PIB potencial seria de 1,9%, indicando um cenário mais crítico do que o razoável. No entanto, um crescimento intermediário da PTF, entre 0,5% e 1% ao ano, daria um PIB potencial entre 2,4% e 2,9%, algo mais razoável na visão do autor.

---

16. A variação do estoque de capital é dada por: $\frac{\dot{K}}{K} = \left(\frac{I/Y}{K/Y}\right) - \delta$.

Tabela 10
Taxa de crescimento do produto potencial no Brasil

	Taxa de Investimento em %			16
		Taxa de Crescimento do Trabalho		
		0,6	0,8	1,2
Evolução PTF	0,5	1,9	2,0	2,3
	1,0	2,4	2,5	2,8
	1,5	2,9	3,0	3,3
	Taxa de Investimento em %			18
		Taxa de Crescimento do Trabalho		
		0,6	0,8	1,2
Evolução PTF	0,5	2,2	2,4	2,6
	1,0	2,7	2,9	3,1
	1,5	3,2	3,4	3,6
	Taxa de Investimento em %			20
		Taxa de Crescimento do Trabalho		
		0,6	0,8	1,2
Evolução PTF	0,5	2,5	2,7	2,9
	1,0	3,0	3,2	3,4
	1,5	3,5	3,7	3,9

Fonte: Elaboração do autor.

O painel inferior da tabela 10 registra uma taxa de crescimento do produto potencial próxima de 4% ao ano em condições "especiais". Esse crescimento seria atingido no improvável cenário de investimento de 20% associado a um crescimento da produtividade total dos fatores de 1,5% ao ano (número próximo dos 1,6% observados entre 2001 e 2008) e uma expansão das horas trabalhadas de 1,2% ao ano. Com o investimento e o avanço da PTF superiores à média dos últimos anos, e sabendo-se que o efeito demográfico deve restringir a oferta de trabalho, os números parecem um tanto otimistas.

Os resultados da tabela 10 mostram que a expansão da taxa de crescimento da PTF seria fundamental para que o país apresentasse uma taxa de crescimento do produto potencial de pelo menos 4,5%. Para tanto, a PTF deveria voltar a crescer com taxas próximas de 2% caso o investimento ficasse próximo dos 20%. Logo, com a menor contribuição futura do fator trabalho para o crescimento do PIB, como visto na tabela 8, um crescimento mais vigoroso do produto potencial brasileiro dependerá de aumento do capital por trabalhador (mais investimentos) e de ganhos de produtividade expressivos.

5. Conclusão

Este capítulo mostrou que a jornada média de trabalho no Brasil vem caindo de forma sistemática desde a década de 1980, com uma redução média de 0,4% ao ano entre 1982 e 2011. O capítulo mostrou ainda que a maior parte da redução da jornada de trabalho foi fruto da redução do total de horas trabalhadas por homens e mulheres e não somente a maior participação de mulheres (que trabalham jornadas mais curtas do que os homens) no mercado de trabalho.

O impacto da menor jornada de trabalho sobre a mensuração da produtividade também é avaliado no capítulo. A produtividade por hora trabalhada difere da produtividade por pessoal ocupado devido à redução da jornada de trabalho no país. Com isso, cálculos de produtividade baseados em pessoal ocupado e horas trabalhadas apresentam diferenças acumuladas de 4,3 p.p. para a produtividade do trabalho e de 2,4 p.p. para a PTF entre 2001 e 2012.

A desaceleração recente do PIB é explicada pela redução da contribuição do total de horas trabalhadas na economia e pela queda da produtividade. Entre 2010 e 2012, o aumento das horas trabalhadas (1% a.a.) foi substancialmente menor do que no período de maior crescimento recente, entre 2003 e 2008 (2,1% a.a.). Esta redução retira sozinha, pelo menos, 0,6% de crescimento do PIB. A redução da PTF, de 2,3% ao ano entre 2003 e 2008 para 0,8% entre 2008 e 2012, retira outros 1,5% do PIB doméstico. Com isso, parece natural o desempenho medíocre do PIB brasileiro nos últimos anos.

O cômputo do crescimento do PIB potencial da economia brasileira é apresentado levando-se em conta diversos fatores, dentre os quais a redução da oferta de trabalho devido ao aspecto demográfico e à redução da jornada de trabalho. Esses dois componentes associados a uma menor expansão futura da produtividade fazem com que o produto potencial da economia brasileira se encontre em um patamar entre 2,4% e 2,9%.

Referências

BARBOSA FILHO, F. Uma estimativa de produto potencial no Brasil. *Economia & Tecnologia*, ano 7, v. 27, p. 5-16, 2011.

____; PESSÔA, Samuel de Abreu. *Pessoal ocupado e jornada de trabalho*: uma releitura da evolução da produtividade no Brasil. Texto para Discussão do IBRE. 2013. Disponível em: <portalibre.fgv.br>.

____; ____. *Série de horas mensais da economia brasileira*. Nota Técnica do IBRE. 2009. Disponível em: <portalibre.fgv.br>.

BARROSO, R. Produto potencial: conceitos, novas estimativas e considerações sobre sua aplicabilidade. *Economia*, v. 7, n. 3, p. 437-462, 2007.

BONELLI, R.; BACHA, Edmar. Crescimento brasileiro revisitado. In: VELOSO, Fernando et al. (Org.). *Desenvolvimento econômico*: uma perspectiva brasileira. Rio de Janeiro: Elsevier, 2013. p. 236-262.

____: FONTES, Júlia. O desafio brasileiro no longo prazo. 2013. Neste volume.

ELLERY, R.; TEIXEIRA, Arilton. O milagre, a estagnação e a retomada do crescimento: as lições da economia brasileira nas últimas décadas. In: VELOSO, Fernando et al. (Org.). *Desenvolvimento econômico*: uma perspectiva brasileira. Rio de Janeiro: Elsevier, 2013. p. 263-284.

GOMES, V.; PESSÔA, Samuel de Abreu; VELOSO, Fernando. Evolução da produtividade total dos fatores na economia brasileira: uma análise comparativa. *Pesquisa e Planejamento Econômico*, v. 33, n. 3, p. 389-434, 2003.

IBGE. *Projeção da população do Brasil por sexo e idade para o período 2000/2060*. 2013.

OCDE. *OECD economic outlook*. 2013.

9

Quem são os jovens nem-nem? Uma análise sobre os jovens que não estudam e não participam do mercado de trabalho

*Joana Monteiro**

1. Introdução

Uma análise que busque entender o potencial econômico de um país requer o entendimento de quem é e como está evoluindo sua população jovem. Os investimentos em educação feitos nas crianças e pelos jovens são cruciais para determinar sua produtividade no futuro. Além disso, a maioria das pessoas tem suas primeiras experiências no mercado de trabalho durante a juventude, após abandonar ou completar os estudos. Os números de desemprego mostram que essa inserção no mercado de trabalho é difícil. A taxa de desemprego entre os jovens de 18 a 24 anos era de 13,8% em 2011, número que era 2,6 vezes o da população de 25 a 49 anos.[1] Essa elevada taxa de desemprego é em grande parte explicada por um elevado nível de rotatividade no mercado de trabalho, causada por empregos de curta duração e em firmas pouco estáveis, que tendem a fechar com mais frequência (Courseuil et al., 2013).

Dado que a juventude é um período crucial para a formação educacional e profissional das pessoas, gera preocupação o fato de uma parcela dos jovens estar afastada das escolas e do mercado de trabalho. Em 2011, havia no Brasil 3,2 milhões de jovens entre 19 e 24 anos nessa situação, o que representa 17% dessa população.

---

* Pesquisadora do Instituto Brasileiro de Economia da Fundação Getulio Vargas (FGV/IBRE). A autora agradece o excelente trabalho de Livia Almeida como assistente de pesquisa.
1. Taxa de desemprego medida pela Pnad (2011).

O objetivo desse artigo é caracterizar esse grupo de jovens e entender como esse grupo de jovens inativos evoluiu nos anos 2000. Para tanto, analisam-se os dados de 2001 a 2011 da Pesquisa Nacional de Amostra de Domicílios (Pnad) do IBGE. Todos os dados aqui apresentados referem-se à população de 19 a 24 anos. Ao longo do texto, usa-se o termo "jovens na condição nem-nem" e "jovens inativos" alternadamente para se referir aos jovens que não participam do mercado de trabalho e não estudam.

A análise mostra que a condição nem-nem é mais preponderante entre jovens com baixa escolaridade e de baixa renda, e mulheres, especialmente as com filho. Quase metade dos jovens na condição nem-nem são mulheres com filhos que estão em casa. Essas mulheres têm níveis de inatividade muito altos (43% em 2011), mas sua participação no mercado de trabalho vem aumentando, ao mesmo tempo que seu peso na população vem caindo devido à queda da fecundidade. Embora as tendências recentes sejam positivas, esse grupo merece uma atenção especial para entender se a condição nem-nem é resultado da falta de opções para cuidado dos filhos enquanto trabalham ou estudam. Os dados aqui apresentados sugerem que isso de fato é um problema, visto que ter um filho de menos de um ano é o principal fator que explica por que as mulheres, especialmente as mais pobres, estão na condição nem-nem.

O estudo mostra ainda que a inatividade tem crescido entre os homens e especialmente entre os menos educados. Esse fato, associado ao expressivo aumento de escolaridade ocorrido nos anos 2000, indica que os homens que estudam pouco estão encontrando cada vez mais dificuldades de se inserir no mercado de trabalho. Por fim, chama a atenção o crescimento da inatividade entre jovens com ensino médio. Esse último dado preocupa porque trata do nível de ensino mais preponderante não só entre os jovens da condição nem-nem, mas entre os jovens como um todo, indicando que o aumento da escolaridade traz novos desafios.

A seção a seguir detalha os resultados encontrados.

2. As características mais marcantes dos jovens brasileiros na condição nem-nem

A evolução da população jovem brasileira e sua participação econômica são apresentadas na tabela 1 e na figura 1. Essa tabela aponta algumas tendências.

Em 2011, havia no Brasil 19,2 milhões de jovens, o que indica uma pequena diminuição dessa população, que nos últimos 10 anos alcançou o ápice de 20,7 milhões em 2005. A despeito da queda da população total de jovens, houve um aumento da população economicamente ativa (PEA)[2] nessa faixa etária, que passou de 10,3 milhões em 2001 para 11,1 milhões em 2011. Isso se deve a um aumento da participação dos jovens no mercado de trabalho, visto que o percentual de jovens que só trabalha ou procura emprego passou de 53% da população para 58%. Tal aumento é acompanhado de uma redução do número de jovens que só estuda, que passa de 10% para 9%, e dos que trabalham e estudam, que passa de 19% para 16%. O grupo de jovens que não participa do mercado de trabalho e nem estuda, que é objeto deste trabalho, é o mais estável, tendo diminuído ligeiramente, passando de 3,4 milhões para 3,2 milhões, o que gira em torno de 17% da população total de jovens.

Tabela 1
Evolução da população jovem de 19 a 24 anos por ocupação

	2001	2002	2003	2004	2005	2006	2007	2008	2009	2011
População (milhões)										
Nem-Nem	3,4	3,3	3,3	3,3	3,2	3,3	3,3	3,2	3,0	3,2
PEA	10,3	10,6	10,8	11,4	11,8	11,5	11,4	11,4	11,5	11,1
PEA e estuda	3,8	4,0	4,0	4,0	4,0	3,9	3,7	3,7	3,5	3,1
Só estuda	2,0	1,9	1,9	1,8	1,8	1,9	1,8	1,7	1,7	1,8
Total	19,6	19,9	20,0	20,5	20,7	20,5	20,1	19,9	19,7	19,2
Participação relativa										
Nem-Nem	17,5%	16,5%	16,2%	16,0%	15,2%	16,1%	16,2%	15,9%	15,3%	16,8%
PEA	52,8%	53,6%	54,0%	55,8%	57,0%	55,9%	56,6%	57,3%	58,1%	57,9%
PEA e estuda	19,4%	20,1%	20,2%	19,3%	19,3%	18,8%	18,3%	18,4%	17,8%	16,0%
Só estuda	10,3%	9,8%	9,6%	8,9%	8,5%	9,2%	8,9%	8,4%	8,8%	9,3%

Fonte: Elaboração própria com dados da Pnad/IBGE de 2001 a 2011.

---

2. A população economicamente ativa inclui todas as pessoas com mais de 10 anos que participam do mercado do trabalho, seja trabalhando ou procurando emprego.

Figura 1
Evolução da população jovem de 19 a 24 anos por ocupação

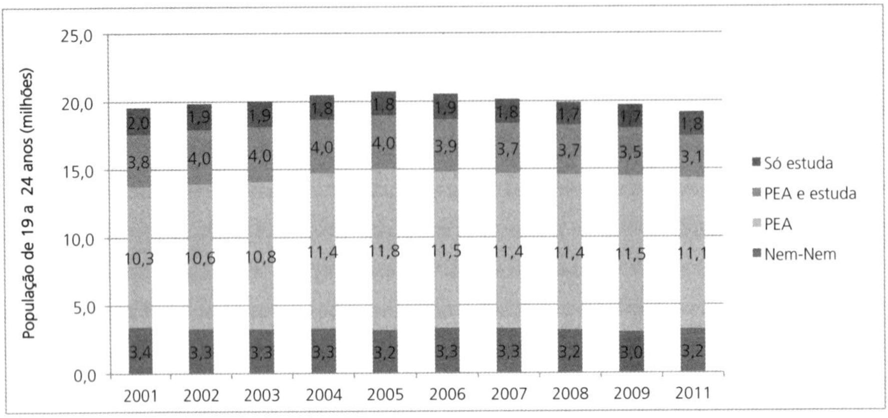

[Gráfico de barras empilhadas mostrando a evolução de 2001 a 2011, com categorias: Só estuda, PEA e estuda, PEA, Nem-Nem]

Ano	Nem-Nem	PEA	PEA e estuda	Só estuda
2001	3,4	10,3	3,8	2,0
2002	3,3	10,6	4,0	1,9
2003	3,3	10,8	4,0	1,9
2004	3,3	11,4	4,0	1,8
2005	3,2	11,8	4,0	1,8
2006	3,3	11,5	3,9	1,8
2007	3,3	11,4	3,7	1,8
2008	3,2	11,4	3,7	1,7
2009	3,0	11,5	3,5	1,7
2011	3,2	11,1	3,1	1,8

Fonte: Elaboração própria com dados da Pnad/IBGE de 2001 a 2011.

A tabela 2 apresenta uma decomposição por gênero. Observa-se que os jovens na condição nem-nem eram em sua grande maioria mulheres, que representam 75% ou 2,4 milhões dos jovens inativos e que não estudam em 2011. Em especial, 1,4 milhão desses jovens, ou 45% de todos os jovens na condição nem-nem, eram mulheres com filho. Como comparação, o percentual de mulheres com filho na população total de jovens é 18%, o que indica que a maternidade está fortemente ligada à condição nem-nem.

Tabela 2
Evolução da população jovem total e da população jovem nem-nem por gênero

	População jovem total		Participação da população jovem na população total		População jovem nem-nem		Participação dos jovens nem-nem na população total		Efeito-composição	Efeito-nível	Variação 2001-11 (em p.p.)
	2001	2011	2001	2011	2001	2011	2001	2011			
	(1)	(2)	(3)	(4)	(5)	(6)	(7)	(8)	(9)	(10)	(11)
Total	19,58	19,18			3,42	3,21	18%	17%			-0,70
Homens	9,62	9,53	49%	50%	0,64	0,83	7%	9%	0,05	1,00	1,05
Mulher sem filhos	5,74	6,27	29%	33%	0,84	0,95	15%	15%	0,51	0,12	0,63
Mulher com filhos	4,22	3,38	22%	18%	1,94	1,44	46%	43%	-1,67	-0,71	-2,38

Fonte: Elaboração própria com dados da Pnad/IBGE de 2001 e 2011.

Chama atenção, entretanto, a evolução desses números, como mostram a tabela 2 e a figura 2. Houve no período uma forte queda do número de mulheres com filhos que estão na condição nem-nem, que saiu de 1,94 para 1,44 milhão de mulheres. Em termos percentuais, a taxa de inatividade entre mulheres com filhos caiu de 46% para 43%. Essa queda é resultado de dois efeitos. Primeiro, as mulheres de forma geral passaram a ter filhos mais tarde e em menor número. O número de mulheres com filhos nessa faixa etária caiu de 4,2 milhões de mulheres para 3,4 milhões e a taxa de fecundidade nessa faixa etária caiu de 0,7 filho por mulher para 0,5. O segundo fator foi o aumento no percentual de mulheres com filho que participam do mercado de trabalho, que saiu de 42% para 46% entre 2001 e 2011.

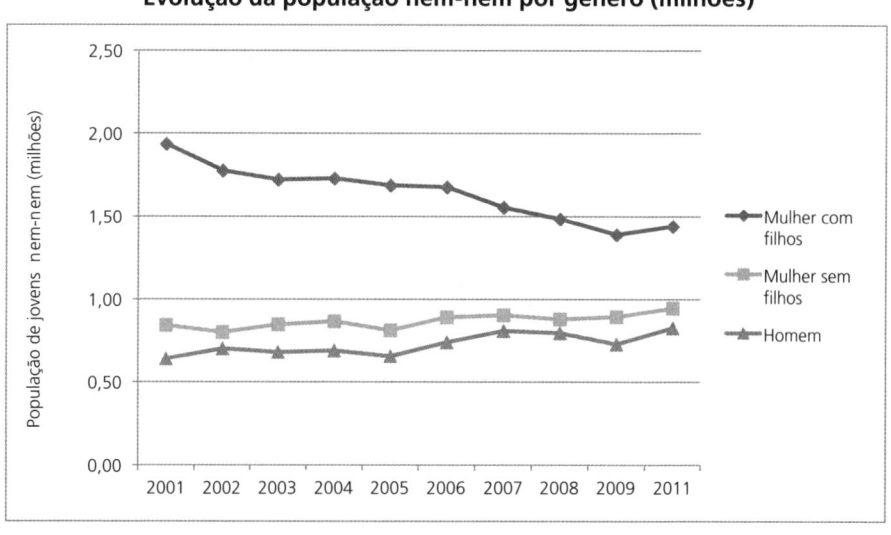

Figura 2
Evolução da população nem-nem por gênero (milhões)

Fonte: Elaboração própria com dados da Pnad/IBGE de 2001 a 2011.

Paralelamente, observou-se um aumento da população de jovens do sexo masculino na condição nem-nem, que saiu de 640 mil para 840 mil, ou de 7% para 9% da população de homens de 19 a 24 anos. A inatividade entre homens é ainda bem mais baixa do que entre as mulheres sem filhos, que no período passou ligeiramente de 14,7% para 15,1% dessa população.

Dessa forma, a estabilidade do número médio de jovens na condição nem-nem mascara uma forte diferença entre gêneros. Enquanto mulheres com filho representam a grande maioria desses jovens, o aumento de sua participação no mercado de trabalho tem puxado a taxa de inatividade para baixo. Se a participação dos homens e das mulheres sem filhos não tivesse sido alterada, o percentual de jovens na condição nem-nem teria caído 2,4 pontos percentuais por causa da redução do número de mulheres com filho (efeito-composição) e do aumento da participação na PEA das mulheres com filhos (efeito-nível). Essa queda no percentual de mulheres com filhos na condição nem-nem foi contrabalanceada, sobretudo, por um aumento da inatividade entre os homens e fez com que, no agregado, a redução do percentual de nem-nem fosse de apenas 0,7 ponto percentual.

A tabela 3 mostra que a baixa escolaridade é outra característica marcante dos jovens na condição nem-nem. Um milhão dos 3,2 milhões de jovens na condição nem-nem tem ensino fundamental incompleto. Entretanto, a representação desse grupo de baixa escolaridade caiu fortemente ao longo da década de 2000. Os jovens com fundamental incompleto correspondiam a 60% dos jovens na condição nem-nem em 2001 e passaram a representar 32% em 2011.

Tabela 3
Evolução da população jovem total e nem-nem por nível de ensino

	População jovem total		Participação da população jovem na população total		População jovem nem-nem		Participação dos jovens nem-nem na população total		Efeito-composição	Efeito-nível	Variação 2001-11 (em p.p.)
	2001	2011	2001	2011	2001	2011	2001	2011			
	(1)	(2)	(3)	(4)	(5)	(6)	(7)	(8)	(9)	(10)	(11)
Total	19,58	19,18			3,42	3,21	17%	17%			-0,70
Fundamental Incompleto	7,82	3,61	40%	19%	2,03	1,02	26%	28%	-6,02	0,98	-5,03
Fundamental Completo	2,01	2,01	10%	10%	0,38	0,44	19%	22%	0,05	0,31	0,36
Ensino Médio Incompleto	2,51	2,43	13%	13%	0,22	0,34	9%	14%	-0,02	0,66	0,64
Ensino Médio	5,16	7,63	26%	40%	0,73	1,26	14%	17%	2,23	0,63	2,86
Ensino Superior	2,08	3,51	11%	18%	0,06	0,15	3%	4%	0,32	0,15	0,47

Fonte: Elaboração própria com dados da Pnad/IBGE de 2001 e 2011.
Nota: Os níveis de ensino listados foram computados com base nos anos de estudo indicados na Pnad segundo a seguinte regra: fundamental incompleto (até 8 anos de estudo), fundamental completo (8 anos), ensino médio incompleto (9 a 10 anos), médio completo (11 anos) e ensino superior (12 ou mais).

A decomposição do percentual de jovens na condição nem-nem por grupo de escolaridade revela que todos os grupos educacionais apresentaram aumento do percentual de jovens na condição nem-nem. Como é possível então explicar que o percentual de jovens na condição nem-nem permaneceu estável ao longo da década de 2000? O que explica é que houve no período um notável avanço da escolaridade dessa população, que pode ser visualizado na figura 3. O número de jovens com ensino médio completo aumentou 48% em 10 anos, saltando de 5,16 milhões em 2001 para 7,63 milhões em 2011. O acesso ao ensino superior também aumentou de forma expressiva, passando de 2,1 milhões de jovens com ensino superior completo ou incompleto em 2001 para 3,5 milhões em 2011. Como resultado, os jovens com ensino médio completo passaram a representar 40% da população jovem do Brasil, enquanto os jovens que cursaram pelo menos parte do ensino superior atingiram 18% dessa população. Ao mesmo tempo, o número de jovens com ensino fundamental incompleto passou de 40% da população de jovens para 19% entre 2001 e 2011.[3]

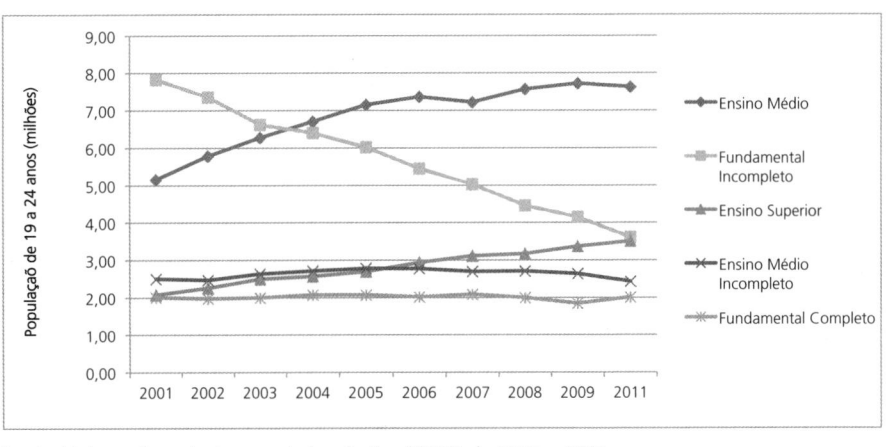

Figura 3
Evolução da escolaridade dos jovens brasileiros

Fonte: Elaboração própria com dados da Pnad/IBGE de 2001 a 2011.

Dessa forma, a queda acentuada no percentual de jovens com ensino fundamental incompleto provocou um forte efeito-composição na taxa de jovens na condição nem-nem. Como esse grupo de jovens pouco escolarizados tem

---

3. Para uma maior discussão sobre o avanço recente da escolaridade, ver Insper (2003).

um alto nível de inatividade, o fato de seu peso ter caído na população total fez com que o percentual de jovens inativos ficasse estável e até caísse (efeito composição negativo), mesmo em um contexto onde o nível de inatividade aumentou para todos os outros grupos educacionais (efeito-nível positivo).

A tabela 4 mostra o cruzamento de dados de gênero e escolaridade e revela que tanto homens quanto mulheres tendem a participar mais da PEA conforme se educam mais, mas há uma marcante diferença de nível de inatividade. O percentual de jovens na condição nem-nem entre as mulheres sem filhos com ensino fundamental incompleto é de 39%, valor que é quase três vezes maior do que o percentual de jovens na condição nem-nem entre homens com a mesma escolaridade.[4] Mas, conforme os jovens avançam na escolaridade, essa diferença entre sexos diminui e desaparece para jovens que passaram pela faculdade. Entre os que chegaram ao terceiro grau, o nível de inatividade é muito baixo, na ordem de 4% para homens e 3% para mulheres sem filhos em 2011.

A taxa de inatividade também é fortemente associada à baixa renda. Uma divisão da população de acordo com a posição do domicílio na distribuição de renda revela que 35% dos jovens que moram em domicílios que estão entre os 20% mais pobres do país (quintil 1 da distribuição de renda) não participam do mercado de trabalho e não estudam. Ao todo, 1,77 milhão de jovens na condição nem-nem (55% do total) é pobre, pois mora em domicílios que estão entre os 40% mais pobres da população e com renda domiciliar mensal de até R$ 330 *per capita*.

Como mostra a figura 4, a taxa de inatividade cai conforme subimos na distribuição de renda, sendo mais baixa entre os domicílios mais ricos, o que inclui aqueles domicílios cuja renda domiciliar mensal era maior do que R$ 825 *per capita* em 2011. A figura 4 mostra ainda que, quanto maior a renda do domicílio, maior o percentual de jovens que estudam: 39% dos jovens que moram em domicílios que estão entre os 20% mais ricos do Brasil (quintil 5) estudam, enquanto esse percentual é a metade (19%) nos domicílios que estão entre os 20% mais pobres.[5] Essa forte presença de jovens na condição nem-

---

4. Entretanto, como as mulheres são bem mais educadas do que os homens, esses elevados níveis de inatividade entre mulheres pouco educadas pesam pouco na taxa total.
5. Os quintis dividem os domicílios em cinco grupos de acordo com sua posição na distribuição de renda. O quintil 1 de renda inclui os domicílios 20% mais pobres conforme a renda domiciliar mensal *per capita*. O quintil 2 inclui domicílios que estão entre os 20% e os 40% mais pobres seguindo o mesmo critério. O quintil 3 inclui domicílios que estão entre os 40% e

Tabela 4
Evolução da população jovem total e nem-nem por nível de ensino e gênero

	População Jovem por grupo		Participação da população jovem na população total		População Jovem nem-nem		Participação dos jovens nem-nem na população total		Efeito-composição	Efeito-nível	Variação 2001-2011 (em pp)
	2001	2011	2001	2011	2001	2011	2001	2011			
Total	19,58	19,18			3,42	3,21	7%	9%			-0,7
Homens	9,62	9,53	49%	50%	0,64	0,83	9%	14%			
Fundamental Incompleto	4,25	2,16	22%	11%	0,39	0,31	9%	9%	-1,22	0,84	-0,38
Fundamental Completo	1,04	1,15	5%	6%	0,06	0,10	6%	9%	0,05	0,16	0,21
Ensino Médio Incompleto	1,22	1,29	6%	7%	0,04	0,08	3%	6%	0,02	0,18	0,20
Ensino Médio	2,26	3,48	12%	18%	0,14	0,29	6%	8%	0,48	0,32	0,80
Ensino Superior	0,85	1,45	4%	8%	0,01	0,05	2%	4%	0,09	0,12	0,21
Mulheres sem filhos	5,74	6,27	29%	33%	0,84	0,95	15%	15%			
Fundamental Incompleto	1,16	0,47	6%	2%	0,35	0,18	30%	39%	-1,21	0,35	-0,85
Fundamental Completo	0,45	0,34	2%	2%	0,09	0,09	20%	26%	-0,12	0,13	0,01
Ensino Médio Incompleto	0,87	0,61	4%	3%	0,05	0,06	6%	11%	-0,10	0,18	0,08
Ensino Médio	2,20	3,00	11%	16%	0,33	0,55	15%	18%	0,73	0,45	1,18
Ensino Superior	1,06	1,86	5%	10%	0,02	0,06	2%	3%	0,12	0,10	0,22
Mulheres com filhos	4,22	3,38	22%	18%	1,94	1,44	46%	43%			
Fundamental Incompleto	2,41	0,97	12%	5%	1,29	0,54	54%	55%	-3,93	0,13	-3,80
Fundamental Completo	0,52	0,52	3%	3%	0,23	0,25	45%	49%	0,03	0,11	0,14
Ensino Médio Incompleto	0,41	0,53	2%	3%	0,13	0,20	32%	37%	0,23	0,13	0,36
Ensino Médio	0,70	1,15	4%	6%	0,26	0,43	38%	37%	0,90	-0,02	0,88
Ensino Superior	0,17	0,20	1%	1%	0,02	0,03	12%	14%	0,02	0,02	0,04

Fonte: Elaboração própria com dados da Pnad/IBGE de 2001 e 2011.

-nem nas faixas mais baixas de renda e alta presença de estudantes entre os mais ricos faz com que a maior participação no mercado de trabalho ocorra entre jovens de faixa de renda intermediária.

Figura 4
Ocupação dos jovens por quintil de renda (2011)

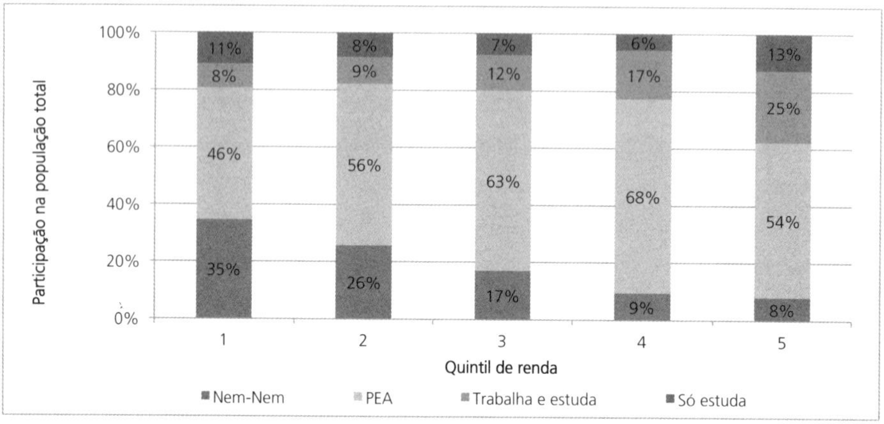

Quintil de renda	Nem-Nem	PEA	Trabalha e estuda	Só estuda
1	35%	8%	46%	11%
2	26%	9%	56%	8%
3	17%	12%	63%	7%
4	9%	17%	68%	6%
5	8%	25%	54%	13%

Fonte: Elaboração própria com dados da Pnad/IBGE de 2011.

Finalmente, a figura 5 mostra a evolução da taxa de inatividade por quintil de renda e confirma que, quanto menor a renda, maior a taxa de inatividade. Ela mostra que o percentual de jovens na condição nem-nem tem crescido principalmente entre os domicílios de mais baixa renda. Em 2005, 29% dos jovens que moravam nos domicílios 20% mais pobres estavam na condição nem-nem. Em 2011, esse percentual chegou a 35%.

3. Análise estatística

Todas as tabelas e figuras anteriores revelam que a condição nem-nem é mais preponderante entre jovens com baixa escolaridade e baixa renda, e entre mulheres, especialmente as com filho. De forma a entender a contribuição relativa de cada uma dessas variáveis, a tabela 5 apresenta os resultados da estimação de uma regressão de probabilidade linear que inclui essas e outras ca-

---

os 60% mais pobres, o quintil 4 inclui os domicílios que estão entre os 60% e 80% mais pobres e o quintil 5 inclui os domicílios 20% mais ricos.

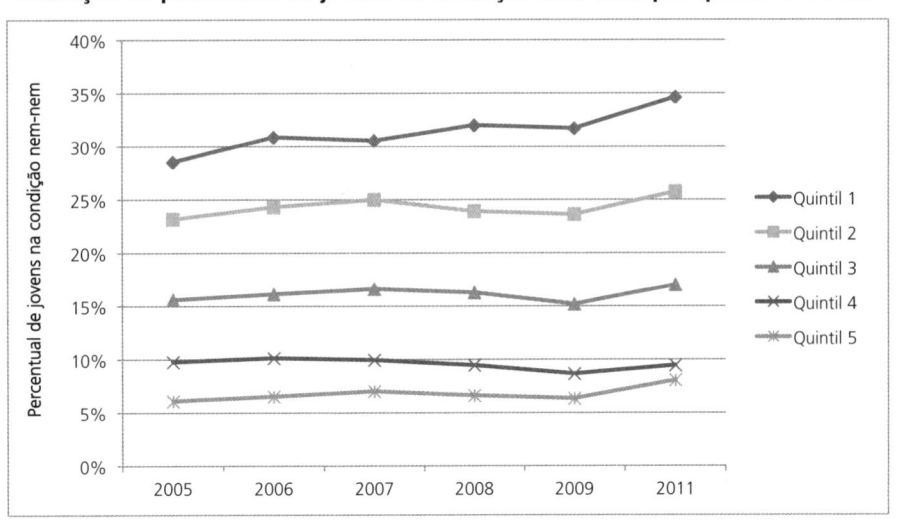

Figura 5
Evolução do percentual de jovens na condição nem-nem por quintil de renda

Fonte: Elaboração própria com dados da Pnad/IBGE de 2005 a 2011.

racterísticas individuais e domiciliares. Os coeficientes apresentados indicam como cada variável contribui na probabilidade de um jovem estar na condição nem-nem. A primeira coluna apresenta os resultados quando incluímos todos os jovens e as colunas seguintes mostram os resultados quando restringimos a amostra a homens (coluna 2), homens pouco escolarizados (coluna 3), mulheres sem filhos (coluna 4) e mulheres com filhos (coluna 5).

Observa-se que, entre as características individuais, a que mais influencia a probabilidade de um jovem ter a condição nem-nem é a escolaridade. Em média, cada ano a mais de estudo diminui em 2 pontos percentuais a chance de o jovem ser inativo. Essa influência dos anos de estudo na condição nem-nem é menor para os homens e maior para as mulheres sem filhos. A escolaridade é especialmente importante para a atividade dos homens pouco escolarizados, o que sugere que sua influência é muito mais importante para níveis educacionais muito baixos.

A Pnad permite ainda que se estude como a inatividade depende de algumas condições domiciliares como presença dos pais, estrutura do domicílio (razão entre crianças e adultos) e diferentes fontes de renda. Observa-se que a presença da mãe no domicílio tem forte influência sobre a inatividade, mas que atua de forma contrária entre homens e mulheres. A presença da mãe está associada às mulheres trabalharem e estudarem mais (efeito negativo de 4 pontos percentuais) e aos homens não trabalharem e não estudarem (efeito positivo de 4 pontos percentuais). Essa diferença de efeitos não pode ser explicada por uma diferença entre sexos na proporção de jovens que moram com a mãe, visto que em ambos os casos é de 65%. Os dados indicam ainda que, quanto maior a relação de crianças e adultos no domicílio, menor a chance de os jovens serem inativos. Isso provavelmente reflete o fato de que, quanto maior o número de dependentes, maior a necessidade de gerar renda no mercado de trabalho.

Em relação à renda, observa-se que, quanto maior a renda do domicílio oriunda do trabalho, menor a chance de um jovem ser inativo. Entretanto, o recebimento de outras rendas, que inclui os programas sociais,[6] tem efeito positivo sobre a inatividade. O efeito de outras rendas é mais alto para homens pouco educados e mulheres com filho. O homem jovem pouco educado que vive em um domicílio que recebe R$ 16 *per capita* por mês (valor médio de "outras rendas") tem 1 ponto percentual a mais de chance de ser inativo. De outra forma, o recebimento médio de "outras rendas" aumenta em 6% a chance de esses homens não trabalharem e não estudarem. Embora esse resultado indique que jovens pouco escolarizados e que moram em domicílios que recebem benefícios sociais sejam mais propensos à inatividade, essa influência é pequena e cerca de um quarto da causada por um ano a menos de escolaridade.

Outro resultado que merece destaque é a influência da idade e da quantidade de filhos na condição de nem-nem entre as mulheres que são mães. O fator que mais contribui para a condição nem-nem entre as mulheres com filhos é ter um bebê. Ter um bebê está associado a um aumento de 17 pontos percentuais na chance de estar na condição nem-nem. De outra forma, ter um bebê em casa explica dois terços da diferença na taxa de atividade entre mulheres com e sem filhos.[7] O coeficiente negativo associado à idade do filho caçula indica que, quanto mais velho é o filho mais novo, maior a chance de a mulher ser ativa no mercado de trabalho ou estudar. Em particular, cada ano

---

6. A Pnad não permite a identificação da renda proveniente do programa Bolsa Família. Essa renda é incluída na variável "outras rendas", que inclui ainda outros programas sociais, juros e dividendos.
7. Esse cálculo considera que a diferença na taxa de inatividade das mulheres com filhos (45%) e as sem filhos (15%) é de 27 pontos percentuais. O exercício indica que a contribuição da presença de um bebê na taxa de inatividade é de 17 pontos percentuais ou dois terços dessa diferença.

a mais de idade do filho mais novo aumenta em 1,6 ponto percentual a chance de a mulher não estar na condição nem-nem. Por fim, chama atenção que o fato de a mãe ter tido o filho quando tinha menos de 18 anos não contribui para a condição de nem-nem.

Tabela 5
Efeito de características individuais e domiciliares na probabilidade de um jovem estar na condição nem-nem

Amostra:	Todos	Homens	Homens pouco escolarizados	Mulheres sem filhos	Mulheres com filhos
Variável dependente:	Variável indicadora para condição nem-nem				
	(1)	(2)	(3)	(4)	(6)
Características individuais:					
homem	-0.174				
	(0.002)***				
Anos de estudo	-0.021	-0.010	-0.038	-0.029	-0.023
	(0.000)***	(0.000)***	(0.002)***	(0.001)***	(0.001)***
Migrante	-0.004	-0.009	-0.005	-0.004	0.009
	(0.002)***	(0.002)***	(0.007)	(0.003)	(0.005)*
Negro ou pardo	-0.002	-0.004	-0.017	0.002	-0.017
	(0.002)	(0.002)*	(0.007)**	(0.003)	(0.005)***
Idade	0.001	-0.001	-0.006	0.006	-0.005
	(0.000)**	(0.000)***	(0.002)***	(0.001)***	(0.002)***
Tem bebê					0.168
(filho menor que 1 ano)					(0.007)***
Idade do filho mais novo					-0.017
					(0.002)***
Número de filhos					0.010
					(0.003)***
Foi mãe na adolescência					-0.015
(tinha menos de 18 anos)					(0.009)
Características domiciliares:					
Presença da mãe no domicílio	-0.046	0.042	0.108	-0.038	-0.112
	(0.002)***	(0.002)***	(0.006)***	(0.003)***	(0.005)***
Razão crianças/adultos	-0.082	-0.031	-0.115	-0.064	-0.135
	(0.005)***	(0.005)***	(0.016)***	(0.009)***	(0.017)***
Renda trabalho	-0.030	-0.017	-0.141	-0.019	-0.109
(R$ 1.000 domiciliar *per capita*)	(0.002)***	(0.001)***	(0.024)***	(0.002)***	(0.013)***
Renda aposentadoria	-0.015	-0.020	-0.586	0.015	-0.126
(R$ 1.000 domiciliar *per capita*)	(0.014)	(0.010)**	(0.118)***	(0.026)	(0.107)

(continua)

(continuação)

Amostra:	Todos	Homens	Homens pouco escolarizados	Mulheres sem filhos	Mulheres com filhos
Variável dependente:	Variável indicadora para condição nem-nem				
	(1)	(2)	(3)	(4)	(6)
Características domiciliares:					
Renda aluguel	0.010	0.010	-0.517	0.003	0.071
(R$ 1.000 domiciliar per capita)	(0.004)**	(0.005)**	(0.268)*	(0.006)	(0.058)
Renda doações	-0.038	0.031	0.576	-0.029	-0.026
(R$ 1.000 domiciliar per capita)	(0.005)***	(0.008)***	(0.153)***	(0.007)***	(0.071)
Outras rendas	0.119	0.123	0.359	0.097	0.230
(R$ 1.000 domiciliar per capita)	(0.017)***	(0.023)***	(0.115)***	(0.020)***	(0.081)***
Observações	255,848	127,304	16,499	79,732	48,717
R2	0.116	0.030	0.094	0.077	0.115

Fonte: Elaboração própria com dados da Pnad/IBGE de 2005 a 2011. Além dos regressores listados, as regressões incluem variáveis indicadoras de ano.

4. Discussão

Os dados aqui apresentados apontam para duas principais conclusões. Em primeiro lugar, não devemos nos preocupar com a totalidade dos 3,2 milhões de jovens de 19 a 24 anos que não participam do mercado de trabalho e não estudam. Os números indicam que quase a metade desses jovens inativos, ou 1,4 milhão, é de mulheres com filhos. Esse grupo só inspira preocupação se sua condição não é fruto de escolhas pessoais e sim resultado da falta de opções para cuidado dos filhos enquanto essas mulheres trabalham ou estudam. Voltarei a esse ponto mais adiante.

Além disso, parte da população nem-nem é composta por jovens que estão transitando entre ocupações ou saindo da vida na escola para a vida no mercado de trabalho (ou vice-versa). Menezes e colaboradores (2013) mostram que a duração da situação nem-nem é em média curta, o que implica uma situação transitória para a maioria dos jovens. Assim, a condição nem-nem só é preocupante para aqueles que estão nela há muito tempo e correm o risco de se tornarem permanentemente inativos.

Cabe frisar ainda que a existência de jovens que não estudam e não participam do mercado de trabalho não é uma peculiaridade brasileira. Uma comparação entre 18 países da América Latina feita por Cárdenas, Hoyos e Székely

(2011) indica que o número brasileiro não é alto comparativamente. Dados de 2009 apresentados na figura 6 revelam que o Brasil tinha 22% da população entre 19 e 24 anos sem trabalhar e estudar, sendo o segundo percentual mais baixo entre os países em análise.[8] Países com níveis de desenvolvimento bem distintos como Guatemala (37% de jovens na condição nem-nem) e Chile (33%) lideram o *ranking*. Isso sugere que entender a diferença entre níveis de inatividade requer uma análise que envolve não apenas questões econômicas e de mercado de trabalho.

Figura 6
Percentual de jovens de 19 a 24 anos que não trabalham e não estudam

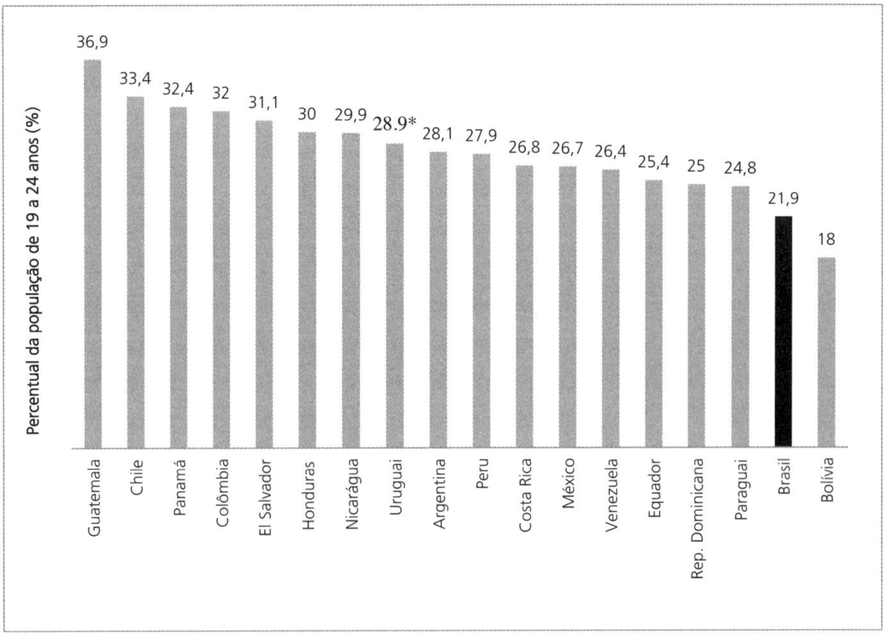

País	%
Guatemala	36,9
Chile	33,4
Panamá	32,4
Colômbia	32
El Salvador	31,1
Honduras	30
Nicarágua	29,9
Uruguai	28,9*
Argentina	28,1
Peru	27,9
Costa Rica	26,8
México	26,7
Venezuela	26,4
Equador	25,4
Rep. Dominicana	25
Paraguai	24,8
Brasil	21,9
Bolívia	18

Fonte: Cárdenas, Hoyos e Székely (2011).

---

8. Os números apresentados neste artigo são um pouco diferentes dos apresentados por Cárdenas, Hoyos e Székely (2011) porque este último inclui entre os jovens na condição nem-nem aqueles que só procuram emprego. Este estudo não classifica os jovens que procuram emprego como nem-nem visto que eles, por definição, são parte da população economicamente ativa (PEA).

Isso não quer dizer, entretanto, que não haja motivos de preocupação, que consistem na segunda mensagem deste artigo. Os números agregados escondem taxas de inatividade muito altas e crescentes para alguns subgrupos da população.

O percentual de inativos entre jovens com ensino fundamental incompleto era de 39% para mulheres sem filhos, 55% para mulheres com filhos e 14% para homens em 2011. No total, havia em 2011 um milhão de jovens de 19 a 24 anos que tinham o ensino fundamental incompleto e eram inativos. Embora esse número represente apenas 5% da população nessa faixa-etária, ele preocupa porque há evidências que indicam que jovens que não estudam e têm baixo nível educacional estão em condição de vulnerabilidade.[9] O ponto positivo é que o avanço da escolaridade ocorrido nos anos 2000 fez com que essa parcela da população que tem baixa escolaridade e é inativa diminuísse pela metade em termos absolutos, pois ela era de 2 milhões ou 10% da população jovem em 2001.

Outro dado preocupante é que a taxa de inatividade tem crescido entre os homens e mulheres sem filho. Esse aumento de inatividade entre os homens é mais forte para o grupo menos escolarizado, onde o percentual de jovens na condição nem-nem passou de 9% dessa população para 14%. Mas, de forma geral, a participação de jovens homens na condição nem-nem aumentou em todos os grupos educacionais. Esse fato, associado ao expressivo aumento de escolaridade ocorrido nos anos 2000, indica que os homens que estudam pouco estão encontrando cada vez mais dificuldades de se inserir no mercado de trabalho. Tal indicação é reforçada pelo estudo de Menezes Filho, Cabans e Komatsu (2013), que mostra que jovens com fundamental incompleto têm maior chance de se tornarem inativos e passarem mais tempo nessa situação.

Em relação às mulheres com filho, embora elas ainda tenham níveis de inatividade muito altos (43% em 2011), sua participação no mercado de trabalho vem aumentando, ao mesmo tempo que seu peso na população vem caindo devido à queda da fecundidade. Não é objetivo deste artigo entender por que essas mulheres não trabalham ou estudam, mas os resultados da tabela 5 dão algumas indicações. Não há evidência de que a gravidez precoce aumente as chances de uma jovem estar na condição nem-nem nessa faixa etária. Por outro lado, a forte associação entre ter um filho com menos de um ano (bebê) e estar na condição nem-nem sugere que a pequena oferta de creches públicas é um

---

9. Carvalho e Soares (2013) mostram que a baixa escolaridade e a não frequência à escola estão associadas com o envolvimento de jovens no tráfico de drogas no Rio de Janeiro.

fator importante. Isso é reforçado por uma análise, não apresentada, que leva em conta a interação entre pobreza e a idade do filho. Mulheres que têm um bebê e são pobres[10] têm 10 pontos percentuais a mais de chance de estar na condição nem-nem do que mulheres que têm um bebê e não são pobres. Entretanto, isso pode ser explicado tanto pela falta de creches públicas quanto pelo fato de que mulheres de domicílios pobres são em geral pouco educadas e por isso têm um custo de oportunidade menor de ficar em casa. Dessa forma, sem uma análise específica que leve em conta outros aspectos da decisão das mulheres, não é possível afirmar que a baixa oferta de creches públicas é o principal fator que leva as mulheres com filhos a não trabalharem e não estudarem.

Outro grupo que merece ser analisado em mais detalhe é o dos jovens com ensino médio completo. O percentual de jovens com ensino médio que estão na condição nem-nem subiu de 14% para 17% entre 2001 e 2011. Embora essas taxas sejam metade das verificadas por jovens com ensino fundamental incompleto, elas são muito importantes uma vez que esse grupo passou a ser o mais representativo entre os jovens. Como vimos, o forte aumento de escolaridade ocorrido nos anos 2000 levou o número de jovens com ensino médio a sair de 5,2 para 7,6 milhões, alcançando 40% dessa população. Esse aumento da taxa de inatividade entre os jovens com ensino médio sugere que os mesmos estão enfrentando maiores dificuldades em continuar estudando ou em encontrar trabalho.

Do lado da educação, fatores como dificuldade no acesso ao ensino superior, especialmente por pessoas de baixa renda, podem explicar esses números. De acordo com os dados do Inep, 42% das vagas no ensino superior não estavam preenchidas em 2010, sendo a quase totalidade dessas vagas em universidades privadas. Isso sugere que restrições na demanda devem explicar por que os estudantes não seguem os estudos.

Em relação ao mercado de trabalho, a evidência indica que o problema principal enfrentado pelo jovem não é a dificuldade em conseguir um trabalho e sim permanecer nele. Corseuil e colaboradores (2013) mostram que os postos de trabalho encontrados pelos jovens têm duração menor e são em firmas mais instáveis, o que faz com que sua rotatividade no mercado de trabalho seja bem maior do que a dos adultos. Esse padrão é ainda mais acentuado para jovens de baixa escolaridade. Não é claro, entretanto, se a maioria dos

---

10. Pobreza aqui é definida como morar em domicílios que estão entre os 40% mais pobres.

jovens nem-nem são jovens que nunca tiveram um emprego,[11] ou são jovens que já trabalharam e que inferiram que os postos disponíveis para eles não os interessam. Esse é um ponto que merece mais investigação.

Por fim, outro dado aqui apresentado que chama atenção é a queda do percentual de jovens que estuda parcial ou integralmente. Isso provavelmente é consequência de um mercado de trabalho aquecido, que ao empregar mais gente e com melhores salários, passou a atrair mais jovens. Esse movimento de saída do estudo para o trabalho é problemático se os jovens que o fazem abandonam os estudos antes de completá-los e se o caminho inverso (do trabalho para o estudo) é pouco frequente. Isso é mais um tópico que merece estudos mais aprofundados.

Referências

CÁRDENAS, M.; HOYOS, R.; SZÉKELY, M. *Idle youth in Latin America*: a persistent problem in a decade of prosperity. Latin America Initiative at Brookings Discussion Paper, 2011.

CARVALHO, L.; SOARES, R. Living on the edge: youth entry, career and exit in drug-selling gangs. *IZA Discussion Paper Nº 7189*, 2013.

CORSEUIL, C. et al. *Youth labor market in Brazil through the lens of the flow approach*. 2013. Mimeografado.

INSPER. Centro de Políticas Públicas. *Panorama educacional brasileiro*. 2013. Disponível em: <www.insper.edu.br/ccp/panorama-educacional-brasileiro/>.

LEVITT, S.; LOCHNER, L. The determinants of juvenile crime. In: GRUBER, J. (Ed). *Risky behavior among youths*: an economic analysis. University of Chicago Press, 2001.

MENEZES FILHO, N. A.; CABANAS, P. H.; KOMATSU, B. K. A condição "nem-nem" entre os jovens é permanente? *Insper Policy Paper nº 7*, 2013.

____; LEE, M. Ki Hyung; KOMATSU, B. K. Mudanças na situação de estudo e trabalho dos jovens no Brasil. *Insper Policy Paper nº 8*, 2013.

---

11. Vários motivos podem explicar por que jovens têm dificuldades de se inserir no mercado de trabalho, dentre os quais eu destacaria (i) a má adequação entre as qualificações que as firmas demandam e as que os jovens possuem e (ii) um elevado salário de reserva do jovem, que faz com que ele não esteja disposto a trabalhar pelo salário ofertado para pessoas de sua qualificação.

10

O desafio brasileiro no longo prazo[*]

Regis Bonelli
Julia Fontes[**]

1. Introdução

Já se tornou quase um mantra entre os analistas que se dedicam ao estudo do crescimento econômico uma citação de Paul Krugman (1992:14): "A produtividade não é tudo, mas no longo prazo é quase tudo". Nenhuma análise que tenha como objetivo especular sobre o futuro pode ignorá-la, e neste trabalho não fugiremos à regra.

As dificuldades começam quando se passa para o campo normativo, sobre o que fazer. Pois duas perguntas que frequentemente se colocam são: por que a produtividade cresce pouco no Brasil? Como acelerar seu crescimento de forma a conseguir melhorar o desempenho do PIB? Essas perguntas têm óbvio interesse nos dias atuais devido ao medíocre desempenho recente da produtividade no Brasil, seja a do trabalho, seja a do conjunto dos fatores de produção.[1]

Indo além da aceitação do mantra, a complexidade aumenta consideravelmente. Não existem respostas fáceis para as perguntas do parágrafo anterior, especialmente quando se levam em conta as múltiplas inter-relações entre produtividade, mudança tecnológica (e inovações), instituições, investimento em capital humano e físico e crescimento.

---

[*] Uma versão preliminar deste trabalho foi apresentada em seminário organizado pela EPGE/FGV em homenagem ao ministro João Paulo dos Reis Velloso em 10 de abril de 2013. Os autores agradecem a ajuda de Daniel Archer Duque na elaboração dos gráficos e tabelas.
[**] Pesquisadores do Instituto Brasileiro de Economia da Fundação Getulio Vargas (FGV/IBRE). Os autores agradecem os comentários de Edmar Bacha e Armando Castelar Pinheiro a uma versão anterior.
1. Ver Bonelli e Bacha (2013) e Ferreira e Veloso (2013) para análises do crescimento brasileiro no longo prazo com abordagens que privilegiam a produtividade total dos fatores e a acumulação de capital total e por trabalhador.

Nosso objetivo aqui é bem mais modesto do que o de propor soluções para o complexo tema dos estímulos aos ganhos de produtividade. Mais simplesmente, motiva esta nota: explorar algumas implicações das mudanças demográficas em curso no Brasil; entender que papel têm jogado as transformações na estrutura produtiva e sua inter-relação com o crescimento da produtividade desde o começo da década passada; e, não menos importante, explorar o que pode acontecer no longo prazo, caso tendências recentemente observadas — especialmente o crescimento proporcionalmente maior de setores intensivos em trabalho — se prolonguem no futuro. Essas áreas são abordadas sequencialmente nas três seções seguintes. A seção 5 conclui.

2. Uma implicação da transição demográfica: mudança na oferta de trabalho

Embora o crescimento populacional a taxas elevadas tenha sido demonizado em meados do século passado como um ônus para o crescimento econômico, as desvantagens do envelhecimento da população que acompanha a transição demográfica têm sido pouco enfatizadas no Brasil. Especialmente preocupante é que essa transição tem sido muito rápida e tem implicações importantes para a oferta de trabalho.[2]

Como se sabe, as taxas de fertilidade no Brasil vêm se reduzindo drasticamente há algumas décadas, daí resultando mudanças rápidas no perfil demográfico. O gráfico 1 reflete um aspecto dessa transformação. Com efeito, partindo-se de taxas médias da ordem de 2,4% a.a. no começo da década de 1980 — taxa que havia chegado ao auge de 3,1% entre 1950 e 1960 —, a taxa de crescimento populacional diminuiu consideravelmente desde então até chegar a 0,9% em 2013. A população brasileira deixará de aumentar dentro de 30 anos, quando atingirá 228,3 milhões de pessoas, e a partir daí passará a diminuir.

Algumas implicações dessas mudanças têm tido e terão impactos profundos sobre a estrutura do gasto público, por exemplo, e estão a merecer atenção mais aprofundada dos analistas e dos responsáveis pela formulação da política econômica. Entre elas destacam-se, no longo prazo, os efeitos sobre as previsi-

---

2. Ver, a propósito, a Carta do IBRE de agosto de 2013.

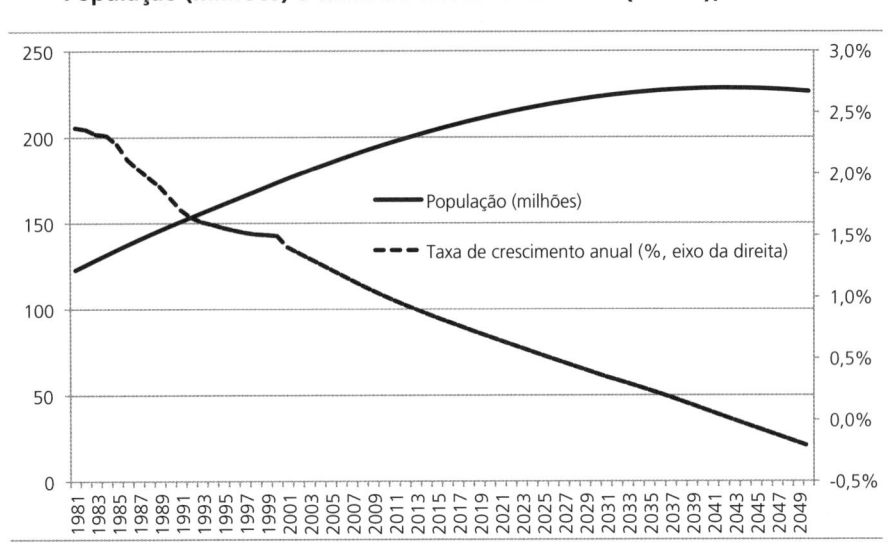

Gráfico 1
População (milhões) e taxas de crescimento anual (% a.a.), 1981-2050

Fonte: IBGE, site na internet.

velmente crescentes despesas com saúde e previdenciárias e, no extremo oposto da pirâmide etária, menores gastos, proporcionalmente, com os jovens.[3]

No que diz respeito ao crescimento, um aspecto destacado na literatura é que o envelhecimento da população tem efeito negativo sobre a poupança — logo, sobre o crescimento —, pois os idosos poupam menos. Essa visão é qualificada em relatório do Banco Mundial, excertos do qual são reproduzidos a seguir:

> (...) sob quais condições haverá aumento do crescimento e da poupança quando a população envelhecer?... Primeiro, é provável que a taxa de poupança vá aumentar no futuro já que a estrutura populacional será composta em grande parte por trabalhadores e idosos com alta poupança ao invés de jovens com poupança pequena. Isso depende, claramente, da estrutura futura do sistema previdenciário e se as pensões públicas continuarão relativamente altas... (mas) a conclusão principal deste relatório é que o efeito líquido de pensões mais altas sobre a taxa de poupança é negativo...

---

3. Honrosas exceções constam do texto de Giambiagi e Pinheiro (2012), passim. Ver também World Bank (2011).

Segundo, outra condição para que o envelhecimento promova a poupança é que a redução da pobreza e da desigualdade prossiga em sua recente tendência de queda. Terceiro, o primeiro dividendo demográfico dos poupadores primários em idade ativa como proporção da população, combinado com a maior expectativa de vida, leva a uma concentração de capital e a um potencial segundo dividendo demográfico não negligenciável. Quarto, há também um simples, porém importante efeito sobre a concentração de capital devido ao menor número de trabalhadores, que tende a amplificar diretamente o efeito do segundo dividendo demográfico.[4]

Outras mudanças igualmente importantes, do ponto de vista da capacidade de produção, são as que afetam a oferta de trabalhadores, especialmente a evolução da população em idade ativa (PIA) e, como parte relevante desta, a população economicamente ativa (PEA), ou força de trabalho.[5] No caso do Brasil, um retrato da evolução recente é mostrado na tabela seguinte, onde se destaca a redução no crescimento projetado da população e da PIA na década atual em relação às anteriores. A tendência para o futuro é de contínua queda.

Entre 1980 e 2000, por exemplo, a PIA cresceu 2,3% a.a. enquanto a população total o fazia à taxa de 1,86% a.a. Entre 2000 e 2010 essas taxas são de 1,6% e 1,2%, respectivamente. A redução recente da oferta potencial de trabalho — aqui assimilada à população com idade de 10 anos e mais — tem sido muito forte, com impactos sobre a força de trabalho (PEA). Em relação à década atual, conclui-se da tabela que a população crescerá em média a 0,82% a.a., enquanto a PIA crescerá a 1,21% a.a. apenas — uma situação totalmente diferente da vivida no final do século XX.[6]

---

4. World Bank (2011), p. 51-52 do Sumário em português: "Envelhecendo em um Brasil mais velho".
5. Na atual definição do IBGE, tanto a PEA quanto a PIA incluem todas as pessoas de 10 anos e mais de idade.
6. Note-se que a população de 15 a 65 anos, onde se concentra a maior parte da força de trabalho, começará a declinar em 2033. E que, se na década 2000-10 cresceu a uma taxa anual de 1,7%, na década 2010-20 crescerá apenas 1,1% ao ano e na seguinte, 0,4% a.a.

Tabela 1
Taxas médias de crescimento da população total e da população em idade ativa — 1980-2000, 2000-10 e projetada 2010-20 (% a.a.)

Períodos	Taxas médias de crescimento anual (%)	
	População total (POP)	População em idade ativa (PIA)
1980-2000	1,86%	2,30%
2000-10	1,20%	1,60%
2010-20	0,82%	1,21%

Fonte: IBGE, Censos Demográficos (até 2010) e projeções populacionais do IBGE.

Um algoritmo útil para explorar o impacto das mudanças econômico--demográficas sobre o crescimento do PIB, tanto passadas quanto projetadas para o futuro, é uma decomposição a partir da identidade em que o PIB (Y) é descrito como o produto da população (POP) e de relações como as seguintes:

$$Y \equiv (Y/PO) * (PO/PEA) * (PEA/PIA) * (PIA/POP) * POP$$

em que:
(Y/PO) é a produtividade da mão de obra,
(PO/PEA) é a taxa de ocupação (complemento da taxa de desemprego),
(PEA/PIA) é a taxa de atividade (na definição do IBGE)
(PIA/POP) é a taxa de participação, e
(POP) é a população total.

Tomando-se logaritmos dos termos da expressão acima para torná-la aditiva e subtraindo-se os resultados em dois pontos no tempo, é possível decompor a taxa de crescimento do PIB nas das variáveis do lado direito da identidade. A vantagem dessa abordagem para obter simulações para o futuro é que as projeções das variáveis demográficas, especialmente a população total e a população em idade ativa, são bastante robustas. Além disso, a taxa de atividade (PEA/PIA) não tem variado muito nos anos recentes, e a taxa de ocupação (PO/PEA) tem limites superiores óbvios.[7]

Os dois últimos termos da identidade anterior dependem unicamente de mudanças demográficas e suas projeções são, como dissemos, bastante robus-

---

[7]. A taxa de ocupação é presentemente de 0,94. Já a taxa de atividade tem variado pouco segundo as Pnads de 2001 a 2011, situando-se no intervalo 0,61 – 0,65.

tas. Portanto, eles podem ser resumidos no crescimento da PIA. Já as taxas de ocupação e de atividade são variáveis socioeconômicas que dependem do comportamento do mercado de trabalho e de varáveis socioculturais. Mas o produto das duas não tem variado muito nos últimos anos, a de ocupação estando em 2012-13 em seu mínimo histórico. Logo, é possível juntá-las em uma única, PO/PIA, que denominaremos "socioeconômicas". Com isso, o crescimento do PIB pode ser escrito como a soma de três taxas: da produtividade do trabalho, das variáveis socioeconômicas e da PIA.

A tabela 2 apresenta nas quatro primeiras linhas os resultados de uma decomposição logarítmica da expressão acima aplicada a diferentes décadas a partir de 1972. Nela destaca-se claramente a importância da demografia para o crescimento nas décadas iniciais. Entre 1972 e 1982, por exemplo, a PIA aumentou 3% a.a. enquanto o PIB crescia 6%. Logo, a PIA respondeu por metade do crescimento na década, cabendo à produtividade, com crescimento médio anual de 2,4%, parcela um pouco menor. As variáveis socioeconômicas contribuíram com apenas um décimo do crescimento no período, possivelmente devido ao aumento da participação feminina na força de trabalho.[8]

Tabela 2
Decomposição do crescimento do PIB, décadas selecionadas (% a.a.)

Períodos	PIB	Produtividade do trabalho	Variáveis Socioeconômicas (Taxa de ocupação * taxa de atividade)	PIA
1972-82	6,0	2,4	0,6	3,0
1982-92	2,1	-0,6	0,3	2,4
1992-2002	2,9	1,0	– 0,1	2,0
2002-12	3,6	1,4	0,7	1,5
2012-22 (1)	2,2 – 2,4	1,0	0,1 – 0,3	1,1
2012-22 (2)	3,2 – 3,4	2,0	0,1 – 0,3	1,1
2012-22 (3)	4,2 – 4,4	3,0	0,1 – 0,3	1,1

Fonte: Contas Nacionais e projeções populacionais (IBGE) e estimativas próprias; ver texto.

---

8. O crescimento da população ocupada (PO) a partir de 1983 vem de série gentilmente cedida por Fernando de Holanda Barbosa Filho (ver artigo do autor nesta coletânea). Para os anos anteriores foram usadas taxas de Bonelli e Bacha (2012, anexo). Registre-se que não existem séries longas de pessoas ocupadas no país, razão pela qual ganha relevo o esforço de Barbosa Filho. As séries de ocupação das Contas Nacionais, disponíveis de 2000 a 2009 e usadas mais adiante, têm uma conceituação distinta. Em particular, nem os níveis nem as variações são iguais aos estimados por Barbosa Filho no período comum a ambas.

No período seguinte, a década perdida, quando o PIB aumentou apenas 2,1% a.a., a contribuição da demografia para o crescimento foi ainda mais notável, apesar de a taxa ser menor do que a da década anterior. Note-se que a produtividade caiu entre os anos extremos da década, daí resultando uma contribuição de −0,6%. A contribuição das variáveis socioeconômicas (0,3% a.a.) é de cerca de um sétimo do crescimento do PIB e, novamente, está provavelmente relacionada com o aumento da participação feminina na PEA.

Entre 1992 e 2002 tem-se uma recuperação do crescimento, apesar das crises vividas na década, com o PIB aumentando 2,9% anuais, e a demografia respondendo por 2% a.a. desse total. A produtividade retoma taxas positivas, mas cresce apenas 1% a.a. e a contribuição das variáveis socioeconômicas é negativa e bem menor (− 0,1% a.a.).

Os resultados da última década para a qual dispomos de informações estão na quarta linha, onde se observa claramente a contínua perda de importância da PIA e o ganho de peso da produtividade. De fato, o PIB cresceu 3,6% a.a., enquanto a PIA o fazia a 1,5% anuais e a produtividade a 1,4%. É interessante registrar que a contribuição das variáveis socioeconômicas aumentou fortemente (0,7% a.a.), devido, essencialmente, à elevação na taxa de ocupação (queda do desemprego).

O que dizer da década que se inicia em 2013? O crescimento da PIA "garante" um crescimento de apenas 1,1% a.a. para o PIB, continuando a tendência de progressiva redução da taxa de crescimento da população em idade ativa (de onde se extrai a força de trabalho). A contribuição das variáveis socioeconômicas é mais difícil de precisar. Por um lado, não se espera aumento da taxa de ocupação, como vimos. Por outro, é possível que aumente a proporção da força de trabalho na PIA. Por exemplo, com o aumento da participação feminina — embora existam forças agindo na direção contrária, como o aumento do tempo frequentando a escola por parte dos mais jovens. Em uma hipótese otimista, suponhamos que a relação PEA/PIA pode aumentar entre 0,1% e 0,3% ao ano entre 2012 e 2022. Logo, a contribuição conjunta da demografia e das variáveis socioeconômicas ficará no intervalo 1,2% − 1,4% a.a. Crescer além disso, só com aumento de produtividade.

O leitor atento terá notado que, dada a forma como é feita a decomposição, variações na taxa de crescimento da produtividade transmitem-se na mesma magnitude às taxas de crescimento do PIB. E é isso que é mostrado nas três últimas linhas da tabela, onde usamos três possibilidades para o crescimento da produtividade. Assim, taxas médias de crescimento da produtividade de 1% na década ente 2012 e 2022 permitirão crescimento no intervalo de 2,2% a 2,4% a.a. para o PIB. Taxas mais altas para a produtividade, de 2% a.a., permitirão crescimento mais elevado para o PIB, no intervalo 3,2% – 3,4% anuais. Taxas médias mais altas por décadas, da ordem de 3% a.a. para a produtividade — experimentadas pela última vez no Brasil em 1980, antes da derrubada do crescimento —, permitirão crescer entre 4,2% e 4,4% ao ano.

A crescente importância da produtividade para o crescimento destaca-se claramente nesse exercício, porque a importância das variáveis demográficas já é e será substancialmente menor do que no passado, fruto do final de uma fase em que o bônus demográfico — aqui entendido como a diferença entre a taxa de crescimento da população total e da PIA — contribuía decisivamente para facilitar o crescimento.

Nunca será demais enfatizar, para concluir esta seção, que o crescimento no longo prazo será cada vez mais limitado pela mudança demográfica e, simultaneamente, cada vez mais dependente dos ganhos de produtividade — nos levando de volta à citação de Krugman na introdução. A importância da produtividade para o crescimento futuro aumenta significativamente com as limitações impostas pela demografia.

Mas os ganhos de produtividade não se produzem no vácuo. Eles dependem da acumulação de capital fixo e humano por trabalhador, mudanças tecnológicas e inovações, melhorias na logística e infraestrutura e de um amplo conjunto de variáveis institucionais. A seção seguinte avalia o desempenho da produtividade e o papel de uma fonte potencialmente relevante de expansão: a que resulta das mudanças na composição dos setores que acompanha o processo de crescimento, as quais seguem padrões que podem mudar ao longo do tempo.

3. Produtividade e mudanças na composição do PIB: o que nos diz o registro do início do século XXI?

3.1 Desempenho da produtividade no longo e médio prazos[9]

O desempenho da produtividade no Brasil não tem sido brilhante, quer se analise pelo desempenho da produtividade do trabalho, quer pela produtividade total dos fatores (PTF). A tabela 3 permite que se avalie como a produtividade total dos fatores e o aprofundamento do capital (entendido como o aumento na dotação de capital por trabalhador) contribuíram para o crescimento da produtividade do trabalho, ou PIB por trabalhador, comparando-se a última década com décadas anteriores de modo a permitir uma avaliação no longo prazo.[10]

Tabela 3
Decomposição do crescimento da produtividade do trabalho (PIB por pessoa ocupada), subperíodos selecionados (% a.a.)

Médias entre	Produtividade do trabalho	Contribuições para a produtividade do trabalho	
		Capital por trabalhador	PTF
1962-72	3,9%	1,7%	2,2%
	100%	43%	57%
1972-82	2,4%	2,7%	-0,3%
	100%	111%	-11%
1982-92	-0,6%	0,1%	-0,7%
	100%	-13%	113%
1992-2002	1,0%	0,4%	0,6%
	100%	41%	59%
2002-12	1,4%	0,5%	0,9%
	100%	35%	65%

Fonte: Bonelli e Bacha (2013), dados atualizados pelos autores com novas séries de população ocupada; ver texto.

Nos anos entre 1962 e 1972, por exemplo, a produtividade do trabalho cresceu 3,9% a.a., o aumento do capital por trabalhador respondendo por 43% dessa taxa, enquanto a PTF respondia por 57%. Já nos anos entre 1972 e 1982 houve desaceleração do crescimento da produtividade do trabalho, para 2,4%

---
9. A decomposição a seguir é baseada no modelo de Solow, em que y'=PTF'+ k', onde: y' = crescimento do produto por trabalhador; PTF' = crescimento da produtividade total dos fatores; k' = crescimento do capital por trabalhador, e = coeficiente do capital.
10. A participação do capital na renda usada para ponderar a contribuição da relação capital-trabalho ( ) é de 0,46. Nessa decomposição a contribuição do capital humano para o crescimento da produtividade do trabalho está incluída no crescimento da PTF.

a.a., em boa medida devido à recessão do começo dos anos 1980. O aumento do capital por trabalhador, crescendo a 2,7% a.a., representou mais do que a totalidade dessa taxa, enquanto a PTF, que cresceu a 2,2% a.a. na década anterior, apresentou decréscimo médio de 0,3% a.a.

Já na década perdida dos anos 1980 a produtividade da mão de obra caiu 0,6% ao ano. O capital por trabalhador teve uma contribuição positiva — isto é, aumentou modestos 0,1% a.a. no período —, mas a PTF diminuiu substancialmente (-0,7% a.a.), sendo responsável por mais do que a totalidade da redução da produtividade por pessoa ocupada.

A situação é revertida nos anos entre 1992 e 2002, quando a produtividade do trabalho cresceu, mas à modesta taxa média anual de 1% a.a. Pouco menos da metade desse aumento deveu-se ao aumento do capital por trabalhador (0,4% a.a.), ao passo que a PTF, crescendo 0,6% ao ano, respondia por 59% do crescimento da produtividade do trabalho.

Entre 2002 e 2012 tem-se uma situação melhor do que a da década anterior. O PIB por pessoa ocupada aumentou 1,4% a.a. e a decomposição desse aumento revela pesos semelhantes aos de antes para os dois componentes: o estoque de capital por pessoa ocupada cresceu praticamente o mesmo (0,5% a.a.), respondendo por 35% do aumento da produtividade do trabalho, ao passo que a PTF representava os 65% restantes, com crescimento médio anual de 0,9%.

Considerando-se períodos mais longos, é importante ressaltar que tanto o capital por trabalhador como a produtividade, seja do trabalho, seja total dos fatores, desabaram depois de 1980.[11] Nas duas primeiras décadas mostradas na tabela tem-se uma contribuição média de cerca de 2,2% ao ano do aumento do capital por trabalhador para o crescimento da produtividade do trabalho de 3,1% — mas de apenas 0,3% a.a. nas três seguintes. Sem dúvida, isso se deve às baixas taxas de investimento fixo na economia brasileira. Sem elevação do investimento, a produtividade do trabalho não aumentará.

A análise do último período mostrado na tabela encobre importantes diferenças de desempenho da produtividade em subperíodos específicos. O gráfico 2 ilustra essas diferenças ao mostrar o desempenho anual da produtividade do trabalho e da PTF de 2002 (inclusive) a 2012. Note-se que a diferença entre as taxas anuais para essas variáveis é precisamente a contribuição do

---

11. Ver Bonelli e Bacha (2013) e Ferreira e Veloso (2013) para análises mais detalhadas dessa descontinuidade.

aumento do capital por trabalhador para o crescimento da produtividade do trabalho em cada ano.

Vale a pena registrar a volatilidade do desempenho da produtividade, quando se alternam anos bons e ruins (nesse caso, 2003, 2005, 2009 e 2012), e resultado médio muito fraco. Em boa medida, o melhor desempenho da produtividade reflete o do PIB, exceto em 2005. Em 2012, ambas as medidas de produtividade registram decréscimo, fruto de medíocre crescimento do PIB (0,9%) e forte absorção de trabalho (1,9%).

O gráfico permite ainda visualizar a contribuição do aumento do capital por trabalhador para o da produtividade do trabalho, que é dada em cada ano pela diferença entre as alturas das duas barras. Essa contribuição é negativa em vários anos e positiva de 2006 em diante, exceto 2009.

Gráfico 2
Brasil — crescimento anual da produtividade do trabalho, da PTF e do PIB, 2002 a 2012 (% a.a.)

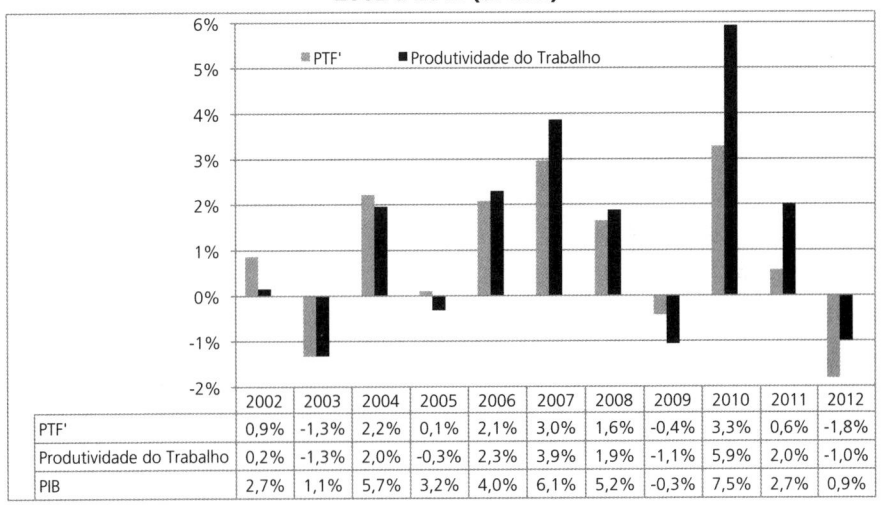

	2002	2003	2004	2005	2006	2007	2008	2009	2010	2011	2012
PTF'	0,9%	-1,3%	2,2%	0,1%	2,1%	3,0%	1,6%	-0,4%	3,3%	0,6%	-1,8%
Produtividade do Trabalho	0,2%	-1,3%	2,0%	-0,3%	2,3%	3,9%	1,9%	-1,1%	5,9%	2,0%	-1,0%
PIB	2,7%	1,1%	5,7%	3,2%	4,0%	6,1%	5,2%	-0,3%	7,5%	2,7%	0,9%

Fonte: Elaboração dos autores; ver texto.

Da exposição anterior conclui-se que a elevação da taxa de crescimento do PIB, e da produtividade, depende da aceleração da acumulação de capital por trabalhador — vale dizer, do investimento em capital fixo e humano — e da produtividade. Uma avaliação setorial do desempenho recente da produtividade do trabalho é objeto da subseção seguinte.

3.2 Desempenho setorial da produtividade do trabalho desde 2000

Uma das justificativas para delimitar o período de análise a partir de 2000 é porque a fase de crescimento que o Brasil experimentou desde o começo da década passada tem características marcadamente distintas das anteriores na medida em que a expansão dos setores produtores de serviços foi a base do crescimento em boa parte do período.[12] A tabela seguinte ilustra esse aspecto exibindo as fontes de crescimento do PIB (Valor Adicionado, VA, a preços básicos) entre 2000 e 2012.

O resultado mais notável da tabela diz respeito ao setor de serviços como um todo e em alguns dos seus segmentos. Respondendo por 65% do PIB em 2000, os serviços responderam por 73% do aumento do PIB entre 2000 e 2012, tendo sido o elemento dinâmico por excelência. No interior dos serviços destacam-se, nesse período, os de intermediação financeira, comércio, serviços de informação e "outros serviços".

A agropecuária teve contribuição para o crescimento semelhante, mas pouco superior, à sua participação no VA, com a implicação de que também foi uma fonte de crescimento relevante. O mesmo aconteceu com a indústria extrativa mineral e os serviços industriais de utilidade pública (Siup). A construção e, especialmente, a indústria de transformação foram as grandes perdedoras no padrão de produção seguido nesse período. A APU também teve contribuição para o crescimento substancialmente menor do que sua participação no PIB no ano base de 2000.

Além disso, os ganhos de produtividade da economia brasileira no período acima não foram brilhantes: da ordem de 1% a.a.[13] Como a produtividade dos principais segmentos dos serviços (comércio, outros serviços e APU, principalmente) cresceu lentamente — as taxas médias anuais estimadas para esses três setores entre 2000 e 2012 são de, respectivamente 0,5%, 0,3% e − 0,5% — é possível concluir que o desempenho agregado teve relação com a expansão pro-

---

12. As razões dessa mudança de padrão extrapolam o âmbito desta nota. Pistas podem ser encontradas em Giambiagi e Pinheiro (2012), Pinheiro e Bonelli (2012) e em diversos textos incluídos em Bacha e de Bolle (2013).
13. Note-se que, como os impostos sobre produtos cresceram mais do que o VA a preços básicos, o desempenho da produtividade medido pelo PIB a preços de mercado é ligeiramente melhor.

Tabela 4
Fontes setoriais de crescimento da produção, 2000-12 (%)

	Contribuição para o aumento do PIB (VA)	% VA em 2000
Total	100%	100%
Agropecuária	**6%**	**5%**
Ext. mineral	3%	2%
Transformação	9%	19%
Construção	5%	6%
Eletricidade e gás, água, esgoto e limpeza urbana (Siup)	4%	3%
Total Indústria	**20%**	**30%**
Comércio	15%	12%
Transporte, armazenagem e correio	5%	5%
Serviços de informação	5%	3%
Intermediação financeira e seguros	12%	6%
Outros serviços	15%	14%
Serviços imobiliários e aluguel	8%	8%
APU, educação pública e saúde pública	14%	17%
Total serviços	**73%**	**65%**

Fonte: IBGE, Contas Nacionais Trimestrais, elaboração dos autores.

porcionalmente maior dos serviços em relação aos setores produtores de bens comercializáveis. De fato, o crescimento médio da produtividade dos serviços entre 2000 e 2012 foi de aproximadamente 0,3% a.a.[14]

Neste ponto é oportuno avaliar em que medida o desempenho da produtividade dos serviços no Brasil se compara com o de outros países, tanto em termos do nível quanto do crescimento. A tabela 5 ajuda nessa avaliação.[15]

As duas primeiras colunas da tabela mostram o nível de produtividade nos serviços em relação ao dos EUA em 2000 e em 2008. Os países foram divididos em três grupos: um de latino-americanos, outro de países desenvolvidos da OECD e um pequeno conjunto de emergentes (incluindo alguns da OCDE). Os desníveis de produtividade em relação à dos EUA são nítidos no

---

14. As únicas atividades dos serviços que tiveram crescimento médio da produtividade acima de 1% foram os intermediários financeiros (4% a.a.) e os serviços imobiliários e aluguel (1,5% a.a.). Fora dos serviços: agropecuária (4,1% a.a.) e extrativa mineral (1,7% a.a.).
15. Nessa comparação entre países usamos os resultados de duas bases de dados. Para o Valor Adicionado no setor serviços, dados do Banco Mundial em dólares constantes de 2000; para o emprego, dados da OIT. Para manter a comparabilidade, usamos para o Brasil os dados dessas bases, e não os das Contas Nacionais (exceto para o crescimento em 2008; ver nota na tabela). É desnecessário alertar o eventual leitor para as dificuldades em que se incorre ao juntar bases de dados de distintas instituições. No entanto, achamos que o esforço vale a pena pelas qualificações que possibilita em relação ao desempenho comparativo do Brasil.

primeiro (com a exceção da Argentina) e terceiro grupos, onde são claramente muito inferiores.

Em 2000, entre os países selecionados, aqueles que apresentaram menor nível de produtividade eram: Paquistão (9% da produtividade dos EUA), Rússia (11%), China (16%), Peru (19%) e Colômbia (19%). O Brasil tinha naquele ano uma produtividade de cerca de 30% da norte-americana nos serviços. Registre-se que os EUA eram o país de menor nível e produtividade nos serviços entre os países desenvolvidos da tabela. Em particular, o país de produtividade mais alta em 2000 era o Japão, seguido da Coreia do Sul.

Passados oito anos, a situação era ligeiramente diferente. Alguns países melhoraram de posição relativa — Chile, Colômbia, Peru, Rússia e, especialmente, Coreia — ao passo que outros pioraram. Entre eles, o Brasil.

Tabela 5
Nível e crescimento da produtividade do trabalho no setor serviços, países selecionados, 2000 e 2008 (baseados em valores em US$ de 2000)

	Países selecionados	Nível de produtividade relativa à dos EUA (=1,0)		Taxas de crescimento da produtividade do trabalho 2000-08 (% a.a.)	Taxas de crescimento médias 2000-08 (% a.a.)	
		2000	2008		VA	PO
América Latina	Argentina**	1,01	0,87	-0,9%	2,2%	3,1%
	Brasil¹	0,30	0,26	-1,7%	2,7%	4,4%
	Chile	0,44	0,53	1,8%	5,2%	3,4%
	Colômbia*	0,19	0,21	2,8%	5,2%	2,4%
	México	0,59	0,52	-1,1%	2,1%	3,1%
	Peru	0,19	0,21	1,2%	4,2%	3,0%
	Uruguai***	0,67	0,58	-2,7%	1,3%	4,0%
OCDE	Alemanha	1,56	1,49	0,1%	1,5%	1,4%
	Austrália	1,25	1,24	0,1%	2,7%	2,6%
	Canadá	1,26	1,23	0,0%	2,3%	2,3%
	Coreia do Sul	2,18	3,56	4,8%	7,6%	2,7%
	EUA	1,00	1,00	1,8%	1,8%	0,1%
	Japão	2,47	2,35	0,2%	0,9%	0,7%
Outros emergentes	África do Sul	0,40	0,39	-0,6%	3,1%	3,7%
	China	0,16	-	-	-	-
	Paquistão	0,09	0,09	0,0%	4,2%	4,3%
	Portugal	0,88	0,80	-0,5%	1,3%	1,8%
	Rússia	0,11	0,15	3,1%	5,3%	2,2%
	Turquia	0,51	0,60	2,0%	3,5%	1,6%

Fonte: OIT e Banco Mundial; ver texto.
* 2002-08; ** 2000-06; *** 2000-07.
¹ Para 2008 utilizou-se o crescimento do pessoal ocupado das Contas Nacionais/IBGE aplicado ao total da OIT em 2007.

Logicamente, as mudanças de desempenho refletem as diferenças entre as taxas de crescimento da produtividade dos diversos países em relação à registrada nos EUA entre 2000 e 2008, cujo crescimento médio foi de 1,8% a.a. nesse período. Diversos países, inclusive, apresentaram taxas médias negativas de crescimento da produtividade, entre eles o Brasil.

Mas, o que dizer dos demais setores, comparando-se o Brasil com outros países? Pistas para responder estão na tabela 6, que mostra, nas duas primeiras colunas, o nível de produtividade do trabalho de um conjunto de países em relação à produtividade dos EUA em 2000 e 2012 e, nas colunas seguintes, as taxas de crescimento ao ano desde 2000 separadas em dois subperíodos com a finalidade de avaliar as mudanças antes e depois do começo da crise mundial.

Tabela 6
Nível relativo (2000 e 2012) e crescimento da produtividade do trabalho em países selecionados (2000-07, 2007-12 e 2000-12) (baseados em valores constantes de 2012)

	Países selecionados	Nível de produtividade (EUA = 1,0)		Taxa de crescimento da produtividade (% a.a.)		
		2000	2012	2000-07	2007-12	2000-12
América Latina	Argentina	0,35	0,36	1,10%	1,80%	1,40%
	Brasil	**0,19**	**0,18**	**0,90%**	**1,00%**	**1,00%**
	Chile	0,33	0,33	1,30%	1,40%	1,30%
	Colômbia	0,21	0,22	2,30%	0,80%	1,70%
	México	0,38	0,34	0,80%	0,10%	0,50%
	Peru	0,19	0,24	1,90%	4,90%	3,20%
OCDE	Alemanha	0,79	0,74	1,20%	-0,10%	0,70%
	Austrália	0,9	0,87	1,10%	0,70%	0,90%
	França	0,87	0,8	1,00%	0,00%	0,60%
	Coreia do Sul	0,52	0,61	3,10%	2,00%	2,60%
	EUA	1	1	1,40%	1,10%	1,30%
	Japão	0,73	0,71	1,60%	0,20%	1,00%
	Nova Zelândia	0,63	0,57	0,70%	0,10%	0,40%
	Reino Unido	0,81	0,78	2,10%	-0,60%	1,00%
Outros Emergentes	África do Sul	0,22	0,24	1,90%	2,10%	2,00%
	China	0,06	0,17	11,50%	8,90%	10,40%
	Índia	0,07	0,1	5,10%	5,10%	5,10%
	Rússia	0,25	0,35	6,00%	1,80%	4,20%
	Turquia	0,32	0,39	5,50%	-0,20%	3,10%

Fonte: The Conference Board, site na internet.

A primeira constatação é que, no que diz respeito à economia como um todo, o Brasil piorou ligeiramente de posição relativa, mas menos do que o que ocorreu com os serviços: a produtividade diminuiu de 19% em 2000 para 18% do PIB por trabalhador nos EUA em 2012. Como curiosidade, observe-se que, como nos serviços a produtividade relativa do Brasil era da ordem de 30% da produtividade dos EUA em 2000, a produtividade dos demais setores (agropecuária e/ou indústria) era ainda mais baixa do que 19% da norte-americana — aceitando-se a comparabilidade entre as fontes de dados das tabelas 5 e 6.

Os demais países da América Latina, com exceção do México, melhoraram de posição relativamente aos EUA. Já no segundo bloco de países, os mais desenvolvidos, houve piora em relação aos EUA. A exceção é, novamente, a Coreia, da mesma forma que no resultado referente aos serviços (acima). Note-se que nenhum país desse grupo tinha produtividade superior à dos EUA, ao contrário do que se observou nos serviços, onde todos os países selecionados tinham produtividade mais alta do que os EUA. Isso implica que nos demais setores (agropecuária e/ou indústria) eles tinham produtividade inferior à norte-americana.

No bloco dos demais emergentes encontram-se os casos de desempenhos excepcionais, com melhoras em todos os países. O destaque é a China, em que o produto por trabalhador passou de 6% do dos EUA em 2000 para 17% em 2012.

As três últimas colunas registram que os anos posteriores a 2007 foram particularmente cruéis para as economias do bloco dos desenvolvidos: todos os países ali representados tiveram taxas de crescimento da produtividade diminuídas em relação ao subperíodo anterior. Mas isso não ocorreu, por exemplo, em diversos países da América Latina, à exceção da Colômbia e do México, que melhoraram. E no caso dos cinco países emergentes da parte inferior da tabela têm-se desempenhos não uniformes. A China, como esperado, embora com produtividade crescendo mais lentamente depois de 2007 (8,9% contra 11,5%), ainda assim o fez a taxas espetaculares: uma média de 10,4% ao ano em 12 anos. Rússia e Turquia apresentaram as maiores quedas nas taxas, mas ainda assim a produtividade cresceu expressivos 4,2% e 3,1% ao ano entre 2000 e 2012, respectivamente. Índia e África do Sul, por sua vez, foram relativamente pouco afetadas, como medido pelos desempenhos antes e depois da crise.

Finalmente, ainda considerando-se o período 2000-12 como um todo, os países emergentes mostrados na tabela, à exceção do México, apresentaram crescimento da produtividade do trabalho superiores ao brasileiro (de 1% ao ano, de acordo com essa base de dados). E mesmo no grupo dos desenvolvidos, dois entre eles tiveram melhor desempenho que o Brasil (Coreia e EUA), enquanto outros três tinham desempenho semelhante (Japão, Reino Unido e Austrália).

Conclui-se que a mediocridade do desempenho da produtividade no Brasil não foi compartilhada por um amplo grupo de países, sejam aqueles com nível de desenvolvimento semelhante ao do Brasil, sejam os de renda *per capita* bem mais elevada, tanto no caso dos serviços como para a economia como um todo.

3.3 Decomposição do aumento da produtividade

Nesta subseção, o aumento de produtividade é decomposto em duas parcelas, que a literatura denomina de componentes estrutural e tecnológico. O primeiro é dado pelos ganhos de produtividade que têm origem no deslocamento relativo de trabalhadores para setores com produtividade mais elevada, ou seja, reflete mudanças na composição do emprego em favor dos setores mais produtivos. O segundo refere-se aos ganhos de produtividade internos aos setores.

É possível decompor as variações de produtividade (P) de duas formas diferentes, mas com o mesmo resultado numérico, dependendo de usar-se pesos do período base ou final a partir das expressões seguintes:

$$\Delta P = P_t - P_0 = [P_{i,t} \cdot (A_{i,t} - A_{i,0})] + [A_{i,0} \cdot (P_{i,t} - P_{i,0})] \quad \text{(Decomposição 1)}$$

$$\Delta P = P_t - P_0 = [P_{i,0} \cdot (A_{i,t} - A_{i,0})] + [A_{i,t} \cdot (P_{i,t} - P_{i,0})] \quad \text{(Decomposição 2)}$$

onde $A_{i,t}$ e $A_{i,0}$ são as participações relativas de cada setor (i) no emprego total nos períodos t e 0 e $P_{i,t}$ e $P_{i,0}$ são os níveis de produtividade setorial da mão de obra nesses períodos.

O primeiro termo na expressão à direita das identidades acima é o componente estrutural; o segundo é o tecnológico. Dividimos o período de análise em dois para efeito de comparação: (i) 2000 a 2009 e (ii) 2009 a 2012.[16] As duas possibilidades de decomposição referidas anteriormente foram utilizadas. A tabela 7 apresenta os resultados.

Tabela 7
Decomposição do crescimento da produtividade, 2000-09, 2009-12 e 2000-12

	2000-09		2009-12		2000-12*	
	Componente estrutural	Produtividade intrassetorial	Componente estrutural	Produtividade intrassetorial	Componente estrutural	Produtividade intrassetorial
Decomposição 1	43%	57%	1%	99%	26%	74%
Decomposição 2	58%	42%	4%	96%	42%	58%
Média	50%	50%	3%	97%	34%	66%

Fonte: Contas Nacionais, IBGE.
* o número de pessoas ocupadas em 2012 foi estimado pelos autores; ver anexo 2.

Entre 2000 e 2009, os componentes estrutural e de aumento de produtividade setoriais contribuíram com pesos aproximadamente iguais para o aumento de produtividade da economia brasileira, quando se considera a média das duas possibilidades de decomposição. Ou seja, a mudança estrutural foi tão importante quanto os aumentos de produtividades internos aos setores. Entre 2009 e 2012 a diferença da produtividade deveu-se, sobretudo, ao crescimento da produtividade individual de cada setor — na média das duas decomposições esse componente respondeu por cerca de 97% da variação, enquanto a componente estrutural representou apenas 3%.[17] Esse último período, no entanto, é curto para análises desse tipo.

Analisando-se 2000-12 como um todo, destaca-se, novamente, a importância dos ganhos internos aos setores: esse componente responde por 66% do aumento de produtividade da mão de obra entre 2000 e 2012. Ainda assim, a contribuição dada pelas mudanças na composição da produção também foi importante, como se depreende do seu peso (34%). Da comparação entre os períodos 2000-09 e 2009-12 fica a sugestão de que essa importância diminuiu com o tempo.

---

16. O ano de 2009 é o último para o qual as Contas Nacionais apresentam dados de ocupação. Para 2012 foram usadas estimativas dos autores para a ocupação de mão de obra em conceito semelhante ao das Contas (ver anexo).
17. Note-se que a segunda decomposição superestima o componente estrutural da variação das produtividades em ambos os períodos considerados em relação à primeira.

As contribuições dos diferentes setores para o aumento total de produtividade variaram bastante entre os períodos analisados. A tabela 8 apresenta a contribuição percentual de cada setor para a variação da produtividade entre os anos analisados. Os destaques aparecem em negrito.

A agropecuária foi de grande importância no primeiro período — haja vista sua contribuição de 12%, o dobro do seu peso no Valor Adicionado. Já no segundo período isso não é verdade, principalmente pelo fato de que o produto real do setor diminuiu em 2012. Mas, considerando-se o conjunto dos dois períodos, conclui-se que, levando-se em conta seu peso na economia, foi um dos que mais alavancou o aumento de produtividade, respondendo por 8% do aumento total.

Tabela 8
Contribuições setoriais para o aumento da produtividade (% do total)

		2000-09	2009-12	2000-12
Agropecuária		**12%**	2%	**8%**
Indústria	Extrativa mineral	5%	5%	5%
	Transformação	**-29%**	2%	**-18%**
	Construção	**-3%**	**17%**	4%
	Eletricidade e gás, água, esgoto e limpeza urbana	3%	9%	5%
Serviços	Comércio	**18%**	**34%**	**24%**
	Transporte, armazenagem e correio	1%	8%	3%
	Serviços de informação	**12%**	5%	**10%**
	Intermediação financeira e seguros	**32%**	**17%**	**27%**
	Outros serviços	**26%**	4%	**18%**
	Serviços imobiliários e aluguel	**17%**	-6%	9%
	APU, educação pública e saúde pública	7%	3%	5%
TOTAL		100%	100%	100%

Fonte: IBGE e anexo; elaboração dos autores.

Além dela, os setores que mais contribuíram para o aumento da produtividade entre 2000 e 2009 foram: intermediários financeiros e seguros (32% do aumento da produtividade da economia nesse período); outros serviços (26%); e comércio (18%). Por outro lado, a indústria de transformação (− 29%) e, em menor medida, a construção (− 3%) foram responsáveis por contribuições negativas entre 2000 e 2009.

Entre 2009 e 2012 as participações dos setores para o aumento da produtividade mudaram substancialmente em relação ao período anterior. Ainda assim, o comércio continuou com participação elevada (34%) e, em menor medida, a intermediação financeira também (17%). Essa participação é a mesma do setor de construção.

Para o período como um todo, finalmente, fica evidente da tabela a importância de diversos setores produtores de serviços — com destaque para o comércio, a intermediação financeira e os outros serviços — além da agropecuária.

Chama obviamente atenção o fato de alguns desses setores serem também intensivos em mão de obra. Ou seja, não apenas contribuíram em subperíodos específicos para elevar a produtividade e a produção, mas, além disso, empregam mão de obra por unidade de produto em magnitudes acima da média. Uma ilustração empírica dessa característica e algumas implicações são exploradas a seguir.

4. Requisitos de trabalho e limites da oferta de mão de obra no longo prazo: uma exploração empírica por absurdo

Uma característica notável do desempenho da economia brasileira nos últimos anos é que alguns dos setores líderes no processo de crescimento possuem requisitos de mão de obra por unidade de produto — doravante, coeficientes de emprego — muito superiores à média.[18] Uma implicação dessa característica é, dado o padrão de crescimento da economia brasileira, fortes aumentos dos níveis de emprego e, consequentemente, reduções (inéditas) nas taxas de desemprego.

Mas as taxas de desemprego não podem diminuir indefinidamente, pois existem limites impostos pelo funcionamento do mercado de trabalho. Uma pergunta que naturalmente se coloca é: quais os limites desse processo, na ausência de ganhos substanciais de produtividade, caso o padrão de crescimento continue a ser o mesmo dos últimos anos? A base de dados construída para este trabalho ajuda na resposta a essa pergunta, mesmo que raciocinando por absurdo. Para se chegar a uma resposta, adotamos 2022 como horizonte de projeção, como antes, na seção 2. Para projetar as necessidades de trabalho é

---

18. Tanto quanto nossa memória alcança, identificamos Armando Castelar Pinheiro, do FGV/IBRE, como um dos pioneiros na exploração das implicações desse fato para a demanda de trabalho e queda do desemprego no último par de anos. Obviamente, ele não é responsável pelas elucubrações deste texto.

preciso estimar a evolução futura do crescimento setorial da produção e dos coeficientes de emprego (ou, o que dá no mesmo, da produtividade).

A hipótese adotada foi a mais simples possível: ambos seguirão a tendência registrada entre 2000 e 2012. Em outras palavras, nessa aproximação o padrão de crescimento da produtividade entre 2012 e 2022 continuará a ser o mesmo observado entre 2000 e 2012. Como ponto de partida e ilustração, a tabela 9 mostra os dados relevantes no que se refere aos coeficientes de emprego e as mudanças experimentadas entre 2000, 2009 e 2012.[19]

Da tabela, vê-se que eram necessários 36,7 trabalhadores para gerar R$ 1 milhão de PIB (a rigor, VA a preços básicos) em 2000. Em 2009 esse requisito havia diminuído para 34,6 e em 2012 chegou-se a 33,5 pessoas. A redução reflete os (pequenos) ganhos de produtividade.

Tabela 9
Coeficientes de emprego — pessoas ocupadas por unidade de Produto (VA a preços básicos), por R$ milhão de 2009

	2000	2009	2012*	Direção e intensidade da mudança
Total	36,7	34,6	33,5	Redução moderada
Agropecuária	155,6	106,7	**95,8**	**Redução forte**
Ext. mineral	6,7	5,8	5,5	Redução
Transformação	22,7	26,3	25,6	Aumento, descontínuo
Construção	42,9	46,9	**46,0**	Aumento, descontínuo
Eletr. e gás, água, esgoto e limpeza urb.	5,1	4,8	4,7	Redução
Comércio	47,5	45,6	**45,0**	**Redução moderada**
Transporte, armazenagem e correio	29,7	29,5	29,5	Manutenção
Serviços de informação	19,1	18,3	18,0	Redução moderada
Intermediação financeira e seguros	6,8	4,8	4,2	Redução forte
Outros serviços	64,8	63,2	**62,7**	**Redução moderada**
Serviços imobiliários e aluguel	3,2	2,8	2,7	Redução
APU, educação pública e saúde pública	22,0	23,3	23,3	Aumento e manutenção

Fonte: IBGE, Contas Nacionais.
* Estimativa baseada no crescimento do VA a preços constantes das Contas Nacionais Trimestrais 2009-12 e nas tendências da produtividade; ver estimativa de pessoas ocupadas no anexo.

---

19. Nesta seção todos os valores monetários estão expressos em reais de 2009, último ano para o qual estão disponíveis os dados de ocupações das Contas Nacionais. A tabela do anexo mostra o emprego estimado para 2012 usando o critério das Contas Nacionais.

Evidentemente, existem enormes disparidades setoriais entre os coeficientes setoriais de emprego, que são o reflexo dos diferenciais de produtividade entre eles. O setor em que o coeficiente de ocupados por unidade de produto é mais elevado é, em todos os anos, a agropecuária: 155,6 pessoas por milhão de reais gerados em 2000 — 5,2 vezes o número de trabalhadores necessários para gerar R$ 1 milhão no setor de transportes, por exemplo —, mas com forte redução até 2012, quando se chega a 95,8 pessoas por R$ 1 milhão (3,2 vezes o número necessário nos transportes), indicando fortes ganhos de produtividade da agropecuária relativamente às atividades de transportes, armazenagem e correios, por exemplo.

Apesar da redução dos diferenciais de produtividade, a agropecuária continua a ser o setor de mais elevado coeficiente de emprego. Destaca-se, em seguida, o setor de "outros serviços". Mas neste, à diferença da agropecuária, a redução no coeficiente de ocupados por unidade de VA foi relativamente pequena entre 2000 e 2012, implicando fracos ganhos de produtividade.

Em terceiro lugar, encontram-se praticamente empatados a construção e o comércio. Em ambos, os ganhos de produtividade também foram de pouca expressão no período analisado, e na construção a produtividade diminuiu entre 2000 e 2009. É interessante notar que apenas esses quatro setores, dos 12

Tabela 10
Crescimento setorial do VA e participação no emprego, 2000-12 (%)

	Crescimento 2000-12 (% a.a.)	Participação no emprego**
Total	3,0%	100%
Agropecuária*	3,4%	17%
Ext. mineral	4,4%	0%
Transformação	1,5%	13%
Construção*	2,8%	7%
Eletr. e gás, água, esgoto e limpeza urbana	3,4%	0%
Comércio*	3,7%	17%
Transporte, armazenagem e correio	2,8%	4%
Serviços de informação	4,5%	2%
Intermediação financeira e seguros	5,4%	1%
Outros serviços*	3,2%	27%
Serviços imobiliários e aluguel	3,1%	1%
APU, educação pública e saúde pública	2,5%	11%

Fonte: IBGE, Contas Nacionais Trimestrais, elaboração dos autores.
* Setores com coeficiente de emprego mais elevado que a média.
** Média entre 2000 e 2012.

mostrados, têm coeficientes de emprego superiores à média da economia. Como seria de se esperar, eles são os de maior peso no total de pessoas ocupadas.

Todos os demais setores têm coeficientes de emprego inferiores à média da economia. Além disso, as maiores reduções relativas no período ocorreram nos setores de intermediação financeira e agropecuária. Na administração pública (APU, inclusive educação e saúde públicas), no entanto, não houve praticamente nenhuma redução. Outros setores experimentaram aumento dos coeficientes de emprego, como a construção e a indústria de transformação, em ambos os casos de forma descontínua.

Assim, a outra face da explicação para os altos níveis de emprego que estamos conseguindo alcançar está no padrão de produção (e consumo) que vem sendo seguido, no qual se destaca o crescimento de setores com elevados coeficientes de emprego. Esse aspecto é visualizado na tabela 10, que apresenta as taxas médias de crescimento setorial do VA. Incluímos ao lado de cada setor a participação média no emprego (2000-12) e marcamos com um asterisco aqueles de mais elevado coeficiente de emprego. Outros serviços, comércio e agropecuária destacam-se como os setores de elevado coeficiente de emprego e forte crescimento da produção.

A associação positiva entre coeficientes de emprego e crescimento da produção também pode ser visualizada no gráfico 3, que mostra no eixo vertical os coeficientes setoriais de emprego em 2007 e no horizontal as taxas de crescimento médias anuais dos setores entre 2007 e 2012, período em que a absorção de mão de obra aumentou mais rapidamente, ponderadas pela participação dos setores no emprego. A associação positiva transparece claramente do gráfico, significando que os setores que mais cresceram foram os que tinham maiores requisitos de trabalho por unidade de produto (VA).[20]

No exercício seguinte, a primeira etapa é projetar o PIB e o emprego futuros. A segunda, comparar os requisitos de trabalho com projeções da PEA. Para tanto adotamos três hipóteses para o crescimento do PIB (VA) no longo prazo: 2%, 3% e 4% ao ano até 2022. Em seguida, simulamos o volume de emprego nesse último ano usando as mesmas tendências setoriais de crescimento da produtividade observadas entre 2000 e 2012. Combinamos essas projeções de emprego com duas projeções de PEA e com a projeção da população em idade ativa de 2022. Os resultados estão na tabela 11.

---

20. Se excluirmos a agropecuária, que é o ponto mais afastado da reta, o coeficiente de correlação (R) entre as séries para os 11 setores restantes é de 0,9.

Gráfico 3
Coeficiente de emprego em 2007 e taxa média de crescimento do VA setorial 2007-12 (pessoas por R$ milhão de VA gerado e % de crescimento do VA ponderado pela participação no emprego)

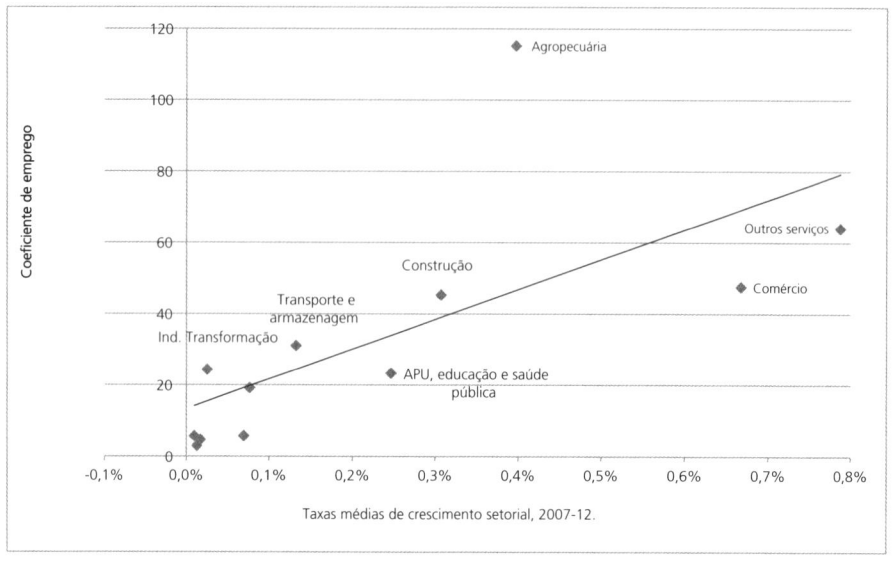

Fonte: IBGE, Contas Nacionais, elaboração dos autores.

Tabela 11
Projeções de pessoas ocupadas, PEA e PIA em 2022 para diferentes taxas de crescimento projetadas para o PIB (milhões de pessoas)

Hipóteses de crescimento do PIB 2012-22	Pessoas ocupadas	PEA (a)	TO (a)	PEA (b)	TO (b)	PIA
2% a.a.	107	112	0,96	121	0,88	187
3% a.a.	118	112	1,05	121	0,98	187
4% a.a.	130	112	1,16	121	1,07	187

(a) 0,6*PIA; (b) 0,65*PIA; TO = Taxa de ocupação (complemento da taxa de desemprego)

Fonte: Elaboração própria.

Partindo de um volume de emprego de 92,8 milhões de pessoas em 2012 chega-se a projeções de pessoas ocupadas que vão de 107 a 130 milhões, dependendo do crescimento do PIB. A PIA projetada (pelo IBGE) alcança 187 milhões em 2022. Resta projetar a força de trabalho (PEA). Duas hipóteses foram adotadas. Em uma delas, a relação PEA/PIA mantém-se nos níveis atuais (0,60), daí resultando uma PEA de 112 milhões de pessoas. Na outra, a razão se eleva até atingir o valor mais alto da série histórica (0,65), daí resultando uma PEA de 121 milhões de pessoas em 2022. Qual o resultado desse exercício?

A maior parte dos resultados implica volumes de pessoas ocupadas superiores à ou muito próximas da PEA, configurando impossibilidades. O único caso em que isso não ocorre (marcado em negrito na tabela) é quando o crescimento é mais lento, de 2% a.a., e a proporção da PIA que participa da força de trabalho aumenta para recordes históricos.

Em outras palavras: partindo da elevada taxa de emprego de 0,94 em 2012 (ou taxa de desemprego de 6%), os exercícios concluem que a PEA será insuficiente para acomodar a demanda projetada de trabalho, mesmo no caso de crescimento mais lento do PIB (2% ao ano até 2022), exceto na hipótese de crescimento muito elevado da PEA. Trata-se, evidentemente, de uma situação absurda. Como solucionar essa questão? Existem quatro possibilidades, algumas possivelmente inter-relacionadas, para resolver o aparente enigma dado por requisitos de trabalho que crescerão a taxas superiores às da PEA.

A primeira é pela contradição de uma das hipóteses da simulação: a economia parar de crescer, ou crescer menos do que 2% ao ano, em média, na próxima década. Essa possibilidade é claramente descartável.

A segunda é pela mudança da estrutura de produção em favor de setores em que os coeficientes de emprego sejam mais baixos e/ou tendam a diminuir mais rapidamente — isto é, em que a produtividade cresça mais rapidamente do que entre 2000 e 2012. Evidentemente, é possível que isso ocorra. Mas dificilmente na intensidade necessária no horizonte previsível.

A terceira é pela incorporação de trabalhadores pela imigração, tema que vem sendo objeto de especulação. No entanto, as magnitudes necessárias — da ordem de milhões de trabalhadores na década, caso a economia cresça 4% a.a. — sugerem que essa é, possivelmente, não mais do que uma possibilidade complementar às demais.

Resta a possibilidade de redução dos coeficientes de emprego — vale dizer, de aumento forte e contínuo da produtividade. Em alguns setores, como na agropecuária e nos intermediários financeiros, isso já vem ocorrendo. Mas na maioria dos setores não se identifica até o presente nenhum movimento sustentado nessa direção, e em alguns deles tem-se, inclusive, manutenção dos níveis de produtividade, para não dizer redução.

Com isso voltamos ao ponto de partida: hoje, talvez mais do que nunca no passado, o crescimento brasileiro depende crucialmente dos ganhos de produtividade. Os quais, pelo menos em parte, se associam ao próprio crescimento econômico.

5. Conclusão

Este texto reuniu resultados e especulações que apontam claramente na direção de que o crescimento da produtividade é fundamental para o objetivo de aumentar os níveis de produção e bem-estar da população brasileira no futuro, assim como ocorreu no passado. Várias evidências apontam nessa direção.

Em primeiro lugar, as mudanças demográficas pelas quais o país vem passando embutem restrições ao aumento da força de trabalho no médio e longo prazos. Mostramos que no restante da década atual a população crescerá pouco mais de 0,8% a.a., enquanto a população em idade ativa (PIA) aumentará um pouco mais, a 1,21% a.a., mas essa taxa é historicamente muito baixa. Ela indica que a força de trabalho também crescerá bem mais lentamente no futuro.

Taxas médias de crescimento da produtividade de 1% nesta década permitirão crescimento de 2,2% a 2,4% a.a. para o PIB até 2022, o que é pouco. Taxas mais altas para a produtividade, de 3% a.a. — que há muito não experimentamos —, permitirão crescimento mais elevado do PIB, de 4,2% a 4,4% anuais. Concluímos que o crescimento no longo prazo será cada vez mais limitado pela mudança demográfica e, simultaneamente, cada vez mais dependente dos ganhos de produtividade.

Mostramos também que o desempenho da produtividade não tem sido brilhante no Brasil. Para os anos entre 2002 e 2012 a produtividade do trabalho aumentou modestos 1,4% a.a., e a PTF representou 65% dessa taxa (0,9% a.a.). Parte da responsabilidade pelo crescimento relativamente lento da produtividade do trabalho está no pequeno aumento da dotação de capital por trabalhador. Vale dizer, baixos níveis de investimento, fenômeno que nos acompanha a três décadas.

Uma explicação para o lento aumento da produtividade está nas fontes de crescimento do PIB por setores, onde se destacam os serviços. Como a produtividade desse setor cresceu lentamente, isso afetou o resultado total. O interessante é que o Brasil é uma exceção no que toca ao crescimento da produtividade dos serviços quando comparado com uma ampla gama de países emergentes. Em quase todos eles, com exceção do Uruguai (mas onde o nível da produtividade nos serviços é o dobro do brasileiro), o aumento anual da produtividade foi maior do que no Brasil no período entre 2000 e 2008.

O passo seguinte foi investigar em que medida o que se observou para os serviços vale para a economia como um todo. Um resultado relevante é que o Brasil piorou ligeiramente em relação aos EUA quando comparado com uma seleção de países, mas menos do que o que ocorreu com os serviços. Nossa conclusão a propósito é que a mediocridade do desempenho da produtividade no Brasil não foi compartilhada por um grande grupo de países, sejam aqueles com nível de desenvolvimento semelhante ao do Brasil, sejam os de renda *per capita* bem mais elevada, tanto no caso dos serviços como para a economia como um todo.

Decomposições dos ganhos de produtividade desde 2000 permitiram duas conclusões: primeiro, que a importância dos ganhos internos aos setores foi maior do que a devida às mudanças na composição da produção;[21] segundo, que as contribuições dos setores para o aumento total de produtividade variaram bastante. Para o período 2000-12 destaca-se a importância de diversos setores produtores de serviços — comércio, intermediação financeira e outros serviços — além da agropecuária.

Alguns desses setores são intensivos em mão de obra. Ou seja, não apenas contribuíram em subperíodos específicos para elevar a produtividade e a produção, mas, além disso, empregam mão de obra por unidade de produto em magnitudes acima da média. Dado o padrão de crescimento recente da economia brasileira, isso implicou fortes aumentos dos níveis de emprego e, consequentemente, reduções (inéditas) nas taxas de desemprego, com importantes consequências para o futuro — se o padrão de crescimento e produtividade observado no passado recente se projetar para os anos à frente.

Como é evidente, as taxas de desemprego não podem diminuir indefinidamente, pois existem limites impostos pelo funcionamento do mercado de trabalho. Uma pergunta que naturalmente se coloca é: quais os limites desse processo, dados os impactos das mudanças demográficas sobre a oferta potencial de trabalhadores, na ausência de ganhos substanciais de produtividade? Um exercício simples permitiu projetar os requisitos de trabalho no

---

21. McMillan e Rodrik (2011) também chegam a essa conclusão ao analisar uma seleção de países em desenvolvimento, inclusive o Brasil, durante o período de 1990 a 2005. Sugere-se a leitura desse artigo para uma análise dos determinantes dos padrões de mudanças estruturais.

longo prazo a partir das tendências do período 2000-12, revelando que a PEA será claramente insuficiente para acomodar esses requisitos mesmo se o PIB crescer lentamente. Isto é, mantido o padrão de crescimento do PIB e da produtividade recente, vai faltar mão de obra na economia. Como solucionar essa questão?

Existem quatro possibilidades, algumas inter-relacionadas: a primeira é pela contradição de uma das hipóteses da simulação, ou seja, a economia crescer lentamente. A segunda é pela mudança da estrutura de produção em favor de setores em que os coeficientes de emprego sejam mais baixos e/ou tendam a diminuir mais rapidamente — algo que pode e deve ocorrer, mas dificilmente na intensidade necessária no horizonte previsível. A terceira é pela incorporação de trabalhadores pela imigração — mas as magnitudes necessárias sugerem que essa é uma possibilidade complementar às demais. Resta a alternativa de perseguir aumentos fortes e contínuos da produtividade, retornando-se a uma conclusão avançada no começo deste texto: atualmente, talvez mais do que nunca no passado, o crescimento brasileiro depende crucialmente dos ganhos de produtividade.

Referências

BACHA, E.; DE BOLLE, M. B. *O futuro da indústria no Brasil*. Rio de Janeiro: Iepe/CdG; Civilização Brasileira, 2013.

BONELLI, R.; BACHA, E. Crescimento brasileiro revisitado. In: VELOSO, F. et al. (Ed.). *Desenvolvimento econômico*: uma perspectiva brasileira. Rio de Janeiro: Campus, 2013.

FERREIRA, P. C.; VELOSO, F. O desenvolvimento econômico brasileiro no pós-guerra. In: VELOSO, F. et al. (Ed.). *Desenvolvimento econômico*: uma perspectiva brasileira. Rio de Janeiro: Campus, 2013.

GIAMBIAGI, F.; PINHEIRO, A. C. *Além da euforia*: riscos e lacunas do modelo brasileiro de desenvolvimento. Rio de Janeiro: Editora, 2012.

KRUGMAN, P. *The age of diminished expectations*. The MIT Press, 1992.

MCMILLAN, M.; RODRIK, D. (2011). *Globalization, structural change, and productivity growth*. National Bureau of Economics Working Paper No. 17143. Jun. 2011. Disponível em: <http://www.nber.org/papers/w17143>.

PINHEIRO, A. C.; BONELLI, R. Brazil's new development model: accomplishments, threats, and policy lessons. 2012. Disponível em: <www.portalibre.fgv.br>. Economia Aplicada.

THE CONFERENCE BOARD. *2013 productivity brief*: key findings. 2013. Disponível em: <http://www.conference-board.org/pdf_free/economics/TED2.pdf>.

WORLD BANK. *Becoming old in an older Brazil*: implications of population aging on growth, poverty, public finance and service delivery. Human Development Department, Latin America and the Caribbean Region, apr. 2011.

Anexo
Estimativa do pessoal ocupado total, 2012 (critério das Contas Nacionais)

O critério adotado foi o de projetar para 2012 a tendência dos coeficientes de emprego observada entre 2000 e 2009, exceto para a agropecuária. Nesse caso fizemos uma extrapolação da tendência observada entre 2004 e 2009. Os resultados seguem abaixo.

Tabela A1
Pessoal ocupado: Brasil, 2000 e 2012 (em mil pessoas)

		2000	2012
	Total	78.972	103.411
Agropecuária		17.611	16.257
Indústria	Extrativa mineral	236	327
	Transformação	9.494	12.807
	Construção	5.330	7.917
	Eletr. gás, água, esgoto e limpeza urbana	342	469
	Total	15.402	21.520
Serviços	Comércio	12.436	18.198
	Transportes, armazenagem e correio	3.229	4.466
	Serviços de informação	1.257	2.010
	Intermediação, financeira, seguros e previdência	841	981
	Outros serviços	19.634	27.869
	Serviços imobiliários e aluguel	548	661
	APU, educação e saúde públicas	8.016	11.450
	Total	45.960	65.634

Esta obra foi produzida nas
oficinas da Imos Gráfica e Editora na
cidade do Rio de Janeiro